반드시 돈이 되는 그림 사는 법

작은 돈으로 시작하는

그림 재테크

❖일러두기

이 책의 화폐 단위는 독자들의 이해를 돕기 위해 가능한 한 '원'으로 표기했으며,
당시의 환율을 반영하고자 했다.

반드시 돈이 되는 그림 사는 법

작은 돈으로 시작하는 그림 재테크

이지영 지음

위즈덤하우스

시작하는 글

사상 초유의 저금리, 고물가 시대로 진입하면서 재테크는 이제 선택이 아니라 필수가 됐다. 과거에는 열심히 벌어 성실히 저축하면 목돈이만들어지고 재산도 모을 수 있었다. 아주 오랜 시간 '티끌 모아 태산'이라는 말을 입에 달고 살아온 것도 그 때문이다. 하지만 이제는 물가 상승률이 은행이자율을 뛰어넘어 실질금리 마이너스 시대가 되었다. 티끌모아 태산이 아니라 그 티끌조차 시간이 흐를수록 날아가 버리는 세상이 된 것이다. 많은 사람이 이러한 상황에 당혹스러워한다. 은행에 차곡차곡 묻어두는 것 외에 별다른 재테크를 생각한 적이 없는 사람들은 특히 더 그렇다. 이제 우리 살아생전에 예·적금으로 돈을 모을 수 있는 시대는 다시 오지 않을 것이다. 따라서 번 돈을 지키고 늘려나갈 수 있는새로운 투자 방법을 찾아내야 한다.

주식, 부동산, 금, 외화 등을 비롯하여 석유, 농산물, 희귀금속 심지어물에 이르기까지 세상에 존재하는 모든 원자재가 투자 대상에 올랐다.하지만 그 모든 수단 중 어느 한 가지도 안전하고 확실하게 수익을 보장해주지 못한다는 사실을 우리는 알게 됐다. 당연하게도, 투자라는 행위자체가 위험을 감수하는 일이기 때문이다. 시간이 가면 돈이 저절로 불어나던 적금통장과 함께 오랫동안 살아온 우리가 가장 먼저 깨야 하는 고정관념이 바로 그것이다. '안전하고 확실하게 수익을 보장해주는 수단'에 대한 로망 말이다.

투자는 위험을 동반하는 일이다. 다만 그 위험을 사전에 예측하여 피하거나 완화할 방법을 찾는 가운데 수익 기회를 붙잡는 것이 바로 투자다. 기세 꺾인 부동산시장이나 경기의 직격타를 맞는 금융시장, 변동성이 큰 원자재시장 역시 각각의 위험 요소는 안고 있지만 앞으로도 투자처로서의 역할을 잃지는 않을 것이다.

여기에, 우리에게는 아직 낯선 새로운 투자처를 소개하고자 한다. 바로 그림 컬렉션이다. 사실 새롭다고는 할 수 없는 것이 그림 컬렉션은 동서양을 막론하고 자산가들 사이에서 높은 인기를 누려온 투자 수단이기 때문이다. 전 세계 고액 자산가의 반 이상이 자산운용 포트폴리오에 그림 컬렉션을 포함하고 있다. 이들 중에는 자산의 최대 35%를 미술품으로 보유하는 사람도 있을 정도다.

그림 컬렉션을 통한 재테크 가능성이 부각되기 시작한 것은 반세기정도밖에 안 되지만, 이제 사람들은 그림으로 재테크가 가능하다는 사실을 부정하지 않는다. 지난 50년 동안 그림시장은 수많은 성공 사례를 통해 주식, 부동산보다 더 안전하고 더 높은 수익을 안겨주는 투자처가 될 수 있음을 스스로 증명해왔다. 대표적인 사례가 영국 최대 국영 기업인 영국철도연금기금이다. 1970년대 중반 영국철도는 주식과 부동산시장의 정체, 고질적인 인플레이션 탓에 연금을 효율적으로 관리할 수 있는 투자처를 찾을 수 없게 되자 아트펀드를 조성했다. 그 펀드는 이후 12년 동안 연평균 13%의 수익을 올리면서 그림 투자의 실효성을 입증했다. 또한 2008년 리먼 브라더스 사태로 세계 경제가 바닥을 쳤을 때도 그림시장이 주식시장보다 빠른 회복세를 보였다. 이는 앤디 워홀의 작품 하나가 애플이나 삼성 같은 기업의 주식보다 더 높은 수익을 가져 다주는 자산이 될 수 있음을 보여준 단적인 사례다.

미술시장에 대한 정보를 제공하는 아트프라이스는 〈2015 글로벌 아트마켓 리포트〉에서 2015년 세계 그림시장의 수익률이 전년 대비 10~15% 수준의 상승을 보였다고 발표했다. 2015년 S&P500 지수가 전년 대비 마이너스 0.7%를 기록하고, 한국 코스피 지수가 2.4% 상승에 그친 것과 비교된다. 미술품의 투자수익률을 보여주는 가장 공신력 있는 메이-모제스 지수®나 전문기관들이 꾸준히 발표해온 그림시장 리포트들을 봐도 미술품 투자수익률이 금융상품 투자수익률을 꾸준히 웃돌았음을 알 수 있다. 국내 그림시장으로 한정해도 마찬가지 결과가 나온다. 2015년 한 해 동안 단색화 작가들의 그림 가격이 적게는 2배에서 많게는 20배까지 상승했다. 상위 50명의 국내 서양화가 작품값은 평균 26%나 올랐다.

지난 10년 동안 전 세계 미술품 경매시장은 300%가 넘는 상승률을

● 메이-모제스 지수(Mei-Moses Art Index): 세계 최초의 미술품 가격 지수로 전 세계 미술시장에서 가장 많이 참고되는 아트 인덱스이다. 1875년부터 경매에서 2회 이상 재거래된 작품 사례를 분석하여 S&P500과 FTSE100 지수 대비 미술품 투자율을 보여준다. 뉴욕대 경영대학원을 거쳐 중국 청쿵경영대학원에 재직 중인 메이젠핑(梅建平) 교수와 뉴욕대 경영대학원의 마이클 모제스(Michael Moses) 교수가 함께 개발했다.
- S&P500 지수: 미국의 신용평가기관인 스탠더드앤드푸어스(Standard and Poors, S&P)가 뉴욕증권거래소에 상장된 500개 종목의 주식을 기준으로 작성하는 주가지수. 다우존스 지수, 나스닥 지수와 더불어 뉴욕 증시의 3대 주가지수로 불린다.
- FTSE100 지수: 런던증권거래소에 상장된 주식 중 시가총액 상위 100개 기업의 주가를 지수화한 종합주가지수.

기록했다. 그림시장으로 유입되는 자금도 점점 더 많아지고 있다. 유럽 순수예술재단(TEFAF)은 2014년 전 세계 미술시장의 거래 규모를 68조 원으로 추산했다. 2017년에는 83조 원으로 성장할 것이며, 이후에는 그 이상 팽창할 것이라는 전망도 함께 내놨다. 그러나 이 수치는 시장에서 거래되는 작품의 규모를 보여줄 뿐이다. 시장에 나오지 않은, 전 세계 컬렉터들이 보유하고 있는 그림의 자산 가치 규모는 측정할 수 없을 정도로 어마어마하다.

그림 투자에 대한 관심이 점점 확산되면서 UBS, 도이치뱅크를 선두로 세계적 금융기관들이 아트뱅킹 서비스를 제공하고 있다. 고객의 니즈를 반영한 대출, 컨설팅 서비스 등이다. 아트펀드를 기획, 운용하는 투자기관도 부쩍 늘었다. 보수적이기로 유명한 영국 바클레이즈은행은 2005년 메이-모제스 연구 보고서를 토대로 은행 고객들에게 자산의 5~10%는 미술품에 분산 투자하도록 제안했다. 세계 4대 회계법인의 하나로 꼽히는 딜로이트와 영국 기반의 미술정보회사 아트택틱의 공동 리서치는 재무설계사의 87%가 미술시장에 대한 정보를 수집하고 있다고 발표하기도 했다. 전 세계 유명 헤지펀드 매니저들도 그림 공부에 열심이다. 이중 40%는 이미 고객의 자산관리가 아닌 자신의 자산관리를 목적으로 그림을 수집하고 있다. 대니얼 로엡이나 애덤 샌더 같은 몇몇 펀드매니저는 본업인 금융 투자로 벌어들이는 수익보다 그림 투자로 얻는 수익이 더 높은 것으로 유명하다.

그렇다면 그림 투자는 돈 많은 자산가들이나 할 수 있는 것일까?

결론부터 말하자면, 보통의 월급쟁이도 한두 달 월급 정도의 예산을 투자할 의향이 있다면 누구나 할 수 있다. 현재 수억에서 수천억 원을 호가하는 그림들도 과거에는 직장인이 월급을 모아 충분히 살 수 있는 가격대였다. 지금도 그 정도 예산이면 장래 블루칩 작가로 편입될 수 있는 유망 작가의 그림을 살 수 있다. 2015년 9월 기준, 국내에서 거래된 그림의 약 90%는 1억 원 미만의 작품들이었다. 이 중 약 80%가 1,000만 원 이하에서 거래되며, 가장 많이 거래되는 가격대는 200만 원에서 500만 원 사이다. 통계청 조사에 따르면 2015년 근로자의 평균 월급이 264만 원이라고 하니, 고가인 그림만 피한다면 아직도 한두 달 월급 정도의 종잣돈으로 누구나 그림 투자를 시작할 수 있다는 이야기다.

이러한 상황은 국내에만 국한된 것이 아니다. 세계 최대 경매회사 소더비와 크리스티에서 거래되는 작품의 약 80%도 1만 달러, 원화로 1,000만 원 미만이다. 메이-모제스의 조사에 따르면 런던·뉴욕 등의 해외 주요 그림시장에서 가장 많이 거래되고 가장 많은 수익을 안겨준 작품의 평균 가격대 또한 1,000달러에서 1만 달러, 원화로 100만 원에서 1,000만 원 사이였다. 이제 막연하게 생각했던 것보다 그리 많은 예산이 필요한 건 아니라는 사실을 알았을 것이다. 그림 투자, 비싼 그림만 돈이 되는 것도 아니니 한 번 해볼 만하지 않은가?

무엇보다 그림 투자는 물질적, 정서적 풍요를 동시에 누릴 수 있는 재테크 방법이다. 적은 액수라 할 수는 없지만 몇백만 원에서 몇천만 원을 투자해 수십 배에서 수천 배에 달하는 수익을 얻을 수 있는 재테크 수단이 존재한다는 사실, 게다가 물리적 수익 외에 정서적 풍요로움을 얻고 예술가도 후원할 수 있는 투자 방법이 존재한다는 사실은 매력이지 않을 수 없다. 더욱이 우리 일상에서도 그림 투자는 그렇게 멀리만 있지 않다. 과거 저가에 거래되던 유명 예술가의 그림들이 현재 수억에서 수천억 원을 호가하며 재거래되고 있다는 뉴스를 드물지 않게 접할 수 있다. 메이저 경매회사의 이브닝 경매가 열리면, 다음 날 언론매체에는 경매 최고가 기록들이 어김없이 보도된다. 과거 일부 특권층 사이에서만 비밀스럽게 공유되던 그림시장의 일급 정보들도 지금은 언론매체를 통해 대부분 공개되고 있다.

이처럼 그림 컬렉션은 현실적으로 가능한 투자 수단의 하나가 됐지만, 그것을 내가 할 수 있는 재테크로 보느냐 아니냐의 차이는 있는 듯하다. 그래도 요새는 빠듯하지만 월급을 모아 그림을 수집하고, 여가를 활용해 전시장과 경매장을 찾아다니며 그림 공부를 하는 사람들이 꽤 있다.

처음 그림시장을 접하는 사람들에게 그림시장의 진입장벽은 높게 느껴질 것이다. 그래서 이 책은 그림시장의 특징들을 쉽게 이해할 수 있도록 주식·부동산 같은 다른 재테크시장의 특징과 비교해가며 설명하려고 애썼다. 투자에 현실적으로 도움이 되는 정보와 지식을 전하기 위해 그림시장의 생리와 메커니즘도 함께 다뤘다. 그리고 초보 투자자가 가장 알고 싶어 하는 그림시장의 정보를 분석하는 법, 좋은 그림을 고르는 법, 손해나지 않는 안전한 그림 투자를 위해 꼭 알아야 할 실전 팁들을 제공하는 데 중점을 두었다. 책에는 실제 그림시장에서 주로 쓰이는 용어를 사용했다.

흔히 생각하는 것처럼 그림시장은 복잡하지도, 어렵지도 않다. 이 책이 그림 재테크를 시작하려는 사람들에게 중요한 정보와 지식을 전해주고 그림 보는 자신감도 심어주었으면 하는 바람이다.

차례

1장

그림 투자,
누구나
할 수 있다

작은 돈으로
그림 투자에
성공한 사람들

주식이나 부동산 투자로 성공한 사람들은 언론매체에 많이 소개되지만, 그림 투자자들에 대해서는 알려진 바가 많지 않다. 그러나 분명한 것은 그림 투자에 성공한 사람들도 주식이나 부동산으로 성공한 사람들만큼 많다는 것이다. 특히 그림시장에서는 작은 돈으로 성공한 사람이 큰돈으로 실패한 사람보다 월등히 많다.

내 생애 첫 번째 컬렉션

첫 컬렉션을 시작하는 입문자에게는 가격 부담이 적으면서도 유명작가의 작품을 즐길 수 있는 판화도 괜찮다. 나의 첫 컬렉션도 판화였다. 2003년도의 일이다. 대학원을 갓 졸업한 나는 직장을 잡지 못한 채과외 아르바이트를 하면서 아는 교수님 밑에서 일을 배우고 있었다. 어느 날 교수님과 함께 처음으로 아트페어를 방문하게 됐다. 미술사를 전공하긴 했지만 그림시장은 책으로만 읽고 이해한 정도였다. 그런데 아트페어 현장에서 세계적인 작가들의 그림이 실제 거래되는 걸 목격하고는 나도 모르게 가슴이 뛰었다. 책이나 미술관에서만 보던 그 작품들이 아닌가.

부스를 돌아다니며 그림들을 보는 재미에 한창 빠져 있던 그때, 유난히 눈에 들어오는 작품 하나가 있었다. 쿠사마 야요이의 〈호박〉 판화였다. 53×45(cm)로, 아담한 크기의 이 작품은 70개의 에디션으로 구성되어 있었는데, 아트페어에서 한 점당 60만 원에 팔고 있었다. 그 작품을 보자마자 갖고 싶다는 생각이 들었다. 하지만 아직 구직활동을 하고 있던 처지라 60만 원짜리 그림을 산다는 건 사치였다. 미련을 접고 갤러리 부스를 나왔지만 내 발길은 다시 그 작품 앞으로 향했다. 이번에는 교수님도 함께 있었다. 교수님은 내 마음을 눈치채고는 나중에는 더 비싸질지도 모른다며 마음에 들면 고민하지 말고 사두라고 했다. 나는 한참을 고민하다가 아르바이트를 하나 더 하면 된다는 생각으로 구입을 결정했다. 갤러리에서 바로 포장해준 그 작품을 안고 벅찬 가슴으로 귀가했다. 내가 지금 작품을 살 처지인가 하는 생각에 약간의 후회도 드는 복잡한 심정이었지만, 그러한 기분을 느끼는 것이 싫지는 않았다.

그것이 나의 생애 첫 컬렉션이다. 그날 이후 쿠사마의 〈호박〉은 10년 동안 내 방에 걸려 있었다. 그리고 2013년에 내 곁을 떠났다. 2013년 국내 그림시장에서 쿠사마의 〈호박〉 시리즈 열풍이 불면서 그녀의 판화 작품도 덩달아 가격이 올랐다. 주식으로 치면 보통주가 뛰자 우선주도 같이 뛰는 격이었다. 나의 첫 컬렉션이라 계속 소장할까 고민하기도 했지만, 그 작품을 너무나 가지고 싶어 하는 분이 계셔서 넘겨드렸다. 가격은 당시 시세보다 200만 원 정도 저렴한 1,000만 원으로 협의됐다. 그분에게도 그 작품이 생애 첫 컬렉션이었다.

무작정 좋아서 산 그림

홍대 쪽에서 카페를 운영하는 분이 있다. 그는 2004년 김종학의 4호짜리 작품을 350만 원에 구입하여 소장하고 있다가 2007년 모 경매회사를 통해 4,200만 원에 되팔았다. 3,850만 원의 차익을 남긴 셈이다. 또 2005년 초 1,000만 원에 구입한 8호 크기의 이대원 작품을 2007년에는 4,000만 원에 팔아 3,000만 원의 차익을 남기기도 했다.

그가 그림에 관심을 갖기 시작한 것은 2004년 여름, S전자에서 과장으로 근무하던 때였다. 가족과 삼청동 나들이를 갔다가 우연히 김종학의 전시를 봤고, 이때부터 김종학 그림을 좋아하게 된 것이다. 이후에도 가끔 인터넷을 통해 작가에 대한 정보를 얻기도 하고, 작가의 작품 이미지를 감상하기도 했다.

그러던 어느 날 저녁 약속이 있어 인사동에 갔다가 2차 갤러리(전시를 하지 않고 거래됐던 작품들을 재거래하는 갤러리)에서 김종학의 작품을 발견했다. 그는 알고 있던 작가의 작품을 보니 반가운 마음이 들어 갤러리 안으로 들어갔다.

"김종학 그림이네요? 그분이 이렇게 작은 그림도 그리시나 봐요?"

1차 갤러리보다 편안한 분위기라 갤러리 주인에게 부담 없이 먼저 말을 걸었다. 가격을 물어보니 400만 원이었다. 작은 크기여서 그 정도는 안 될 거라 생각했는데 의외로 비싸서 그냥 나왔다. 그런데 그날 이후에도 그 작품이 계속해서 눈에 아른거렸다. 급기야 아내에게 그 작품을 사고 싶다고 조심스럽게 이야기를 꺼냈다. 하지만 아내는 무조건 안 된다고 했다.

"갑자기 왜 안 하던 짓을 하려고 그래. 우리 형편에 무슨 그림이야. 그림 살 돈 있으면 애들 학원비에 보태게 그 돈 나 줘."

그는 아내가 너무 완고하게 나오는 바람에 더 이상 설득하지 못하고 그림을 구입하겠다는 의지를 포기했다.

일주일 정도 지나 다시 인사동을 지나게 됐다. 혹시나 하고 살펴보니 여전히 지난번에 보았던 김종학 작품이 걸려 있었다. 그림을 보고 끌리듯 갤러리로 들어갔다. 갤러리 주인과 10여 분 정도 김종학에 대해 이야기를 나눴는데, 그러다 보니 그 그림이 더 사고 싶어졌다. 아내의 화난 표정이 떠올랐지만, 이미 갤러리 주인과 흥정을 하고 있는 자신을 발견했다.

"400만 원이면 너무 부담스러운데, 조금 에누리해주시면 안 될까요?"

말을 꺼내긴 했으나 흥정이 가능하리라고는 생각하지 않았다. 그런데 갤러리 주인이 흔쾌히 말했다.

"그러죠. 350만 원에 드릴게요."

그냥 물어본 건데 너무 쉽게 흥정이 되어 놀랐다. 카드로도 살 수 있다는 말에 반색하며 카드를 꺼냈다. 하지만 그 짧은 순간에 머릿속은 엄청나게 복잡해졌다. 생애 처음으로 그림을 산다는 설레임, 지금까지 부자들의 사치스러운 취미라고만 여겼던 그림을 자신이 지금 구입하고 있다는 뿌듯함, 한 달 월급에 맞먹는 거액의 돈을 이렇게 써도 되는 건가 하는 후회감, 내가 정말 잘하고 있는 짓인가 하는 두려움이 두서없이 떠올랐다 사라지길 반복했다. 가슴은 두근두근 뛰었고, 얼굴은 빨갛게 상기됐다.

그는 거의 10년이 지난 일인데도 그때를 생각하면 웃음이 난다고 한다. 흥분했던 자신의 모습이 떠올라서다. 그림을 들고 집에 들어간 그날, 부부싸움을 크게 했다고 한다. 하지만 그림을 구입한 이후 그는 작가에 대해서 더 공부하게 됐고, 휴일이면 가끔 인사동을 찾아가 그림시장에 대한 이해의 폭을 넓혀갔다. 당시 그림 공부 한다고 인사동을 쏘다니던 그를 아내는 이해하지 못했다.

처음 김종학의 그림을 살 때는 무작정 좋아서였지만, 두 번째 작품인 이대원의 작품을 살 때는 달랐다. 인사동을 오가면서 그림으로 재테크를 할 수 있다는 걸 배웠고, 미술품 경매에 대해서도 알게 됐다. 김종학 작품을 소장하고 있다고 이야기하면 인사동 딜러들과도 쉽게 말문이 트였다. 그런 인연으로 알게 된 몇몇 딜러가 이대원 작품을 사두면 재미를 볼 수 있다는 이야기를 들려주었다. 그래서 그때부터 이대원을 눈여겨보게 됐다. 물론 작가의 작업 스타일도 그의 마음에 쏙 들었다.

그러나 이대원 화백의 작품은 가격이 이미 꽤 높은 상태였다. 20호나 30호 정도의 그림을 사고 싶은데 가격대가 상당했다. 30호 작품을 사려면 적어도 3,500~4,000만 원은 있어야 했고, 20호는 2,500~3,000만 원이 필요했다. 10호 정도만 되어도 최소 1,500만 원은 필요했다. 예산이 부족했던 그는 하는 수 없이 10호 미만의 이대원 작품을 찾았다. 운이 좋았다. 얼마 안 가 8호 크기의 작품을 찾아냈다. 그는 아내 몰래 모아놓은 비자금 1,000만 원으로 그 작품을 구입했다. 구입한 작품은 개인 사무실이 있는 친구에게 맡겨놓았다. 또 부부싸움을 하고 싶지 않아서다.

2005년부터 상승세를 타던 국내 그림시장은 2006~2007년을 거치면서 유례없는 호황을 맞이했다. 그는 여윳돈이 없어 그림을 더 살 수는 없었지만, 그림시장에 대한 관심의 끈은 놓지 않았다. 사실 2006년 두 젊은 작가(실명을 밝히지 않는 이유는 아직 미술사적으로 평가가 덜 된 젊은 작가라 독자들에게 혹시라도 오판의 여지를 주게 될까 우려해서다)의 그림이 눈에 들어와 살까 말까 고민한 적이 있다고 한다. 주식에 투자한 돈을 회수해 살까도 고민했는데, 시장이 과열 양상을 띠어간다고 느껴서 포기했다. 더욱이 그 두 작가의 그림을 찾는 고객이 워낙 많아서, 그들을 관리하는 갤러리와 친분이 없는 그에게는 구입할 기회조차 없었다. 물론 2차 갤러리에서는 구입할 수 있었지만, 1차 전속 갤러리에서 나오는 가격과 무려 1,000만 원 이상 차이가 나는 상황이라 구입할 엄두가 나지 않았다. 내가 이 분과 처음 인연을 맺은 것도 그가 그 두 작가의 작품 구입을 의뢰해오면서였다.

2007년 그는 소장한 그림을 처분해야 하는 상황에 처했다. 회사를 그만두고 카페를 차리려고 하는데 목돈이 필요했던 것이다. 다행히 그가 소장하고 있던 김종학, 이대원의 작품이 시장에서 큰 인기를 얻고 있던 때였다. 그는 생각했던 것보다 높은 가격으로 그림들을 팔 수 있었다. 1점은 경매로, 다른 1점은 딜러를 통해 되팔아 총 6,850만 원의 차익을 남겼다. 1,350만 원을 투자해 6,850만 원의 차익을 남겼으니 3년 동안 그림 투자로 500% 이상의 수익을 올린 셈이다. 이후 그는 새롭게 시작한 카페 사업으로 그림 컬렉션을 할 경제적·심적 여유를 한동안 갖지 못했다고 한다.

그러다가 3년 전, 다시 그림을 보러 다닌다는 소식을 전해왔다.

"몇 년간 정신이 없어서 연락 한 번 못했네요. 최근에야 조금 여유가 생겼어요. 애들도 모두 대학에 들어가고, 가끔 아내와 함께 전시 보러 다녀요."

2년쯤 전에는 그림을 찾는다는 전화가 오기도 했다.

"혹시 1980년대 박서보 화백님 작품, 구입할 만한 거 없어요?"

당시 작품을 구해드리지는 못했으나, 그분이 다른 딜러를 통해서라도 구입했다면 수익이 꽤 컸을 것이다. 박서보의 그림은 최근 2년간 적게는 5배에서 많게는 20배 이상 가격이 상승했다.

명품백보다 그림이 좋아

대기업 마케터로 근무하는 40대 초반의 미혼 여성 K 씨. 6년 전부터 그림을 수집하기 시작하여 현재 판화 2점, 그림 3점, 사진 1점 등 총 6점의 작품을 보유하고 있다. 작품을 되판 적은 아직 한 번도 없지만, 현재 그녀가 소장한 작품 6점 중 2점의 그림은 구입할 당시 가격보다 각각 2배, 4배 이상 올랐다.

그녀를 처음 만난 것은 약 7년 전, 반얀트리클럽에서 8주에 걸쳐 그림 컬렉션에 대한 강의를 하고 있을 때였다. 주식과 부동산 투자는 본인과 잘 맞지 않아 다른 재테크 수단을 찾던 중, 평소 그림을 좋아해서 내 강의를 수강하게 됐다고 했다. 세 번째 강의를 하던 날, 그녀는 나라 요시토모의 작품 이미지 하나를 보여주었다. 이 작가의 작품을 사고 싶은데 어떻게 해야 하는지 잘 모르겠다는 것이다. 예산이 얼마나 필요한지, 작품성이 있는 작가인지, 재테크 관점에서 살 만한 작품인지, 또 어떤 방법으로 사는 것이 좋은지 등.

심술 난 표정의 어린 소녀를 그리는 작가로 알려져 있는 나라 요시토모는 작품성과 시장성, 게다가 대중성까지 고루 갖춘 좋은 작가다. 그녀에게 먼저 예산이 얼마나 되느냐고 물었다. 아무리 좋은 작품이라도 구매자의 예산과 터무니없이 차이가 난다면 애초에 컬렉션이 불가하기 때문이다. 그녀는 그림을 구입하는 데 최대 1,000만 원 정도는 쓸 수 있다고 했다. 나라 요시토모의 회화 작품은 이미 수억 원을 호가하고, 일부 작품은 10억 원을 넘는 작품들도 있었다. 예산에서 너무 큰 차이가 났다. 그녀는 작품이 예상외로 비싸다는 사실에 적잖이 놀라는 눈치였다. 나는 그녀에게 저렴한 가격으로 시장에 나온 그의 종이 작품을 찾아보기를 권했다. 사실 그의 종이 작품도 몇천만 원 선에서 거래되는 것이 태반이었다.

그러고 나서 반년이 지나 내 수중에 1,000만 원 선에서 구입할 수 있는 나라 요시토모의 종이 작품이 들어왔다. 가격에 비하면 작품 이미지도 훌륭했다. 그 작품을 보자마자 K 씨한테 연락했다. 여전히 나라 요시토모 작품을 찾고 있던 그녀는 구입을 결정하기까지 몇 시간이 채 걸리지 않았다. 그녀는 그 그림을 정말 좋아했다. 거실 한쪽에 장식하고 늘 바라보는데 볼수록 맘에 든다고 했다. 그리고 최근에는 자신의 작품과 같은 연도, 같은 크기, 유사한 구성의 작품이 해외 경매에서 4만 달러에 낙찰된 기록을 봤다며 좋아했다. 나라 요시토모의 작품 구입을 시작으로 그녀는 홍경택, 이승조, 무라카미 다카시 등의 작품 5점을 더 구입했다.

그녀는 예전에는 명품백을 사려고 돈을 모았는데 요즘에는 그림을 사려고 돈을 모은다고 한다. 명품백보다 그림을 살 때 더 기분 좋고 뿌듯하다면서 말이다. 그녀가 그림을 구입하는 이유는 아무리 좋은 명품백도 한두 해 지나면 유행이 지나서 다른 명품백에 눈이 가게 마련인데, 그림은 두고두고 봐도 좋기 때문이란다. 그녀가 꼽는 그림 투자의 또 다른 장점은 시간이 날 때마다 미술관이나 갤러리를 다니고, 정보를 얻기 위해 참여한 미술 동호회 활동으로 새로운 사람들을 만날 기회가 많아진다는 것이다. 그것이 그녀에겐 삶의 원동력이 된다고 한다. 나이가 차면 결혼해서 가정을 꾸리고 노후를 계획하고 안정된 시간을 보낼 거라고 예상하지만, 그렇지 못하는 사람이 더 많은 현실에서 그림 투자는 싱글을 위한 최고의 재테크라고도 이야기했다. 그녀는 자신이 구입한 그림들의 가격이 올라가는 것을 보면서, 초기에 그림 투자에 가졌던 의구심을 모두 벗어 던졌다. 지금 시세가 제법 오른 그림들도 있지만, 당장 팔지 않고 노후 자금 마련을 위해 아껴두고 있다고도 귀띔해줬다.

30만 원짜리 작품이 1,500만 원으로

그림을 통해 수익을 본 사례는 또 있다. 지금은 퇴임하신 한 교수님 이야기다. 교수님은 1990년대 초 고영훈의 전시에서 약 30만 원에 구입한 작품을 2006년 1,500만 원에 팔아 1,470만 원의 차익을 남기셨다. 15년 동안 50배 상승한 것이다.

갤러리에서 근무하던 2006년도의 일이다. 대학원 시절 조교로 근무할 때 인연을 맺은 교수님이었는데, 어느 날 내가 근무하는 갤러리로 전화를 해오셨다. 오래전에 구입한 고영훈 그림이 있는데, 팔 수 있느냐는 말씀이었다. 고영훈 작가라면 미술사적으로도 좋은 평가를 받고 있었

고영훈, 〈스톤북〉, 종이에 아크릴, 54×96.5cm, 1985

고 시장에서도 인기가 있었다. 특히 그의 작품 중 1980~90년대 작품이
인기가 많았다. 나는 몇 년도 작품인지부터 크기, 이미지, 작품 보존 상
태 등을 체크했다. 교수님은 몇 년도 작품인지는 잘 몰랐고 1990년대
초반 작가의 전시 오프닝에 갔다가 산 것으로 어렴풋이 기억하고 계셨
다. 일단 작품 상태가 좋고 고영훈의 작품이 확실하다면 팔아보겠다고
말씀을 드렸다. 휴대폰으로 보내주신 이미지로는 고영훈의 작품이 맞는
것 같았다.

　며칠 후 교수님 연구실로 찾아가 직접 작품을 받아왔다. 고영훈의 작
품이 맞았고, 1990년대 초반 작품으로 작품 이미지, 보관 상태도 좋았
다. 작품 크기는 10호였다. 나는 우선 교수님께 팔고 싶은 예상 가격을
물었다. 구입 당시 30~40만 원이었다고 하시면서, 15년 동안 잘 감상했

으니 100만 원만 받아도 손해 보는 건 아닌 것 같다고 하셨다. 교수님은 15년 동안 벽에 걸어놓고 보면서도 고영훈이라는 작가가 한국 미술사나 국내 그림시장에서 어느 정도의 위치를 차지하는지 잘 모르고 계셨다. 지인에게 이끌려 전시회에 갔다가 얼떨결에 작품을 구입하셨던 듯하다.

그 작품을 구입할 새로운 고객을 찾는 데는 그리 오랜 시간이 걸리지 않았다. 귀한 작품이고 좋은 작품이라 관심을 갖는 사람이 많았다. 일주일 후 그 작품은 1,500만 원에 팔렸다.

교수님은 예상했던 것보다 훨씬 비싸게 팔렸다는 사실을 알고는 횡재한 기분이라며 좋아하셨다. 사실 이분은 투자를 목적으로 작품을 구입한 건 아니다. 지인과 함께 우연히 방문한 전시회에서 작가 후원 차원에서 구입한 것이었다. 그러고는 15년 동안 거실에 걸어놓고 좋은 그림이 주는 감성적 풍요로움을 즐기셨다. 시간이 흘러 작품을 다시 파는 과정에서 자신이 소장한 작품의 작가가 미술사적으로나 그림시장에서 주목받는 작가라는 것을 알게 됐다.

돈이 되는 우아한 취미

지인 중 H는 '제주생활의 중도'라는 주제로 한지에 채색 작업을 하는 이왈종의 작품을 좋아한다. 그녀는 온라인 경매가 있을 때마다 이왈종의 소품이나 판화를 낙찰받는다. 온라인 경매 마지막 날이 되면 경쟁률이 낮은 작품을 찾아 응찰한다. 경매시장에서는 낮은 응찰 경쟁력과 그림시장의 침체, 경매에 작품을 위탁한 사람의 그림이 기대치가 낮으면 공식적인 작가의 화랑가보다 훨씬 저렴하게 그림을 살 수 있는 기회가 생기기도 한다. 그 결과, 그녀는 1호짜리 이왈종 그림을 200만 원에 낙

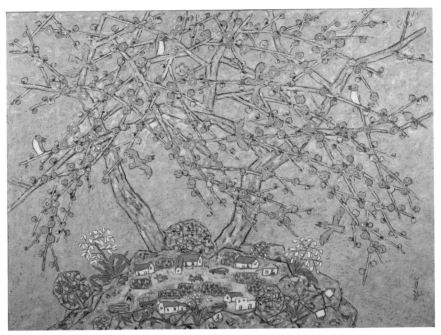

이왈종, 〈제주생활의 중도〉, 한지에 혼합 매체, 117×91cm, 2014

찰받기도 하고, 2호짜리 그림을 180만 원에 낙찰받기도 했다. 변형 15호 정도 되는 그림을 750만 원에 낙찰받은 적도 있다. 그리고 경매에서 유찰된 작품이 있을 때는 해당 경매회사에 전화해 그 작품을 좀 더 저렴한 가격에 흥정해 구입하기도 한다. 에디션이 있는 이왈종 판화 작품도 종종 낙찰받는데, 낙찰가는 40만 원에서 120만 원까지 다양했다.

H는 그렇게 낙찰받은 작품들의 일부는 1~2년 정도 소장하고 있다가 자신이 낙찰받은 가격보다 적게는 10만 원에서 많게는 300만 원을 덧붙여 경매회사와 인사동 2차 화랑을 통해 되팔았다. 그녀 나름의 수익

창출 방법이다. 2008년 공식적인 화랑가는 호당 150만 원이었고 2015년 말에는 시장가로 호당 300~400만 원 선에서 거래됐다. 7년 동안 2배 정도 오른 셈이다. 이를 보면 그녀가 시세보다 저렴하게 소장한 이왈종의 작품 가치도 상당히 올랐음을 추측할 수 있다. H는 이왈종의 작품을 좋아해서 시작하게 됐는데, 이 취미로 가끔 용돈도 생기는 셈이라고 말했다.

그림 투자에
성공한
스타들

　세계에서 손꼽히는 현대 미술 수집가인 하워드 파버는 1970년대부터 그림을 수집해왔다. 처음에는 미국 근현대 미술품을 수집했고, 이후 중국과 쿠바의 작품을 수집해 큰 수익을 거뒀다. 자신의 컬렉션으로 미술관 순회 전시를 열기도 했다. 그는 국내 한 매체와의 인터뷰에서 다음과 같이 말했다.

　"나는 아내 패트리샤와 일요일마다 전시를 보러 다니며 그림 보는 눈을 길렀어요. 미술 수집은 너무 재미있었어요. 나는 돈이 많은 사람이 아니었기 때문에 어떤 작품은 화랑에서 1년 할부로 사기도 했어요. 내가 처음 관심을 가진 건 조지아 오키프, 막스 웨버 같은 미국 근대 화가들의 작품이었죠. 1970년대니까, 그때만 해도 5,000달러면 아주 좋은 미국 근대 미술품을 살 수 있었어요. 그런데 몇 년 뒤부터 작품 가격이 점점 오르더니 5,000 달러짜리가 5만 달러가 되고 50만 달러가 됐습니다. 그렇게 미국 근현대 미술품으로 번 돈으로 1990년대 중반부터는 중국 미술품을 수집했습니다. 당시만 해도 중국 미술에 관심을 갖는 사람들이 많지 않았기 때문에 왕광이, 팡리쥔, 웨민쥔, 쩡판즈, 장샤오강, 수빙, 양샤오빈 같은 작가의 작품을 아주 저렴한 가격에 살 수 있었습니다. 10년 전 2만 달러 정도면 충분히 살 수 있었던 중국 작가들의 작품이 지금은 50만 달러, 100만 달러가 넘어요."

– 〈조선일보〉, 2007년

그림시장의 큰손

국내에서는 그림 재테크로 수익을 낸 사람들이 거의 공개되지 않지만, 해외에서는 그림 투자로 큰 수익을 낸 사람들이 매체를 통해 적잖이 소개되고 있다.

우리가 잘 아는 연예인이나 유명인 중에서도 그림 투자로 어마어마한 수익을 거둔 이들이 꽤 있다. 영국의 팝가수 엘튼 존은 유명한 사진 컬렉터로, 2005년 배병우의 소나무 사진을 3,000여만 원에 구입해 화제가 됐다. 레오나르도 디카프리오, 휴 그랜트, 잭 니콜슨, 안젤리나 졸리와 브래드 피트 같은 할리우드 스타들이나 〈스타 워즈〉 감독으로 유명한 조지 루카스나 스티븐 스필버그 감독, 미국 엔터테인먼트 업계 거물이자 드림웍스 애니메이션의 창설자 데이비드 게펜도 그림시장에서 유명한 컬렉터들이다.

휴 그랜트가 앤디 워홀의 작품 〈리즈〉로 260억 원의 차익을 냈다는 것은 국내 언론사에서도 소개된 적이 있는 유명한 일화다. 〈리즈〉는 영화배우 엘리자베스 테일러의 초상화다. 휴 그랜트는 2001년에 이 작품을 약 38억 원에 사들였다. 그리고 2007년 뉴욕 크리스티 경매를 통해 약 246억 원에 되팔아 6년 만에 약 208억 원의 수익을 얻었다.

데이비드 게펜도 지난 수십 년간 그림시장에서 가장 노련한 그림 투자자로 명성을 날렸다. 자산컨설팅사인 웰스엑스(wealth-X)의 리포트에 따르면, 그는 8조 원에 달하는 자산 중 20%를 잭슨 폴락, 윌렘 드 쿠닝, 마크 로스코, 제스퍼 존스 같은 미국 현대 작가의 작품에 투자하고 있다고 한다. 2006년에는 소장하고 있던 폴락의 작품 〈NO.5〉(1948)를 당시 최고가인 1,569억 원에 판 것으로 전해졌다. 이 그림은 화가인 알폰소 오소리오가 1949년 167만 원(1,500달러)에 샀다가 미국 미디어회사 어드밴스 퍼블리케이션의 CEO인 새뮤얼 어빙 뉴하우스 주니어에게 팔았고, 이를 그가 구입해 소장하고 있다가 되판 것이다. 데이비드 게펜이 이 그림 하나로 얼마를 벌었는지는 공개되지 않았다. 그렇지만 오소리오가 구입한 시점부터 게펜이 되판 시점까지 57년 동안 1만 배 가까이 상승했으니, 이 작품으로 그가 거둔 투자수익이 어마어마하리라는 것은 쉽게 짐작할 수 있다.

미국의 팝가수 에릭 클랩튼 역시 유명한 미술 투자자다. 그는 2001년 게르하르트 리히터의 그림 3점을 약 37억 원에 낙찰받았다. 당시 이 작가의 그림 가격이 평균 5억 원 정도였으니 시세보다 두 배 이상 높은 금액을 주고 산 셈이었다. 하지만 11년이 지난 2012년, 런던 소더비 경매에서 3점의 그림 중 하나인 〈추상809-4〉이 약 370억 원에 낙찰됐다. 10년 만에 10배 이상의 차익을 남긴 것이다.

앞서도 언급했지만 돈 버는 데 귀재로 소문난 해외 유명 펀드매니저

중에는 자신의 본업보다 그림 투자에 재능을 보이는 사람들이 있다.

　뉴욕 기반의 헤지펀드 매니저 대니얼 로엡이 그중 한 명이다. 2005년, 그는 소장하고 있던 마르틴 키펜베르거의 작품 1점을 영국의 광고회사 대표 찰스 사치에게 팔았다. 이때의 수익률이 500%로 알려져 있다. 로엡은 2002년부터 키펜베르거의 작품을 꾸준히 사들여 30점 이상을 소유했고, 그중 몇 점은 미술관에 임대를 해주고 있었다. 사실 미술시장에서 영향력 있는 수집가들이 마르틴 키펜베르거의 작품을 사들이기 시작한 것은 1990년대 초반부터였다. 2002년경에는 작품 가격이 꽤 상승한 상태였는데, 그럼에도 로엡은 이 독일 작가의 작품을 공격적으로 사들였다. 놀랍게도 마르틴 키텐베르거의 작품 가격은 2002년 이후로도 5년 동안 3배 이상 뛰었다는 것이다.

　로엡의 동료이자 엑시스 캐피털 매니지먼트를 경영하는 또 다른 펀드매니저 애덤 샌더 역시 미술 투자의 귀재로 정평이 난 인물이다. 2002년 샌더는 존 커린의 전시가 열리고 있는 LA 기반의 갤러리 레건 프로젝트를 방문하여 작품 6점을 구입했다. 총 60만 달러가 들었으니 1점당 약 10만 달러에 구입한 셈이다. 그리고 2년 후 샌더는 그 작품들 중 하나인 〈어부〉를 새뮤얼 어빙 뉴하우스 주니어에게 140만 달러에 팔았다. 2년 만에 14배의 수익을 올린 것이다. 이 외에도 샌더는 리처드 프린스, 마이크 켈리, 에드 루샤, 안드레아스 구르스키 등의 작품을 포함하여 총 1억 2,500만 달러 상당의 작품 800여 점을 소유하고 있다. 이 작품들은 그의 자산을 해마다 어마어마하게 늘려주고 있다. 예를 들어 리처드 프린스의 작품은 5년 사이 6배의 수익을 안겨주었으며, 30만 달러에 구입한 에드 루샤의 〈피해〉는 10년 후 300만 달러를 호가함으로써 10배 이상으로 가격이 치솟았다.

국내의 숨은 유명 투자가들

국내 연예인 중에서도 그림 컬렉션을 하는 이들이 꽤 있다. 한국인의 정서상 컬렉터들이 자신의 신분이 드러나는 것을 꺼리기 때문에 이름을 직접 언급할 수는 없지만, 아트페어 프리뷰나 경매장에서 낯익은 연예인의 모습을 종종 볼 수 있다.

가수 이정현 씨는 2012년 예능 프로그램 〈강심장〉에 출연해 자신의 그림 컬렉션에 대해 이야기한 적이 있다. 다양한 그림에서 아이디어를 얻는다는 그녀는 60만 원에 산 젊은 작가의 그림이 지금 2,500만 원이 됐다는 소식도 전했다. 그림 컬렉션이 재테크에도 도움이 되고, 실력이 있지만 아직 빛을 보지 못한 신인 작가들에게도 도움이 되는 일이라고 설명했다.

쇼핑몰 창업자이자 SNS에서 많은 팬을 거느리고 있어 젊은 여성들의 워너비로 등극한 강희재 씨도 잘 알려진 10년 차 컬렉터다. 국내외 아트페어나 친분이 있는 갤러리를 통해 주로 작품을 구입한다는 그녀는 1년에 평균 200~300만 원 선에서 약 서너 점 정도의 그림을 구입해왔고, 현재 약 43점 정도를 소장하고 있다. 사실 그녀의 컬렉션은 재테크가 목적은 아니다. 그녀가 그림 컬렉션을 하는 주된 이유는 자신이 하고 있는 사업에 영감을 얻고, 그림을 활용한 인테리어 효과와 그림이 주는 정서적 안정감 때문이다. 그래서 그녀는 마음에 드는 작품이라면, 전문가의 평가나 그림 가격에 크게 신경을 쓰지 않고 그림을 구입해왔다. 그럼에도 불구하고 그녀가 소장하고 있는 작품들 중에는 과거 700만 원에 산 작품이 현재 시세로 2,100만 원 정도 오른 작품도 있다. 그 외에도 그녀가 소장하고 있는 작품 대다수가 가격이 올랐다고 한다. 최근 그녀는 자신이 지금까지 수집한 작품들을 가지고 강남의 한 갤러리에서 전시회를 가졌다. 전시회 개최 이유를 물었더니 그녀는 이렇게 대답했다.

"지난 10년 간 그림 컬렉션을 해오면서 제 취향이 변하기도 했고, 그림을 걸 수 있는 공간은 한정적인데, 계속 사고 싶은 그림들은 늘어나서… 새로운 작품들을 구입하기 위해 기존 소장품 일부를 입양보내기로 했어요."

국내 그림 부자들이 공개를 꺼리는 이유

구체적으로 공개되지는 않지만 경매 낙찰 결과를 보면 국내 그림시장에서도 그림 컬렉션으로 큰 수익을 얻는 이들을 유추해볼 수 있다. 그들은 바로 현재 경매에서 지속적으로 최고가를 경신하며 거래되고 있는 박수근, 김환기, 천경자, 박서보, 정상화 같은 블루칩 작가의 작품을 경매에 위탁한 이들이다. 2015년에 작고한 천경자 화백의 〈막은 내리고〉라는 6호 작품이 2015년 가을 K옥션에서 8억 6,000만 원에 낙찰됐다. 이 작품의 전 소장자는 1년 전인 2014년에 5억 5,000만 원을 주고 구입했다. 1년 만에 3억 원가량의 수익을 낸 것이다. 사실 이 그림을 1년 전인 2013년에 구입했다면, 3억이 아닌 5억의 수익을 낼 수 있었던 작품이다.

꼭 블루칩 작가의 작품이 아니더라도 경매 추정가나 내정가보다 높은 가격에 낙찰되는 작품의 위탁자들 역시 대부분 성공한 그림 투자자들이다. 경매 추정가는 위탁자의 판매 희망가와 실제 시장에서 거래되

천경자, 〈막은 내리고〉, 종이에 수채, 41×31.5cm, 1989

는 시세를 토대로 매겨진다. 그리고 내정가는 경매 전에 경매사와 위탁자가 합의한 낙찰 최소가를 의미한다. 급하게 처분해야 하는 상황이 아니면, 위탁자들 대부분은 자신이 구입한 가격보다 높은 가격에 판매하기를 원한다. 사실 특별한 사정이 없는 한 대다수의 작품 위탁자들은 자신의 구입가보다 높은 가격에 판매하지 못한다면 그림을 팔려고 하지 않는다. 따라서 경매회사에서는 최소한 위탁자의 판매 희망가보다 높은 가격을 지불하고 구입하고자 하는 사람을 물색하게 된다. 그리고 경매에서 다시 내정가 이상으로 거래된 작품은 대부분 작품 위탁자들에게 수익으로 환원되었다고 판단하면 된다.

국내 그림 부자들이 실명 공개를 꺼리는 이유는 그림시장이 의무적인 공개시장이 아니기 때문이다. 게다가 국내 그림 부자들이 실명을 공개하길 꺼리는 이유는 그림 컬렉션이 종종 로비, 재산은닉, 비자금 조성 같은 비리와 연루되기에 자칫 입방아에 오르거나 세무조사 대상이 될 것을 우려하기 때문이다. 아직도 그림 컬렉션이 부자들에게나 해당하는 사치스러운 취미라는 대중적 편견도 있어서, 청렴결백하고 검소한 이미지가 미덕으로 작용하는 한국인의 정서에 맞지 않을 수도 있다. 한국의 그림 부자들이 신분 공개를 꺼리는 것은 어쩌면 당연한 반응이라 하겠다.

비싼 그림만
돈이 되는 것은
아니다

어떤 작품을 구입해야 그림 투자에 성공하는 것일까? 무조건 비싸고, 누구나 다 아는 유명 예술가의 작품을 모아야만 수익성 좋고 원금 손실 없는 투자가 될까? 그림으로 성공한 부자들은 값비싼 작품만 구입할까? 처음 그림 투자를 시작한다면 궁금한 것이 많을 것이다.

메이젠핑과 마이클 모제스 교수는 미술시장의 표준화를 시도하기 위해 아트 인덱스인 메이-모제스 지수를 개발했다. 이들은 미술시장을 분석하는 과정에서 이미 시장에서 고가에 거래된 모네, 르누아르 같은 유명 작가들의 작품이 저가에 거래된 유망 작가들의 작품보다 투자수익률이 높지 않다는 사실을 발견했다. 1달러(약 1,200원)에서 1,000만 달러(약 120억 원) 사이에 거래된 올드마스터(19세기 이전에 유럽에서 활동한 예술가 혹은 예술가의 작품을 지칭) 작품의 거래 가격대별 수익률도 조사했는데, 약

1,000달러(약 120만 원)에서 1만 달러(약 1,200만 원)에 구입한 그림의 수익률이 가장 높다는 결과가 나왔다. 지난 20년간 미술품 투자시장을 연구해온 토론토대학교의 경제학 교수 제임스 페산도의 1993년 연구 결과도 비슷했다. 그는 고가의 그림이 꼭 고수익을 주는 것은 아니라는 분석을 내놓았다.

물론 이들이 그림시장을 주식이나 부동산시장처럼 표준화하고 도식화하는 과정에서 그림시장 고유의 특성을 간과하는 오류를 범하고 있긴 하다. 이를테면 같은 작가의 작품일지라도 결과물에 따라 작품 가격에 차이가 난다는 점 등이다. 그러나 140년이 넘는 경매 기록을 바탕으로 그림시장을 조사하고 연구한 것이니만큼 충분히 신빙성이 있다고 할 수 있다. 이들의 연구 결과는 큰돈을 투자하지 않아도 그림 투자가 가능하다는, 즉 누구나 그림 투자를 할 수 있다는 자신감을 심어준다.

오랫동안 미술시장을 눈여겨보고, 실제 현장에서 작품을 거래하면서 내가 체감한 바 역시 이들의 연구와 크게 다르지 않다. 상식선에서 생각해볼 때 고가에 거래되는 블루칩 작가의 작품에 투자하는 것이 안전해 보인다. 하지만 미술품 투자자에게 가장 높은 수익률을 안겨주는 것은 이미 고가인 작품이 아니었다. 아직 저평가되어 있지만 미술시장 전문가들과 컬렉터들에게 유망한 작가의 작품, 좋은 작품이라는 공감대가 형성되어 있으면서 시장가가 높지 않은 작품들이었다. 이미 블루칩 작가의 반열에 오른 작가들의 과거 작품 가격 상승 패턴이 '미술사적 가치평가보다 저평가된 작가의 작품을 구입하는 것이 궁극적으로 향후에 높은 수식을 안겨주는' 사실을 보여주었다.

블루칩 작가의 작품 가격 변화 추이를 살펴보면, 대부분 미술사적으로 이미 중요한 작가로 평가받았음에도 불구하고 시장에서 다년간 큰 변동을 보이지 않다가 특정 시기에 급격하게 뛰어오르는 것을 발견할 수 있다. 이러한 현상은 2015년 단색화 화가들의 작품 가격 변동을 확인해봐도 알 수 있다. 일례로 박서보의 작품은 2007년 중반만 해도 호당 30~40만 원대였으며, 2014년까지도 40~55만 원에 거래됐다. 그러다가 2015년에 580~700만 원대로 상승했다. 박수근의 예는 더 극적이다. 1960년대 3,000~4,000원 하던 작품이 1970년대 후반 호당 100만 원으로 상승했고, 1990년대가 되면서 호당 1억에서 1억 5,000만 원대로 급등했다.

적은 돈으로 저평가된 유망 작가의 작품을 구입하여 그림이 주는 감성적 풍요로움을 즐기다 보면 어느 순간 가격이 급격하게 뛰어오를 수 있다는 것을 시장은 반복적으로 보여준다.

한 달
월급이면
시작할 수 있다

그림 투자를 시작하는 데 예산은 얼마나 필요할까? 국내 미술시장에서 30~50대 작가의 작품 가격은 대개 호당 5~10만 원, 중견 작가나 원로 작가의 작품 가격은 20~50만 원 선이다. 그리 많지 않은 예산으로도 장래 블루칩 작가로 편입될 수 있는 유망 작가의 그림, 혹은 앞으로 가격 상승 여지가 있는 그림들을 살 수 있다는 뜻이다.

학계의 관심을 받는 작가들

현재 작품 가격에 큰 변동은 없지만, 시장에 자주 소개되는 동시에 학계의 관심을 받으며 국내외에서 왕성한 작업 활동을 펼치고 있는 작가들을 눈여겨보자. 홍경택, 이동기, 김동유, 권기수, 강형구는 한국 팝아트와 극사실주의의 선두 작가들이다. 그러나 이들은 2000년대 초만 해도 작품을 거래하기가 힘든, 시장의 관심 밖에 있던 작가들이었다.

2000년을 전후해서는 이들 작품 대다수를 500만 원 내에서 구매할 수 있었다. 그러다가 2006년 홍콩 크리스티에서 추정가 1,250만 원이었던 김동유의 〈마릴린 먼로 vs 마오〉가 25배나 높은 약 3억 2,000만 원, 2007년 홍콩 크리스티에서 강형구의 〈파란 빈센트 반 고흐〉가 약 6억 9,000만 원에 낙찰됐다. 그리고 2014년 홍콩 크리스티에서 홍경택의 〈연필1〉이 약 9억 7,000만 원에 낙찰됐다. 이는 경매회사 추정가의 10배가 넘는 금액이었다. 이를 계기로 이 작가들은 아시아 미술시장의 스타 작가로 떠올랐고, 현재 이들의 작품 가격은 수천만 원에서 수억 원을 호가하며 거래되고 있다. 가끔 국내 경매시장에서는 유찰되는 작품들이 나오기도 하지만, 해외 경매에서는 거의 완판되는 분위기다. 통상적으로 인기 작가는 2차 시장 거래가가 1차 시장 거래가보다 상대적으로 높은 편이라 경매에서는 억 단위를 기록하는 경우가 많다.

2016년 3월 현재 홍경택 작품의 전시가는 100호를 기준으로 색연필을 주제로 한 그림이 8,500만 원, 인물을 주제로 한 그림이 7,000만 원 정도의 가격을 형성하고 있다.

아토마우스 캐릭터로 유명한 이동기와 동글이라는 캐릭터로 유명한 권기수의 경우에도 2000년대 초반과 현재의 작품 가격을 비교해보면 큰 폭으로 올랐다. 2000년대 초반만 해도 이 작가들의 작품 중 일부는 2차 시장에서 20~30만 원에도 거래가 됐으나, 현재는 수백만 원대에서 3,500만 원대에 거래된다. 1차 시장인지 2차 시장인지, 그리고 작품의 크기와 완성도, 주제와 소재, 경제 상황에 따라 다양한 스펙트럼을 보여준다.

홍경택, 〈서재-백일몽(Library-Daydream)〉, 린넨에 아크릴, 182×227cm, 2013

홍경택, 〈Green Green Grass 1〉, 린넨에 유화, 194×259cm, 2014

서도호, 양혜규, 이불처럼 해외에서 왕성한 작품 활동을 하고 있으며, 국내외 주요 갤러리의 관리와 프로모션을 받고 있는 작가들의 작품에도 관심을 가질 필요가 있다. 이 작가들의 작품성은 국내외 미술계에서 높은 평가를 받고 있지만, 상대적으로 국내 그림시장에는 자주 소개되지 않는 작가들이다. 경매처럼 2차 시장에서 이들 작가의 대표 작품이 거래되는 경우는 보기 힘들고, 거래량도 많지 않다. 가장 큰 이유는 전속 갤러리의 철저한 시장 관리 때문이다. 이들의 작품을 구입하려면 작가들의 작품을 관리하고 작품 활동을 프로모션하는 국내외 전속 갤러리를 통하는 것이 정석이다. 10년 전만 해도 양혜규의 작품은 100~200만 원 선에서, 이불이나 서도호의 드로잉 혹은 소품은 1,000만 원 내외에서 구입 가능한 작품들이 있었다. 그러나 지금은 그들의 대표 작품을 구입하려면 최소 수천만 원 이상의 예산이 필요하다. 그러나 이들의 작품 가격은 작품성에 비해 가격이 높다고 할 수 없다. 예산에 여유가 있다면 여전히 눈여겨볼 만한 작가들이다.

아직 저평가된 작가들

지난 2년간 국내 그림시장을 선도한 단색화 작가 중에도 여전히 저평가된 작가들이 있다. 한국의 단색화 작가는 전기와 후기로 나뉜다. 전기 작가는 1930년대에 태어난 이들이고, 후기 작가는 1950~60년대에 태어난 이들이다. 2012년 국립현대미술관에서 기획한 단색화 전시를 통해 소개된 작가는 전기 17명, 후기 14명으로 총 31명이었다. 그 외에도 단색화 작가로 분류될 수 있는 작가를 찾아보면 많이 있다. 하지만 지난 2~3년 동안 그림시장에서 주목을 받은 작가는 정상화, 박서보, 하종현,

이우환, 윤형근, 권영우, 정창섭 등 7명 내외의 몇몇 전기 단색화 작가들 뿐이다.

물론 단색화로 분류되는 작가의 작품이라 해서 전부 투자 가치가 있다고 말하는 것은 아니다. 전기 단색화 작가 중에는 미술사적으로 중요한 작가들임에도 작품이 여전히 500만 원대 미만의 낮은 가격에 거래되는 일도 꽤 있다. 후기 단색화 작가 중에서도 미술계의 주목을 받고 있는 중요 작가지만, 작품 가격이 아직 큰 변동 없이 몇백만 원대에 머무는 경우도 있다.

단색화와 더불어 국내 그림시장을 주도할 2016년 트렌드로 조심스럽게 거론되고 있는 1980년대 민중미술이나 1970~80년대 개념미술을 주도한 상징적 작가들의 작품 중에서도 아직 저평가된 작품들이 있다.

한국화 작가나 단색화, 팝아트, 민중미술처럼 특정 미술사조나 흐름으로 묶을 수는 없지만 작품 철학이 탄탄하고 한국 미술사에 길이 남을 중견 작가와 원로 작가들의 작품 중에서도 저평가된 작품을 찾을 수 있다. 서세옥, 이응노, 남관, 이성자, 곽인식, 강익중, 전광영 등과 같은 작가들의 작품이 대표적이다. 수묵추상의 거장으로 알려진 서세옥의 작품은 아직 300~500만 원이면 경매에서 좋은 작품을 낙찰받을 수 있다. 100만 원 미만에서 거래되는 작품들도 있다. 2007년 국내 그림시장이 호황일 때 2차 시장에서 3,000~4,000만 원을 호가했던 강익중의 작품이나 5,000~8,000만 원 선에서 거래되던 전광영의 작품도 여기 속한다. 이 작품들은 시장이 불황을 맞으면서 2차 시장에서 각각 1,500~2,000만 원, 2,000~4,000만 원대로 하락한 채 거래되고 있는데, 여전히 좋은 작가임에는 틀림이 없다. 이들 작가의 작품 중 300~700만

이성자, 〈어느 봄날의 밤〉, 캔버스에 유채, 80.8×59.7cm, 1957

원 선에서 소장할 수 있는 작품들도 시장에 남아 있다.

이응노, 남관, 곽인식, 이성자 등의 작품은 평균적으로 거래가에 큰 변동 없이 시장의 꾸준한 관심을 받으며 수천만 원대에 거래되고 있다. 하지만 부지런히 발품을 팔면, 작은 크기의 작품은 500~800만 원 정도의 예산으로도 확보할 수 있다.

주목할 만한 사진작가들

사진을 매체로 작업하는 작가 중 명성에 비해 작품이 낮은 가격에 거래되는 경우를 예의주시한다면, 적은 예산으로도 작품가 상승 여력이 높은 작가들의 작품을 소장할 수 있다. 해외 미술시장에서는 사진 수집이 상당히 보편화되어 있다. 안드레아스 구르스키라는 독일 사진작가의 작품이 약 52억 원, 신디 셔먼이라는 미국 여류 사진작가의 작품이 약 46억 원에 거래된 기록이 있을 정도로 안정되고 큰 규모의 거래 시장을 형성하고 있다.

반면에 국내에서는 아직까지 사진 작품 거래가 해외 미술시장에서만큼은 활발하지 못하다. 극소수의 작가를 제외하고 대부분 사진 작품의 가격대는 1,000만 원 미만으로 그림이나 조각 대비 상대적으로 낮은 가격 수준을 형성하고 있다. 그 이유는 미술품의 가치를 결정짓는 가장 중요한 요소는 희소성이라는 생각과 작가가 직접 그린 그림의 손맛을 선호하는 중년 컬렉터들이 국내 그림시장을 지배하고 있기 때문이다.

그러나 점점 더 국내 미술시장에도 같은 작품이 여러 장 프린트될 수 있는 사진 매체가 갖는 특성에 좀 더 유연한 생각을 갖고 있는 젊은 컬렉터들이 많이 유입되고 있는 상황이다. 그렇기 때문에 앞으로 국내 미

한성필, 〈The Wizard of Oz〉, 크로모제닉 프린드, 157×122cm, 2012

술시장에서도 사진 작품이 갖는 영향력은 더욱 커질 것이다. 만약 사진을 좋아한다면 배병우, 구본창, 한성필, 김도균, 김기라, 정연두, 배찬효, 백승우 같은 작가의 작품을 눈여겨보면 좋다.

이미 블루칩 작가들은 희소성에 주목하라

작가의 수작(秀作) 또는 대표작을 사는 것이 그림 투자의 기본 원칙이라는 것은 아무리 강조해도 지나침이 없다. 하지만 작고했거나 작품 활동 말기에 접어든 블루칩 작가들의 작품에 관심이 있다면, 그들의 수작이나 대표작을 사기는 어려울 것이다. 이미 고가일 것이므로 예산 차원에서 맞지 않을 것이고 작품이 더 나오기 어려워 수급상으로도 제한을 받기 때문이다. 이럴 때는 수작, 대표작을 산다는 개념보다는 희소성의 원칙을 바탕으로 접근해야 한다. 그런 측면에서 드로잉이나 종이 작품도 투자 대상으로 유효하다.

현재 수억 원, 수십억 원을 호가하는 국내 블루칩 작가들의 작품 중에서도 몇백만 원으로 살 수 있는 것들이 아직 남아 있다. 박수근의 유화는 1990년대 중반부터 이미 억대를 호가했지만 그의 드로잉, 종이 작품, 판화는 1,000만 원 미만에서 살 수 있는 것들이 아직 남아 있다. 최근 2년 동안에도 작품의 주제와 완성도, 거래되는 시기에 따라 박수근의 드로잉은 최저 780만 원, 최고 6,100만 원에 거래됐다. 수채 형식으로 제작된 그의 종이 작품은 1,000만 원에서 1억 5,000만 원까지 다양한 가격대에 거래되고 있다. 또 다른 블루칩 작가 김환기의 경우에도 1960년대 유화 작품은 5~15억 원의 가격대를 넘나들고 있지만, 그의 드로잉이나 종이 작품 중에는 아직도 500~1,000만 원 선에서 살 수 있는 것들이 꽤 있다.

■ 김환기 화백 연도별 주제 구분 호당가격 　　　　　(자료: (사)한국미술시가감정협회)

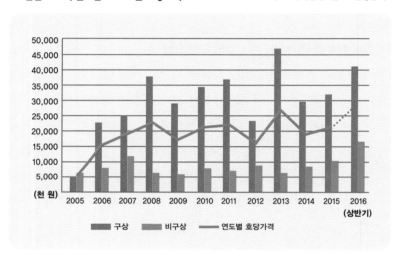

적은 예산으로 투자 가능한 고미술품 투자

적은 예산으로 투자할 만한 또 다른 분야가 바로 도자기, 민속품, 고서화 같은 고미술이다. 고미술품은 작가 미상인 작품이나 위작이 많아 감정하기 까다롭다는 단점이 있긴 하지만, 대부분 100~300만 원 정도면 살 수 있다. 고미술품을 제대로 볼 수 있는 안목만 갖춘다면 좋은 작품을 몇십만 원 선에서도 구매할 수 있다.

물론 고미술품이라고 모두 저렴한 것은 아니다. 1970년대는 고미술이 한국 미술시장을 주도했으며, 이후에도 일부 고미술품은 수천만 원에서 수십억 원대의 거래가를 기록해왔다. 일례로 보살형 석가불이 그려진 〈청량산괘불탱〉은 2015년 12월 서울옥션에서 35억 2,000만 원에 낙찰됐다. 그리고 18세기 조선 최고의 승려 화가 의겸이 그린 보물 제 1204호 〈의겸등필수월관음도〉는 2015년 9월 서울옥션에서 20억 185만 원에 거래됐다.

예전에 폐지 줍는 할머니의 손수레에서 우연히 발견한 정약용의 〈하피첩(霞帔帖)〉은 2006년 TV 프로그램 〈진품명품〉을 통해 세상에 그 가치가 알려졌다. 이후 김민영 전 부산저축은행장이 구매하여 소장하다가 서울옥션 경매를 통해 7억 5,000만 원에 국립민속박물관에 팔았다. 추사 김정희가 그린 〈시우란〉은 10억 4,000만 원이라는 고가에 팔렸다. 크리스티나 소더비 같은 해외 경매회사에서는 종종 한국 도자기들이 고가에 거래되곤 한다. 2012년 9월 뉴욕 크리스티에선 '다섯 발톱 용문'이 새겨진 청화백자가 36억 2,000만 원에 팔렸고, 2013년 9월에는 크리스티에서 5,000~6,000만 원으로 감정한 청화백자가 경매 결과 추정가의 20배에 해당하는 10억 5,000만 원에 낙찰되기도 했다. 국내외에서 가장 비싸게 거래된 한국 미술품은 1996년 뉴욕 크리스티 경매에서 거래된 도자기 〈백자철화운룡문호〉로, 현 시세로 환산하면 약 73억 원에 거래되었다. 이를 보면 고미술품도 다른 현대 미술품처럼 고수익이 가능한 매력 있는 투자 품목임을 확인할 수 있다.

국보·문화재도 거래할 수 있다

국가가 지정한 보물이나 국보, 지방자치단체가 지정한 문화재도 미술시장을 통해 살 수 있다. 거래할 때 소유주 변동사항을 문화재청에 신고만 하면 되기 때문에 미술시장에서는 가끔 개인이 소유한 보물, 국보

백자철화운룡문호, 36×33cm, 17-18세기

퇴우이선생진적첩, 18세기

들이 경매되곤 한다. 국내에는 3,600여 점의 고미술품이 보물로 지정되어 있는데, 이 중 50%인 1,800여 점이 개인 소유다. 그러므로 최소한 1,800여 점의 문화재가 시장을 통해 사고팔 수 있다는 의미다.

문화재가 경매시장에 등장하는 시발점이 된 것은 2012년 K옥션에서 거래된 보물 제585호 〈퇴우이선생진적첩(退尤二先生眞蹟帖)〉이었다. 이 서화첩에는 우리나라 1,000원짜리 지폐에 실린 도산서당을 그린 겸재의 〈계상정거도(溪上靜居圖)〉가 포함되어 있는데, 경매에서 34억 원에 거래돼 당시 고미술 최고가를 기록했다. 이후 미술시장에서 개인 소장가들의 소장 보물들이 거래되기 시작했다.

2014년 9월 서울옥션 가을 경매에서는 문화재 3점이 출품됐고, 같은 달 마이아트옥션에서는 문화재 1점이 경매에 부쳐졌다. 1996년 서울시 문화재로 지정된 유형문화재 97호 〈오공신회맹축(五功臣會盟軸)〉(추정가 2억 5,000만~4억 원)이 3억 4,795만 원에 새 주인을 찾았고, 서울시 유형문화재 185호 〈아미타후불도〉(추정가 1,800만~2,700만 원)가 4,194만 원에 팔렸다. 관심을 모았던 서울시 유형문화재 199호 〈혼천의〉(추정가 3~4억 원)와 보물 1033호 〈청자상감국화문주자·승반〉(추정가 20~30억 원)은 유찰됐다. 2015년 9월에는 세종대왕이 훈민정음을 창제한 이후 가장 먼저 나온 불경언해서 《월인석보》와 조선의 전반적인 법체계를 저술한 《경국대전》, 정약용의 〈하피첩〉을 비롯하여 보물로 지정된 19점의 문화재가 시장에서 대거 거래되기도 했다.

경매에 나온 보물, 문화재는 신분이 명확하게 확인된 개인이나 기관이라면 누구나 응찰할 수 있다. 하지만 문화재보호법이 적용되기 때문에 이를 외국으로 반출할 수 없고, 외국인 컬렉터는 우리나라 문화재 경매에 참여할 수 없다. 또한 문화재·보물·국보를 소장한 내국인은 자신의 소장품을 국내 경매회사에서는 거래할 수 있지만, 해외 경매회사를 통해 거래할 수는 없다. 이는 불법으로, 관계 당국의 엄중한 처벌을 받게 된다.

이는 우리나라에만 해당하는 이야기가 아니다. 대부분 나라가 문화재의 해외 반출에 대해 엄격하다. 멕시코에서는 프리다 칼로나 디에고 리베라를 비롯하며 몇몇 대표 작가의 작품은 멕시코 내부에서만 거래할 수 있도록 하여 해외 반출을 제한하고 있다. 오스트리아 역시 미술품 수출을 엄격하게 제한하여 수출 면허 자격증을 소유한 사람만 해외로 반출할 수 있도록 하고 있다. 과거 제2차 세계대전 때 많은 문화유산이 나치에 의해 해외로 강제 유출되거나 약탈당했던 암울한 역사 때문이다. 일본에서도 50년 이상 된 미술품이나 작고한 작가의 미술품은 문화재청의 승인이 있어야만 해외 거래를 할 수 있다. 그리고 9,700여 점의 보물은 수출금지 목록으로 등록되어 있다.

얼마나 올랐을까?

이중섭

- 2000년 서울옥션 30회 경매에서 2억 8,000만 원에 낙찰됐던 작품이 7년 후인 2007년 K옥션 경매에 나와 9억 9,000만 원에 낙찰됐다.

김환기

- 2000년 서울옥션에서 3억 9,000만 원에 낙찰됐던 100호 크기의 점화가 2007년 서울옥션 105회 경매에서 10억 1,000만 원에 낙찰됐다.
- 2003년 서울옥션에서 추정가 1,000~1,500만 원을 달고 나온 종이 작품이 2006년 K옥션에서 2,800만 원에 낙찰됐다.
- 2006년 5월 K옥션에서 1억 3,500만 원에 거래됐던 종이 작품이 2014년 서울옥션에서 1억 8,000만 원에 낙찰됐다.
- 2011년 6월 K옥션 경매에서 9억 4,000만 원에 낙찰된 〈창공을 날으는 새〉가 2016년 3월 봄 경매에 추정가 12~18억 원에 다시 나왔다. 5년 전 추정가가 7~9억 원이었던 것과 비교하면 2배가량 상승했다. 이날 낙찰가는 12억 원이었다.

천경자

- 2002년 서울옥션에서 3,600만 원에 거래된 작품이 4년 후인 2006년 K옥션에 출품돼 9,500만 원에 거래됐다.
- 2007년 9월 11억 5,000만 원에 낙찰됐던 천경자의 〈정원〉이 2016년 3월 17억 원에

낙찰됐다. 2007년 11~15억 원이었던 추정가는 9년 만에 13~20억 원으로 올랐다.

고영훈

- 1999년 서울옥션에서 360만 원에 거래됐던 작품이 2004년 12월 1,200만 원에 되팔
렸다.

- 2001년 서울옥션에서 1,400만 원에 낙찰됐던 작품이 2006년 경매에 다시 나와
8,800만 원에 낙찰됐다.

김종학

- 2005년 3,900만 원에 거래된 〈설악산 풍경〉(2003)이 2007년 경매에 다시 나와 5억
7,000만 원에 거래됐다.

정상화

- 2016년 2월 10일 열린 소더비 런던 경매 이브닝 세일에서 〈무제 815〉(130×97.3(cm),
1981년)가 26만 9,000파운드(4억 7,000만 원)에 낙찰됐다. 60호 크기의 캔버스가 온통 흰
색으로 메워진 작품으로, 2015년 1월 28일 서울옥션 경매에서 1억 4,000만 원에 낙찰
된 기록을 갖고 있다. 불과 1년 만에 무려 3억 3,000만 원이나 뛴 것이다.

2000~2011년
전 세계 미술시장에서 작품 가격이
가장 많이 상승한 작가 15인

(*블룸버그와 아트넷의 콜라보레이션을 통한 발표이며, 괄호 안은 작품 가격의 상승을 나타낸다.)

1위: 중국에서 태어나 파리에서 공부한 중국 작가 창위(常玉) (+11,782%)

2위: 중국 작가 치바이스(齊白石) (+5,534%),

3위: 미국 조각가 캐디 놀랜드(Cady Noland) (+5,488%),

4위: 미국 조각가이자 판화가 리 봉테큐(Lee Bontecou) (4,526%)

5위: 러시아 작가 나탈리아 곤차로바(Natalia Sergeevna Goncharova) (+4,482%)

6위: 폴란드에서 태어나 미국에서 활동하는 작가이자 판화가 줄리앙 스타인책(Julian Stanczak) (+3,331%)

7위: 중국 작가로 파리에서 활동하는 주더췬(朱德群) (+3,198%)

8위: 지그문트 프로이트의 손자로 독일에서 태어나 영국의 초상화 작가로 활동했던 루치안 프로이트(Lucian Freud) (+2,723%)

9위: 인도 작가로 파리에서 살고 있는 사예드 하이더 라자(Sayed Haider Raza) (+2,627%)

10위: 시카고에서 태어나 뉴욕에서 활동하는 작가 크리스토퍼 울(Christoper Wool) (+2,482%)

11위: 베네수엘라에서 태어나 파리에서 활동하는 카를로스 크루즈-디에즈(Carlos Cruz-Diez) (+2,341%)

12위: 일본 작가로 미국에 살고 있는 쿠사마 야요이(草間弥生) (+2,306%),

13위: 독일에서 태어나 스페인에서 살고 있는 알베르트 욀렌(Albert Oehlen) (+1,962%)

14위: 뉴욕의 작가이자 사진가인 리처드 프린스(Richard Prince) (+1,912%)

15위: 중국 출신으로 프랑스에서 활동했던 추상화 작가 자오우지(趙無極) (+1,779%)

2장

그림 재테크를
시작해야
하는 이유

정서적 행복과
물질적 풍요로움을
선사한다

비록 적은 돈이라 할 순 없지만, 수백만 원에서 수천만 원을 투자해 정서적 풍요로움도 얻고 수억에서 수십억의 수익도 얻을 수 있는 재테크 방법이 있다는 것은 참으로 매력적인 일이다. 그런데 더 매력적인 것은 바로 이 그림 컬렉션이야말로 돈에 고귀한 가치를 부여하는, 인류가 발명한 최고의 투자이자 가장 아름다운 투자라는 점이다. 컬렉션 행위는 컬렉터에게 심미적 쾌락과 정서적·물질적 풍요를 안겨주고, 명예와 지위까지 준다. 또한 작가가 창작 활동을 지속할 수 있도록 원동력을 제공하는 실질적인 후원의 한 형태이기도 하다.

메이저 경매회사의 이브닝 경매가 있고 난 다음 날에는 어김없이 지난 저녁 경매장에서 최고가에 거래되거나 기존 최고가를 경신한 그림과 관련한 기사들이 언론매체를 장식하곤 한다. 평소 먼 나라 이야기인 것처럼 그림에 관심이 없던 사람들도 그림 한 점이 수억에서 수천억 원에 거래됐다는 뉴스를 보면 한 번쯤 시선을 두게 된다.

사실, 지금 그림시장에서 박수근, 김환기, 이우환, 박서보 같은 블루칩 작가의 그림으로 큰돈을 벌고 있는 사람들은 이미 그림을 구매하던 당시에도 경제적으로 풍요로웠던 이들이 대다수다. 그렇다면 돈 없는 사람들이 그림 투자를 할 수 있다는 얘기는 헛된 기대에 불과한 것일까? 우리는 과거 부자들이 그림을 주로 샀다는 사실에 주목할 것이 아니라 이들이 미술품을 컬렉션하게 된 동기를 생각해볼 필요가 있다.

그들이 그림을 살 수 있었던 것은 비싼 그림을 살 수 있을 만큼 경제적 여유가 있었기 때문이 아니라 심리적 여유가 있었기 때문이다. 물론 그들이 산 그림들이 모두 고가의 그림은 아니었다. 당시 대다수 그림 수집가들의 컬렉션 동기는 자산관리 혹은 재테크를 위한 것이라기보다는 예술 작품을 소유함으로써 얻는 정서적 행복감이 우선했다. 과거에도 전문가들은 그림 투자가 가능하다는 사실을 계속 말해왔다. 그럼에도 불구하고 오늘날처럼 그림 투자라는 개념이 보편화되지 않았다.

먹고사는 문제가 더 시급한 사람들에게 컬렉션 취미는 사치였으며, 관심 밖의 이야기일 수밖에 없었다. 하지만 지금은 다르다. 과거 부자들만의 사치로 인식되던 것이 지금은 또 다른 고수익을 안겨주는 '돈이 되는 취미'로 자리 잡아가고 있다. 월급을 받아 생활을 꾸려나가야 하는 상황에는 크게 변함이 없지만, 그림 투자에 눈 돌리는 일반인이 많아지고 있다는 뜻이다. 재테크가 선택이 아닌 필수이기 때문이다.

행복을 주는 그림 투자

아트 딜러들 사이에서 높은 안목의 소유자로 소문난 노신사 한 분이 있다. 대를 이어 제조업체를 운영하는 이분은 젊은 시절 고미술과 동양화에 조예가 깊은 아버지를 따라 인사동 화랑들을 돌아다니며 그림에 대한 안목을 키웠다. 그러나 아버지와 달리 그가 매료된 것은 현대 미술품이었다. 그렇게 현대 미술에 관심을 갖고 공부하기 십수 년, 1990년대 초부터 그는 여윳돈이 생길 때마다 국내외 현대 미술품들을 수집하기 시작했다. 이 노신사의 컬렉션 원칙은 매우 단순했다.

'귀를 열어두지만, 실제 그림을 살 때는 정말 내 눈과 마음을 즐겁게 하는 그림만 수집할 것. 그리고 소장한 작품은 무조건 장기보유할 것.'

그분이 과거에 구입했던 작품들이 최근 들어 시장에 하나둘 나오기 시작했다. 시장에서 선호도가 높은 블루칩 작가의 A급 작품을 많이 보유하고 있기 때문에, 그의 작품은 시장에 나올 때마다 높은 가격에 그리고 빠르게 새 주인을 찾아간다. 그래서 딜러들은 누구나 이 컬렉터의 소장품을 위탁받아 거래하고 싶어 한다.

그에게 그림 컬렉션의 의미를 물었더니 이렇게 답했다.

"좋은 작품을 만나기 위해서는 꾸준한 노력과 시간이 필요합니다. 좋은 그림을 수집하기 위해 공부하고 시간 날 때마다 전시장을 다니며 그림 보는 시간이 행복했습니다. 전시장에서 우연히 작가라도 만나게 되면 그와 그림에 대해서 이야기를 나누며 그의 작품세계를 알아가는 시간이 행복했습니다. 작품을 구입할 때는 좋아하는 그림을 온전히 내 소유로 만들었다는 데서, 그리고 작가와 같은 배를 탄 동반자가 됐다는 생각에 큰 행복감을 느꼈습니다. 그림을 사면서 콧대 높아 보이던 화상들에게 VIP 대우를 받는 것도 행복하더군요. 그림을 소장하는 동안 큰 감성적 위안을 얻어 행복감을 느꼈고, 내가 소장하고 있는 작품을 제작한 예술가가 왕성한 작품 활동으로 주목을 받는다는 이야기를 들으면 그 자체로 또 행복했습니다. 그림 컬렉션을 하면서 딜러, 동료 컬렉터, 작가 등 다른 업종의 좋은 사람들을 만나 정을 나누면서 많이 행복했습니다. 그리고 요즘, 딜러들이 서로 자기한테 작품을 맡겨달라고 조르는데, 딜러들의 성화에 못 이겨 작품을 내놓는 상황도 행복해요. 과시하기 위해 그림 컬렉션을 한 건 아니지만 아쉬운 소리를 하지 않아도 서로 작품을 팔아주겠다고 하니 전문가들로부터 나의 그림 보는 안목을 인정받은 것 같아 행복합니다. 마지막으로 과거 담뱃값, 술값을 아껴 모은 용돈으로 샀던 그림이 어마어마한 수익을 가져다주는 것에 더없이 행복합니다. 취미생활에도 꽤 돈이 들지요. 더군다나 자기만족적인 활동으로 끝나는 경우가 많고요. 그런데 내 컬렉션 취미는 큰 수익과 동시에 안목 높은 컬렉터, 후원가라는 평가로 되돌아오더군요."

인터뷰 내내 그림 컬렉션으로 행복하다는 말을 연신 하던 그는 25년이 지난 지금도 여전히 시간이 날 때마다 전시장을 찾아다니며 그림 공부를 하고, 작품을 수집한다. 그리고 컬렉션으로 번 돈 일부를 젊은 예술가들의 작업을 지원하는 데 쓰고 있다.

누구나
예술 후원자가
될 수 있다

가끔 신문이나 잡지를 통해 세계적인 거부들의 화려한 미술 작품 컬렉션 과정, 경매 최고가 경신, 미술관 건립을 통한 어마어마한 후원 활동 등의 소식을 접한다. 사실 근래 몇 년 동안 전 세계 그림시장에서 최고가를 기록하며 팔린 작품들은 모두 미술관 건립자들이 낙찰받은 것들이다. 그들의 목적은 자신들이 건립 중인 미술관의 대표 소장품을 구성하는 데 있다.

영국 프리미어리그 첼시FC의 구단주인 로만 아브라모비치의 애인 다샤 주코바가 2008년 5월 런던 크리스티에서 루치안 프로이트의 〈베네핏 수퍼바이저 슬리핑〉을 약 400억 원(3,360만 달러)에 낙찰받았다. 제2차 세계대전 이후 경매 최고가였다. 그런데 다음 날에는 소더비에서 프랜시스 베이컨의 〈트립틱〉을 약 1,028억 원(8,630만 달러)에 낙찰받아 자신이 전날 세운 기록을 갈아치웠다. 일련의 최고 낙찰가 갱신 이슈는 정말 좋은 작품을 자신의 미술관에 유치하고 싶다는 욕심도 있겠지만, 자신이 건립 중인 현대미술관을 프로모션하기 위한 것이었다.

우리나라에는 영국의 유명 백화점인 해러즈백화점을 인수한 것으로 더 잘 알려진 카타르 왕가도 비슷한 행보를 보였다. 2011년에 약 3,000억 원(2억 5,000만 달러)을 지불하고 폴 세잔의 작품 〈카드놀이 하는 사람들〉(1893)을 구입했고, 2015년 초에는 고갱의 〈언제 결혼하니?〉를 약 3,574억 원(3억 달러)에 구입했다. 작품가 '3억 달러'는 윌렘드 쿠닝의 작품과 더불어 2016년 9월 현재까지 전 세계에서 가장 비싼 작품가 기록이다. 이 역시 카타르에 건립 중인 미술관 프로젝트를 위해서였다. 이처럼 수백억 원에서 수천억 원이라는 돈을 써가며 문화 사업을 추진 중인 부호들의 이야기를 접하다 보면 뭔가 다른 세상에서 벌어지는 일들처럼 느껴진다.

그러나 고액 자산가들만이 예술 후원자가 될 수 있는 건 아니다. 누구나 될 수 있다. 그림을 소장하는 순간 한 예술가의 작품세계뿐만 아니라 그의 꿈과 미래를 사는 것이기 때문이다. 작가가 잘돼야 그림을 소장하고 있는 나도 자산 가치를 높일 수 있으니, 컬렉터와 예술가는 동반자 관계라 할 수 있다.

박수근 화백과 노령의 미국인

2007년 5월 박수근의 〈빨래터〉가 국내 모든 매체의 문화면을 장식했다. 1950년에 제작한 50.5×111.5(cm) 크기의 유화 1점이 서울옥션 경매에서 45억 2,000만 원에 낙찰되면서 국내 작품 최고가 기록을 세운

박수근, 〈빨래터〉, 캔버스에 유채, 37×72cm, 1950년대

것이다. 이때부터 박수근의 〈빨래터〉는 경매가 있을 때마다 회자되면서 국내 그림시장의 상징적 작품이 됐다. 2015년 10월 홍콩에서 있었던 서울옥션 경매에서 김환기의 1971년 작 점화 〈19-VII-71 #209〉(253×202(cm))가 47억 2,000만 원에 낙찰되기 전까지 말이다.

〈빨래터〉를 경매에 출품한 사람은 누구였을까? 이전에 이 작품을 소장하고 있던 사람은 한국인이 아닌 존 릭스라는 노령의 미국인이었다. 그는 1950년대 초반 다국적 무역회사의 책임자로 한국에 체류하면서 박수근을 처음 만났다. 그는 형편이 어려운 화가를 위해 가끔 캔버스와 물감 같은 그림 재료를 지원해주었다. 존 릭스의 호의가 고마웠던 박수근은 그 답례로 자신이 그린 그림 다섯 점을 그에게 선물했고, 〈빨래터〉는 그중 하나였다. 이후 존 릭스는 한국을 떠나 아시아와 유럽 여러 도시를 돌며 근무하게 됐다. 근무지를 옮길 때마다 이 다섯 점의 그림은 그의 살림살이와 함께 움직이며 거실 벽 한쪽을 장식했다. 1993년 퇴임 후 미국 켄터키 주의 조용한 시골 마을에 정착한 이후에는 그의 집 지하실에 보관됐다.

박수근은 1990년대부터 국내 그림시장에서 블루칩 작가로 인기를 얻고 있었지만, 존 릭스는 2005년까지 그의 작품이 시장에서 어떻게 거래되고 있는지 전혀 알지 못했다. 그가 그림 가격을 알게 된 것은 그의 딸이 본햄스 경매도록에서 우연히 박수근의 그림을 발견하면서였다. 그림의 시세를 알게 된 존 릭스는 자신의 집보다 비싼 그림을 다섯 점이나 소유하고 있다는 사실에 흥분했다. 그는 〈빨래터〉를 비롯하여 박수근의 그림 전부를 소더비에 위탁, 판매했다. 2007년 서울옥션에서 최고가에 거래될 때 이 작품을 출품한 사람은 소더비를 통해 존 릭스가 소장하고 있던 〈빨래터〉를 구입한 투자자였다. 존 릭스가 소더비에 작품을 내놓았을 때에는 프라이빗 판매*로 이루어졌기 때문에 그가 내놓은 그림이 얼마에 낙찰됐는지는 공개되지 않았다. 하지만 당시 이미 박수근 작품은 상당히 높은 그림값을 형성하고 있었기 때문에, 최소한 수십억 원의 돈을 거머쥔 것은 분명하다. 50년 전 한 예술가에게 베풀었던 작은 호의가 50년 후 대박을 안겨준 것이다. 박수근의 1960~70년대 작품을

● 프라이빗 판매: 중간 딜러를 통한 판매자와 구매자의 연결로 이루어지는 거래방식으로 아트 딜러나 갤러리뿐만 아니라 경매회사에서 종종 이용하는 거래 방법이다. 즉, 경매회사에서도 경매를 통해서만 그림을 판매하는 것이 아니라 종종 공개 거래를 꺼려하는 손님을 위해 판매자와 구매자를 일대일로 연결하여 거래를 한다.

구입한 사람들이 아직까지 그 작품을 소장하고 있다면 존 릭스와 똑같은 행운을 거머쥐었을 것이다.

평범한 우체부의 컬렉션

몇 년 전 미국 뉴욕에서는 평범한 한 우체부가 평생 일하면서 번 돈으로 무려 5,000여 점의 방대한 그림 컬렉션을 선보여 화제가 된 적이 있다. 그가 더욱 유명해진 것은 미국 전역에서 펼친 통 큰 미술품 기증 활동이었다. 그 주인공은 바로 허버트 보걸이다. 그는 평균 연봉 2만 달러로 부인과 함께 50여 년간 무려 5,000여 점의 작품을 모았다. 그의 첫 번째 컬렉션은 미국의 폐품 조각가로 유명한 존 체임벌린의 작품이었다. 작품을 보관하기에는 집이 협소하고, 예산도 많지 않았기 때문에 보관이 편하고 비교적 저렴한 가격으로 구입할 수 있는 작품을 찾았다. 그의 컬렉션 리스트는 훌륭했다. 또한 참신한 아이디어와 철학적 개념이 돋보이는 작품이 주요 대상이 됐다. 당시 미술 전문가들과 진보적인 갤러리로부터 지지와 후원을 받던 젊은 작가들의 작품, 그리고 작가의 아이디어가 중요한 개념미술 작가나 미니멀아트 작가들의 드로잉을 주로 수집했다. 오늘날 그의 컬렉션은 미술계에서 1960년대 후기 미국의 미니멀리즘(minimalism)과 개념미술(conceptual art)의 흐름을 잘 보여주는, 미술사적으로 아주 중요한 컬렉션으로 평가받고 있다. 시장에서 추정하는 가치만 따져도 원화로 수백억 원에 달할 것으로 알려졌다.

그런데 어느 날 보걸은 수백억 원의 자산 가치를 갖는 컬렉션을 모두 공공기관에 기증하겠다고 결정한다. 그리고 실제로, 그의 컬렉션 대다수는 워싱턴 국립미술관을 비롯하여 뉴욕 50개 주 50여 개 기관에 기증

존 체임벌린, Nutcracker, 크롬을 도금한 강철에 페인트, 115.6×110.5×81.3cm, 1960

됐다. 총 177명의 작가 작품들이 기증됐으며 기증된 작품에는 칼 안드레, 요셉 보이스, 크리스토 부부, 도널드 저드, 솔 르윗, 조엘 샤피로, 신디 셔먼, 척 클로스, 로이 리히텐슈타인, 앤디 워홀, 스기모토 히로시, 백남준 등의 작품이 포함됐다. 무엇보다 그의 컬렉션 행위가 갖는 가장 큰 가치는 21세기에는 누구나 마음만 먹으면 미술 후원자가 될 수 있다는 것을 보여줬다는 데 있다.

그림 컬렉션의 두 얼굴

로이 리히텐슈타인의 〈행복한 눈물〉, 앤디 워홀의 〈마오〉, 이대원의 〈농원〉, 최욱경의 〈학동마을〉, 싸이 톰블리의 〈볼세나〉, 박수근의 〈두 여인과 아이〉, 김환기의 〈무제〉, 루돌프 스팅겔의 〈무제〉….

이는 재벌가나 정치인들의 비자금 조성, 로비, 탈세, 저축은행 파산 같은 뉴스로 세상이 시끄러울 때 등장했던 그림들이다. 기업가나 정치인들의 비리 혐의로 압수수색에 들어갈 때마다 그림을 수단으로 재산을 은닉하고 비자금을 조성하거나 로비를 했다는 정황이 자주 포착된다. 급기야 전직 대통령 전두환 일가의 비자금을 추징하는 과정에서 다량의 미술품이 나왔고, 추징금을 국고로 환수하기 위해 이 미술품들은 경매회사를 통해 수차례에 걸쳐 경매에 부쳐지기도 했다.

외국도 사정이 별반 다르지 않다. 국내외를 막론하고 그림과 관련한 비리는 끊임없이 불거지고 있다. 그림 컬렉션이 예술가에게는 창작 활동의 원동력이 될 수 있음에도 이처럼 비리에 연루되는 것은 안타까운 일이다. 왜 그림과 관련된 비리가 계속되는 것일까?

첫째, 대체로 그림은 비공개로 거래되기 때문에 누가 소장하고 있는지 알 수가 없다. 반면에 주식이나 부동산이 거래되는 곳은 공개시장이다. 주식을 소유하거나 부동산을 취득하게 되면 어떤 형식으로든 흔적이 남는다. 주식은 일정 비율 이상 보유하게 되면 공시를 하거나 신고를 해야 하고, 부동산은 누가 소유하고 있는지 등기부등본을 열람함으로써 공개될 수 있다. 그러나 그림시장은 앞에서도 말했지만 의무적인 공개시장이 아니다. 그림시장에서는 시장과 고객 간에 그림과 그림 가격을 주고받은 계산서 그리고 그림이 진품임을 보장하는 보증서를 주고받는다. 하지만 부동산처럼 국가에서 관리하는 등기부등본이 있는 것도 아니고 시장에서 일괄적으로 작성하게 되어 있는 공식 계약서가 있는 것도 아니다. 그림을 거래할 때 굳이 자신을 공개할 필요도 없다. 예를 들어 오늘 저녁 퇴근하다 화랑에 들러 카드나 계좌 이체가 아닌 현금으로 그림을 샀다고 해보자. 화랑에서 신고를 하지 않는 한 그림 거래 내역은 드러날 방법이 없다.

둘째, 공식적으로 정해진 그림 가격이 없다. 판매자와 구매자가 거래를 하는 과정에서 최종적으로 가격이 결정된다. 그래서 누가 얼마에 팔고, 누가 얼마에 샀는지를 철저하게 비밀에 부칠 수 있기 때문에 차익을 남기기 위한 투기나 돈세탁에 적격이다. 실제 10억 원에 샀지만 필요에 따라 1,000만 원에 샀다고 할 수도 있고, 1,000만 원에 산 것을 10억 원에 샀다고 이야기할 수도 있다.

셋째, 그림은 쉽게 이동시킬 수 있다. 건물 로비에 걸리는 대형 그림을 제외하고, 대부분의 그림은 아무리 커도 한두 사람의 힘만 빌리면 어떤 곳으로든 옮길 수 있다. 그리고 아무리 크다 해도 벽면 하나를 채울 정도의 크기다. 그림에 센서가 달린 것도 아니니 내가 집에 걸어놓았던 그림을 자식이나 형제, 지인에게 선물해도 세무당국은 알 수가 없다.

넷째, 시장과 컬렉터 혹은 컬렉터와 컬렉터 사이에 합의가 있으면 언제나 현금으로 교환할 수 있는 현물 자산이다. 이 역시 아무 흔적도 남지 않는다.

이처럼 비공개가 비리의 원인이라면, 그림시장을 투명하게 공개하는 것이 좋은 것일까? 하지만 이 역시 문제가 있다. 만약 그림 거래를 모두 공개한다면 예술가들의 작업은 철저하게 시장의 잣대로 평가될 것이다. 이럴 때 예술가의 창작 활동이 자유로울 수 있을까? 그림시장의 태생이 예술이니 현재 그림시장의 시스템이 최선일 수밖에 없다. 완전 공개시장으로 전환되는 것은 불가능에 가깝다.

그림시장은
90%
예측 가능하다

왜, 이우환 작가의 점은 예술이고 내가 찍은 점은 낙서에 불과할까? 자본주의 경제 논리에 익숙한 우리에게 그림시장의 세계는 비논리적이고 배타적이며 불안정하게만 보인다. 그림시장이 주식, 부동산 같은 기존 자본시장과 다를 수밖에 없는 이유는 그림이 재물로 간주되기에 앞서 한 예술가의 철학과 독창적인 아이디어가 함축된 예술이라는 태생적 특별함이 있기 때문이다.

한 예술가의 영감으로 태어난 각각의 그림은 미술 전문가들, 예술 소비자들과 공감대를 형성할 수 있어야 한다. 그럴 때 비로소 예술품에 함축된 작가의 아이디어가 유일무이한 원본으로서의 아우라를 발산하며 미학적 가치와 상업적 가치를 부여받게 된다. 게다가 같은 작가가 창작했을지라도 결과물이 모두 다르다 보니, 각각의 그림에 따라 작품 가격이 달라지는 게 그림시장이다. 그런데 그림시장이 불안정하다면 어떻게 지난 수백 년 동안 건재할 수 있었을까? 해가 거듭될수록 팽창되는 그림시장의 규모는 어떻게 설명할 수 있을까? 그림시장 역시 원칙과 프로세스가 있는 시장이다. 우리에게 좀 더 익숙한 주식이나 부동산시장과 비교하면서 유사점과 차별성을 생각해보면 그림시장의 고유성과 그림 투자의 매력을 좀 더 이해할 수 있다. 그러면 그림시장에 존재하는 원칙과 프로세스도 이해하게 될 것이다.

부동산이나 주식시장에 참여하는 사람들의 궁극적인 목적은 단 하나, 자산관리 혹은 수익환원이다. 반면에 그림 컬렉션을 하는 컬렉터의 목적은 단순히 그림을 사고팔아 수익을 얻는 것이 전부가 아니다. 그림시장이 일반 공산품이나 단순 자산이 아닌 예술품을 거래하는 시장이다 보니, 어떤 사람에게는 그림 컬렉션이 문화를 수호하고 문화를 통해 노블레스 오블리주를 실천하는 수단이 되기도 한다. 또 어떤 사람은 자신의 안목과 힘을 주변에 과시하고자 하는 욕구를 충족하기 위해 이용하기도 한다. 반면에 개인의 심미적 쾌락과 정서적 풍요로움을 주요 목적으로 그림 컬렉션을 하는 사람들도 있다.

이처럼 컬렉터마다 컬렉션의 목적은 다를지라도, 그림시장에서 좋은 컬렉션이란 모두에게 공통적이다. 즉, 부의 증식을 위해 구입하는 사람이나 미술관을 짓기 위해 구입하는 사람이나 그림 선택이 거의 동일하다는 뜻이다. 수익환원이 목적인 부동산이나 주식시장에서 사람들은 저마다 다른 투자 방식, 다른 투자 항목을 선택할 수 있다. 예를 들어 주식 투자를 한다고 했을 때 어떤 사람은 시기마다 형성된 테마주에 투자하고, 어떤 사람은 큰손의 움직임 혹은 그래프 분석을 통해 투자하기도 하며, 어떤 사람은 기업의 실적과 잠재성에 기반을 두고 투자를 하기도 한다. 투자 방식에 따라 당연히 투자 대상이 달라진다. 부동산 투자도 마찬가지다. 어떤 사람은 땅에 투자하기도 하고, 어떤 사람은 아파트나 상가에 투자하기도 한다. 눈여겨보는 투자 지역이 저마다 다른 것도 보통이다. 반면 그림시장에서는 컬렉션의 목적이 무엇이든, 좋은 컬렉션의 기준은 미술사를 기반으로 모두 일치한다.

그림시장은 수백 년 동안 진화해오면서 그림의 가치를 지지하는 안전장치인 미학과 미술사라는 학문을 정립시켰고, 전 세계 모두가 동일한 미술사를 공부하고 있다. 이유 없이 오르거나 갑자기 시장의 주목을 받는 그림이란 존재하지 않으며, 미학적으로 가치가 검증된 작가의 그림은 언젠가 오르게 되어 있다. 세계 경제의 불확실성이 커지면서 주식과 부동산시장의 변수는 날이 갈수록 더 복잡해지고 있지만, 과거 역사에 기반을 두어 가치평가가 이루어지는 그림시장은 기본적인 미술사 공부를 통해 90%가 예측 가능하다. 게다가 미술시장은 금융시장이나 부동산시장처럼 변수도 많지 않고, 복잡한 규제나 감독기관이 있는 것도 아니다. 그런 만큼 돈 냄새를 잘 맡는 금융 전문가들이나 부자들 입장에서도 그림 투자는 간과할 수 없는 매력적인 투자 수단이다. 나아가 투자를 목적으로 하든 그렇지 않든, 즉 자신의 의도와 상관없이 컬렉션 행위는 예술가의 예술 활동을 장려할 수 있다. 생각지도 않던 감성적 위안을 작품으로부터 얻을 수 있다는 점도 빼놓을 수 없다. 그림 투자는 목적한 것 외에도 이처럼 뜻하지 않게 얻는 것이 많은, 매력적인 재테크 방법이다.

그림의
가치수명은
영원하다

지금 투자하고 있는 주식이나 부동산의 가치수명에 대해 생각해본 적이 있는가? 영원할 줄 알았던 것들의 가치수명에 유효 기간이 있고, 그 유효 기간은 우리가 생각하는 것보다 짧을 수 있다는 사실을 아는가?

기업의 평균수명은 우리가 투자하는 주식의 가치수명을 의미한다. 2012년, 맥킨지의 CEO였던 예일대학교 경제학과 교수 리처드 포스터는 경영컨설팅 전문기업 이노사이트와 함께 S&P500 기업의 평균수명을 조사했다. 조사 결과에 따르면 기업들의 평균수명은 고작 18년에 불과했다. 과거 일본 〈닛케이 비즈니스〉에서도 이와 비슷한 조사를 한 적이 있다. 도쿄경제대학교 경제학부는 미쓰비시 종합연구소의 협조를 받아 일본 100대 기업의 변천사를 연구했는데, 그 결과 일본 100대 기업의 평균수명은 약 30년으로 조사됐다. 그렇다면 한국 기업의 평균수명은 얼마나 될까? 대한상공회의소의 조사에 따르면 우리나라 코스피 상장기업의 평균수명은 약 33년인 데 비해, 중소기업의 평균수명은 5년이 채 되지 않았다. 물론 개별 기업을 보면 100년 이상 장수하는 회사들도 있었지만, 그 수는 소수에 불과하다. 게다가 존속 중에도 대외적인 변수들에 따라 기업의 내재가치가 계속 롤러코스터를 타며 변화했다.

그렇다면 아파트는 어떨까? 한국인의 자산구조를 살펴보면 가계 총자산 중 부동산이 차지하는 비율이 평균 70%를 넘는다. 그중 아파트가 가장 대표적인 자산이다. 그렇다면 아파트의 수명은 얼마나 될까? 국토교통부 자료에 따르면 한국 아파트의 평균수명은 27년~30년 정도라고 한다. 일본은 54년, 영국은 77년, 미국은 55년 정도다. 실질수명은 이보다 몇 년 더 짧을 수도, 몇 년 더 길 수도 있다. 그러나 그보다 더 중요한 것은 대다수의 사람이 새로 짓는 아파트를 더 선호한다는 점, 아파트는 계속 늘어나지만 인구는 점점 줄어 30년 후에는 지금 아파트의 절반가량이 비게 된다는 사실이다. 현재 우리가 생각하는 우량 기업도, 최고급 브랜드의 아파트도 언젠가는 가치수명을 다하는 날이 온다.

그렇다면 그림의 가치수명은 어떨까? 결론부터 말하면, 그림의 가치수명은 영원하다. 아울러 한 번 블루칩으로 평가된 작가의 작품 가치는 좀처럼 변하는 일이 없다. 작가 중에는 30~40대에 요절하여 활동 기간이 10년~20년 정도밖에 되지 않은 작가가 있는가 하면, 80~90세까지 장수하며 60~70년 동안 활동을 이어가는 작가도 있다. 그러나 그림의 수명, 즉 가치는 작가의 생존이나 작업 활동 기간에 따라 변하는 일이 거의 없다. 의도적으로 파기했거나 손상되지만 않았다면 그림은 작가의 작업실에서 나와 시장에 공개되면서부터 영원한 삶을 살게 된다.

게다가 그림의 가치수명에 대한 판단은 제작연도나 작가의 미래 가치를 기준으로 하지 않고 작가의 경력, 미술계의 평가, 그림 거래 이력과 같은 역사에 기반을 두고 이뤄진다. 그래서 한 번 미학적 가치를 인정받은 그림은 시간이 흐르고 다양한 소장자를 거치면서 시장 가치가 더 상승하게 마련이다. 한 번 평가를 받은 그림의 가치가 번복되는 일은 거의 없기 때문에, 현재 그림시장에서 블루칩 작가로 인정받는 그림은 앞으로도 계속 블루칩으로서 시장 거래를 주도할 가능성이 크다. 우리가 익히 아는 앤디 워홀, 피카소, 박수근, 김환기 같은 작가들이 대표적인 예다.

게다가 그림은 작가가 세상을 뜨면 작가로부터 그림이 더는 창작될 수 없다는 이유로 희소성의 가치까지 더해져 더 귀한 대접을 받기도 한다. 처음부터 계획적으로 좋은 컬렉션을 시작했다면 소장한 그림의 가치수명이 퇴색될까 염려할 필요가 없다. 작가의 작업실에서 나온 지 얼마 안 되는, 아직 예술가의 온기가 느껴지는 작품에서부터 수세기 동안 다양한 소장자의 품을 거친 작품에 이르기까지 다양한 역사와 사연을 가진 작품들이 동시에 거래되는 곳이 바로 그림시장이다.

컬렉터의 코드는
미술사로
통한다

앞서 말했듯이 과거 그림시장의 주요 참가자는 그림 애호가들이었다. 이들 대다수가 이미 부유한 사람들이었고, 이들에게 그림 컬렉션은 주로 심미적 쾌락과 정서적 풍요로움을 충족하기 위한 취미에 불과했다. 동양적인 개념으로 해석하자면, 한마디로 풍류에 가까웠다. 그러나 20세기 후반부터 그림시장에 유입되고 있는 컬렉터들은 과거에 시장을 주도했던 애호가들과 다르다. 그림시장을 주도하는 것은 여전히 고액 자산가들이지만, 컬렉터 열에 여덟은 자산관리와 재테크를 목적으로 그림 컬렉션을 한다.

물론 요즘에도 순수하게 그림이 좋아 컬렉션을 하는 사람들이 있다. 그러나 과거 그림 애호가들의 성향과는 많이 다르다. 과거 그림 애호가들은 그림 가격이 오르든 오르지 않든 크게 개의치 않고 자신의 취향과

소신대로 그림을 수집했다. 그러나 지금 대다수의 그림 애호가들은 자신이 좋아서 하는 컬렉션이라 할지라도 소장한 그림의 가격 상승을 중요하게 본다. 비록 재테크를 목적으로 한 컬렉션이 아니라 할지라도 그림 가격의 상승이 컬렉터의 안목을 평가하는 잣대가 되면서 시장의 주목을 받는 작가의 그림을 선호하게 된 것이다.

그러다 보니 그림 애호가들의 취향도 대개 비슷비슷해졌다. 컬렉터들 또한 의식적이든 무의식적이든 다수의 합의가 있는 곳으로 군집하는 성향이 있는 사회적 동물이기 때문이다. 이제 그림 애호가, 그림 투자가 할 것 없이 컬렉터들은 모두 같은 작가, 같은 그림을 사고 싶어 한다. 컬렉터들의 코드가 이처럼 일치될수록 예술가들에게는 더 척박한 시장이 될 것이다. 하지만 투자자 입장에서는 그림시장을 더 신뢰할 수 있게 되기에 시장이 더 커지는 원동력이 되고 있다.

그렇다면 컬렉터들의 코드 일치를 이끄는, 그림의 가치평가 기준은 무엇일까? 바로 미술사다.

2015년 9월 LA 기반 보험·부동산 재벌이자 전 세계 컬렉터 순위로 10위 안에 드는 엘리 브로드와 에디트 브로드 부부가 LA 다운타운에 더브로드(TheBroad)를 열었다. 더브로드는 브로드 부부의 컬렉션을 무료로 공개하는 전시장이자 이들 부부의 컬렉션 수장고다.

2015년 가을 약 한 달간 LA에 머물 일이 생긴 나는 LA에 도착하자마자 요즘 최고 핫플레이스라는 더브로드를 방문할 계획을 세웠다. 그러나 더브로드 웹사이트에는 방문 전 예약이 필수이며, 이미 2016년 2월까지 예약이 꽉 찼다는 안내문이 올라와 있었다. 브로드 부부의 컬렉션을 볼 수 있는 절호의 기회를 놓치는가 싶었다. 그런데 후회와 미련을 버리지 못하던 그 순간, 눈에 들어오는 문구가 있었다. 때에 따라 현장에 와서 기다리면 선착순으로 전시장에 들어갈 수도 있다는 내용이었다. 단, 그날의 상황에 따라 입장이 불가할 수 있다는 말도 쓰여 있었다. 운이 좋았다. 나는 다음 날 입구 앞에서 꼬박 2시간을 기다려 입장에 성공했다.

브로드의 화려한 컬렉션 앞에 선 순간 감탄사가 절로 나왔다. 웬만한 현대 미술사 책, 유명 미술관에서도 볼 수 없는 작가들의 최고 수작들이 전시장을 가득 채우고 있었다. 역시 좋은 작품들은 무한 감동을 준다는 것을 다시 한 번 깨닫는 시간이었다. 브로드 컬렉션 2,000여 점 중 엄선된 100여 명의 작가 작품 250여 점이 전시되고 있었는데, 수많은 명작 중에서도 가장 눈에 들어온 것은 제프 쿤스의 작품들이었다. 전시장에 들어서자마자 가장 먼저 눈에 들어오도록 설치된 제프 쿤스의 〈튤립〉을 비롯하여 수십 점의 제프 쿤스 작품이 전시장에 가득했다. 〈풍선 개〉, 〈헐크 엘비스 2〉, 〈헐크 오르간〉, 〈마이클 잭슨과 버블〉, 〈토끼〉 〈세 개의 공 50/50 탱크〉 등 소문대로 제프 쿤스에 대한 사랑이 각별함을 알 수 있었다. 그리고 그가 실제 수십 점의 제프 쿤스 대표작을 소장하고 있다는 사실도 눈으로 확인할 수 있었다.

제프 쿤스의 작품은 LA 여행 중에 들른 라스베이거스의 한 호텔에서도 볼 수 있었다. 라스베이거스 호텔 카지노의 제왕으로 일컬어지는 스티브 윈 또한 유명한 그림 컬렉터다. 브로드가 소장한 것과 동일한 〈튤립〉을 비롯해 2013년 5월 뉴욕 소더비에서 낙찰받은 제프 쿤스의 〈뽀빠이〉 조각상 등 2점이 그의 호텔 아케이드에 설치되어 있었다. 수백억원을 호가하는 이 작품들을 혹시라도 관광객들이 손상할까봐, 작품마

제프 쿤스, 〈튤립〉, 도색된 스테인리스 스틸, 203.2×457.2×520.7cm, 1995~2004

다 배치된 경호원의 긴장한 모습도 인상 깊었다. 2007년 방문한 베니스의 푼타델라 도가나 미술관에서 피노 컬렉션전에 들러 여러 점의 제프 쿤스 작품을 본 기억이 떠오른다. 그 미술관은 크리스티 경매회사 소유자인 프랑수아 피노의 소유로 당시 컬렉션전에서는 〈아크로뱃〉, 〈풍선 개〉, 〈행잉 하트〉를 비롯한 다수의 작품이 전시되었다.

피노 컬렉션 일부는 2011년 한국 송은 아트스페이스를 통해서도 소개된 적이 있다. 프랑수아 피노는 한국 전시에서도 어김없이 자신이 소장한 제프 쿤스 작품 〈메이드 인 헤븐〉 시리즈 중 하나인 〈부르주아 버스트〉를 보여주었다. 제프 쿤스 작품을 국내에서도 볼 수 있다. 삼성미술관 리움이 제프 쿤스의 〈리본 묶은 매끄러운 달걀〉(붉은 달걀에 노란 리본을 매단 작품)을, 신세계백화점이 제프 쿤스의 〈세이 크리드 하트〉를 소장하고 있다. 그리고 CJ 그룹이 운영하는 여주의 해슬리나인브릿지 골프장 클럽하우스 정면에는 노란색 〈풍선 꽃〉이 설치되어 있다. 또한 주류회사인 하이트진로의 박문덕 회장도 제프 쿤스의 〈리본 묶은 매끄러운 달걀〉을 수집한 것으로 알려져 있다.

몇 년 전 제프 쿤스의 '풍선 개' 시리즈가 미술시장에 나왔을 때, 세계 탑 컬렉터들은 약속이나 한 것처럼 이 작품을 하나씩 사들였다는 기사를 본 적이 있다. 제프 쿤스의 새 작품이 시장에 나올 때마다 전 세계 탑 컬렉터들이 나눠 구입하고, 몇몇 컬렉터가 그의 작품을 선점한다는 소문이 예전부터 있었다. 이쯤 되면 그게 단순한 소문만은 아니라는 것을 알 수 있다. 제프 쿤스는 지난 5년 동안 생존 작가 중 가장 높은 경매 거래 기록을 세웠다. 전 세계 내로라하는 컬렉터들이 그의 시장을 지지하고 있으니 작품 가격이 계속 상승하는 것은 당연한 결과다. 그러나 그림 투자에 관심이 있는 사람이라면, 여기서 의구심을 가져야 할 부분이 있다. 바로, 어떻게 전 세계 파워 컬렉터들이 모두 제프 쿤스를 사랑할 수 있는가 하는 점이다. 이들의 컬렉션이 오로지 자기 취향을 기반으로 한다면, 어떻게 모두가 같은 작품을 소유하고 싶어 하겠느냐는 얘기다. 주목할 것은 이 백만장자들의 컬렉션 취향이라는 것도 제프 쿤스가 현대 미술사에서 주요한 위치를 갖는 작가라는 미술학자들의 평가를 전제로 발현된다는 점이다.

백만장자들은 왜 제프 쿤스의 '풍선개'를 원할까?

제프 쿤스의 대형 스테인리스 스틸 조각인 〈축하〉 시리즈가 수집가들 사이에서 인기다. 그중에서도 작가가 1994년부터 만들기 시작한 〈풍선 개〉가 특히 인기 있다. 그다음으로는 〈풍선 꽃〉, 〈행잉 하트〉가 있다. 〈풍선 개〉는 행사장에서 나눠주거나 어린이들이 가지고 노는 풍선을 꼬아 만든 장난감을 크게 확대한 외형을 하고 있다. 다만 다른 것이 있다면 제프 쿤스의 〈풍선 개〉는 스테인리스 스틸로 제작된 대형 조각이라는 점이다.

전 세계 컬렉터들은 이 작품을 너도나도 구입하고 싶어 했고, 실제로는 다섯 명의 세계 탑 컬렉터가 가져갔다. 제프 쿤스의 〈풍선 개〉는 모두 다섯 개의 색상으로 제작됐는데 프랑수아 피노는 분홍색, 엘리 브로드는 파란색, 피터 브랜트는 오렌지색을 구입했다. 그리스 사업가 다키스 요아누는 빨간색, 미국 헤지펀드 SAC캐피털 설립자인 스티브 코언은 노란색을 구입했다.

미술계는 제프 쿤스를 팝아트의 절대 권위자이자 앤디 워홀의 상속자이자, 미국의 네오팝을 이끌어가는 미국 후기 팝아트의 선두주자라고 평가하고 있다.

그림 한 점에 수억 원에서 수백억 원을 지불할 수 있는 경제력을 가진 억만장자 컬렉터라 할지라도, 이들은 돈 한 푼을 함부로 쓰는 일이 없다. 그림 컬렉션도 마찬가지다. 투자의 귀재인 이들이 아무리 돈이 많다 하더라도 자신의 개인적인 판단만으로 컬렉션에 그 막대한 돈을 쏟아붓지는 않는다. 물론 최종 결정은 개인이 하는 것이지만, 이들의 컬렉션 선정 기반은 수백 년에 걸쳐 확립된 미술사라는 학문이다. 이들 대부분이 작품을 구입하기 전 개별적으로 고용한 큐레이터, 아트 딜러, 자신의 화려한 인맥과 막대한 후원 활동을 통해 알게 된 공공 미술관의 큐레이터들이나 미술사가, 비평가들로부터 전문적인 자문을 받는다. 이 전문가들이 가치 있는 작가와 가치 있는 작품을 평가하는 기준도 자신들의 전공이자 전 세계가 공통으로 배우는 미학과 미술사다. 그림의 가치가 작가 혹은 작품이 만들어온 역사에 기반을 둘 수밖에 없는 이유가 여기에 있다. 수백 년에 걸쳐 정립된 미술사라는 학문이 오늘날과 미래 그림시장의 꾸준한 진일보를 위한 안전장치가 되고 있다.

국내 단색화 가격은 필연적으로 오를 수밖에 없다

앞서도 언급하긴 했지만, 지난 2~3년간 국내 그림시장에서 단색화 작가들의 작품 가격이 크게 올랐다. 지금의 단색화 열풍을 보고 그림 가격에 거품이 끼었다고 말하는 사람들도 있다. 그러나 대부분 전문가들은 오랫동안 시장에서 저평가됐던 그들이 이제야 시장에서 제대로 된 가격 평가를 받기 시작했다고 생각한다. 즉, 한국 현대 미술사에서 단색화 작가들이 차지하는 위치를 고려한다면 단색화 가격은 필연적으로 오를 수밖에 없다는 것이다. 비록 단기적으로는 현재 작품 가격에 조정이 있을지 모르지만, 장기적으로 볼 때 주요 단색화 작가의 그림 가격 상승은 이제부터 시작이라는 것이 시장 전문가들의 일반적 견해다.

이러한 주장을 뒷받침하듯이, 2016년 현재도 국내 그림시장의 화두는 여전히 단색화 작가들이다. 게다가 한국 현대 미술사에서 단색화 작가들이 갖는 미술사적 위치에 대해서 전 세계 미술계와 해외 컬렉터들도 공감하기 시작했다. 이에 탄력을 받아 단색화 작가에 대한 관심이 해외 미술시장, 해외 미술계로까지 확산되는 분위기다. 2016년 런던과 뉴욕을 비롯하여 전 세계 주요 갤러리와 미술관, 아트페어, 비엔날레 같은 미술 행사에 한국 단색화를 조망하는 전시들이 기획되었다. 2016년 3월 영국 런던 최고의 메이저 화랑인 화이트큐브에서 박서보 초대전이 열렸는데, 전시 오픈 전 모든 작품이 판매되기도 했다.

미술계로부터 미술사적으로 중요한 작가라는 평가를 받고 나면, 그 평가가 변하는 경우는 거의 없다. 그림은 미래가 아닌 과거의 역사에 대한 투자인 만큼, 특히 원로 작가나 작고 작가인 경우 한 번 받은 평가가 절하되는 경우는 거의 없다. 그림시장에서 한 번 블루칩은 영원한 블루칩이 될 수밖에 없는 이유다. 주식이나 부동산에 투자하려면 경제를 공부하는 것처럼, 그 가치가 역사에 기반을 두는 그림에 투자할 때는 미술사를 공부해야 한다.

3장

그림 가격은 어떻게 결정되는가

현재 최고가
그림들은
과거에도 비쌌을까?

현재 국내 그림시장 최고가를 자랑하는 작가는 박수근과 김환기다. 박수근의 최고가 그림은 2007년 서울옥션에서 거래된 〈빨래터〉로 당시 45억 2,000만 원을 호가했다. 박수근의 최고가 기록을 깬 건 2015년 10월 서울옥션 경매에서 47억 2,000만 원에 낙찰된 김환기의 〈19-Ⅶ-71 #209〉이다. 그리고 2016년 4월 김환기의 1970년대 작품 〈무제〉가 48억 6,750만 원에 낙찰되면서 자신의 종전 기록을 또 경신했으며, 1월 경매에서 그의 작품 〈무제 27-Ⅶ-72 #228〉이 다시 경신하여 54억 원에 낙찰되었다. 작은 그림 한 점이 강남의 웬만한 고급 아파트보다 더 비싸다. 현재 최고가를 기록하는 이들 작가의 그림을 소장하기 위해서 예전에 사람들은 과연 얼마의 돈을 지불했을까?

박수근이 가장 혈기왕성하게 작업을 진행하던 1950~60년대로 거슬러 올라가 보자. 당시 그의 나이는 30~40대로 오늘날로 치면 그림시장에서 동시대 젊은 유망 작가로 평가되고 있었다. 그즈음 박수근의 작품은 2,000원에서 5,000원 정도만 투자하면 충분히 살 수 있었다. 1960년대 초만 해도 화랑에서 거래되던 그의 그림은 당시 화폐 기준으로 약 4만 환, 원화로 4,000원이었다. 초급 공무원 월급이 4,000원이던 때였으니, 한 달 치 월급이면 살 수 있었다. 물론 한 달 월급을 투자하기란 쉬운 일이 아니지만 말이다. 박수근의 최고가 기록을 경신한 김환기의 작품은 어땠을까? 1960년대 초 40대 중반으로 왕성한 작업 활동을 하던 그의 작품도 화랑에서는 6,000~7,000원 정도에 거래됐다. 박수근보다 비쌌지만 맘먹고 두 달 치 월급을 투자하면 살 수 있었다.

이 시절에도 박수근과 김환기는 그림시장과 미술계가 주목하는 유망 작가였다. 1970년대, 1980년대로 들어서면서 점차 더 인정받게 된다. 1980년대 중반 이후 국내 그림시장에서 서양화에 대한 인기가 높아지면서 박수근과 김환기는 국내 그림시장의 블루칩으로 떠올랐다. 1980년대에 박수근의 작품은 이미 호당 1,500~2,000만 원, 김환기의 작품은 호당 500~700만 원을 호가했다. 박수근은 5호 미만의 작은 크기 작업을 선호했고, 김환기는 100호 정도 되는 점화를 작업했다. 두 작가 모두 당시 반포에 대형 아파트 한 채를 분양받을 만큼의 예산이 있어야 구입할 수 있을 정도로 작품 가격이 크게 올랐다. 이들의 작품 가격이 크게 상승한 것은 순간이었다. 여기서 주목할 점은 언제부터인가 박수근·김환기 그림에 투자하려면 거액의 돈이 필요하게 됐지만, 과거에는 한두 달 월급이면 그림을 살 기회가 있었다는 사실이다.

박수근·김환기·장욱진

박수근 화백의 그림 〈귀로〉(1965)가 2008년 3월 뉴욕 크리스티에서 열린 한국 미술 경매에서 65만 7,000달러에 낙찰됐다. 〈귀로〉는 멀리 행상을 갔다 돌아오는 어머니와 그 어머니를 마중 나온 아이가 함께 걸어가는 모습을 그린 작품이다. 당시 한국전쟁의 폐허 속에서 이어지는 궁핍한 삶을 상징적으로 보여주는 고목과 가족의 생계를 책임져야 하는 고단한 어머니의 무거운 어깨, 그래도 엄마와 함께 집으로 돌아가는 것이 신난 아이가 잘 표현된 작품이다. 이 작품은 한 미국 여성이 1960년대 한국 여아를 입양하기 위해 한국에 방문해 수속을 밟던 중 방문한 반도화랑에서 20달러에 구입했던 것이다. 40년 동안 이 그림은 3만 2,850배가 상승했다.

2011년 9월 뉴욕 크리스티 경매에서 박수근의 〈시장에서 집으로 돌아오는 길〉(1965)이 72만 2,500달러에 낙찰됐다. 이 작품은 한국에서 살던 소유자가 반도화랑에서 5,000달러에 구입했던 것으로, 구입가의 1만 4,450배에 달하는 수익을 얻은 셈이다.

1978년 캐나다 토론토의 한 갤러리에서 캐나다 달러로 1,300달러, 원화로 100만 원에 구입했던 김환기의 〈정원〉이 2012년 서울옥션 홍콩 경매에서 11억 3,000만 원에 팔렸다. 〈정원〉은 김환기가 1956년 프랑스 파리 유학 시절에 그린 작품이다. 〈정원〉에는 그가 즐겨 썼던 소재가 모두 담겨 있다. 항아리를 가로지르는 매화나무 가지, 원형의 기하학 문양, 산, 달 등 한국적 소재가 다채롭게 그려져 있다. 달항아리 안에 있는 산의 묘사에서는 김환기의 감각적인 선의 운율감도 느낄 수 있는 작품이다.

또 다른 작가 장욱진의 작품은 대개 4호, 6호 크기다. 그의 작품은

장욱진, 〈나무 세 그루〉, 캔버스에 유채, 45×22.4cm, 1986

호당 가격이 아니라 점당 가격으로 거래됐다. 1989년 12월 초에는 점당 가격이 1,000만 원 전후였는데, 12월 말에는 1,500만 원으로 올랐고, 두 달 뒤인 1990년 2월에는 2,000만 원을 불렀다. 다시 두 달 뒤인 4월에는 배가 오른 4,000만 원으로 뛰었다. 5월에는 4,500만 원, 6월에는 5,500만 원, 7월에는 6,500만 원, 8월에는 7,500만 원, 그렇게 매달 1,000만 원씩 올랐다. 이 기세는 잠시 주춤했지만 10월에 9,000만 원, 11월에 9,500만 원으로 이어졌다. 장욱진 작가는 그해 12월 29일 이런 절정의 상승세 속에 타계했다. 작가의 죽음이 작품 가격 상승에 또다시 기폭제 역할을 하면서 1991년 초 1억 원을 넘어섰고, 몇 달 뒤 1억 5,000만 원까지 거래됐다. 불과 1년 반 만에 가격이 15배나 오른 것이다.

고갱·고흐

그림 최고가 경신과 관련하여 해외 그림시장에서 들려오는 소식은 더 놀랍다. 2015년 2월 우리에게도 친숙한 고갱의 1892년 작품 〈언제 결혼하니?〉가 원화로 환산했을 때 약 3,574억 원이라는 역대 최고가로 거래된 것이다. 빈센트 반 고흐는 전 세계 사람들에게 유독 많은 사랑을 받는 화가다. 그가 죽기 전인 1890년 마지막으로 남긴 그림 〈가세 박사의 초상화〉도 1990년 약 1,730억 원에 거래되며 당시 최고가를 기록했다.

텔레비전 모니터 크기보다 작은 그림 1점이 수천억 원에 거래되고 있다니 놀라운 일이 아닐 수 없다. 이 정도면 대부분의 사람들은 평생 모아도 손에 쥐기 힘든 돈이다. 현실적으로 얼마나 되는 돈인지 체감하기도 어렵다. 그러나 현재 수천억 원을 호가하는 고갱이나 고흐의 작품도 과거에는 노동자의 한 달 월급 정도만 투자하면 소장할 수 있었던 것들

고갱, 〈언제 결혼하니?〉, 캔버스에 유채, 77×101cm, 1892

고흐, 〈가셰 박사의 초상화〉, 캔버스에 유채, 56×67cm, 1890

이다. 국내에서의 그림 구매 예산과 별반 차이가 나지 않는다.

고갱이 〈언제 결혼하니?〉를 그릴 당시, 그는 30대 중반으로 이전에 볼 수 없었던 독창적인 표현과 아이디어로 미술계의 주목을 받고 있었다. 그러나 시장에서 거래되는 그의 그림 가격은 100프랑에도 미치지 못했다. 당시 일반 노동자의 평균 월급이 150프랑이었으니, 부자가 아니라도 월급의 3분의 2 정도만 투자한다면 누구나 그의 그림을 소유할 수 있었다. 이 시기에 고흐의 그림도 300프랑만 주면 살 수 있었다. 고흐가 살아 있을 때 가장 인기 있는 작가는 밀레였다. 밀레의 작품 가격은 30만 프랑, 50만 프랑을 호가했지만 고흐의 그림은 300프랑에 불과했다. 그러나 고흐의 작품은 100년 동안 12명의 주인이 바뀌면서 1,000억 원이 넘는 상업적 가치를 갖게 됐다.

계속 경신되는 단색화 가격

최근 국내 단색화 작가들이 블루칩 작가 반열에 성공적으로 편입했다. 단색화는 캔버스와 무채색을 기반으로 예술가 각자가 해석하는 한국의 자연관과 정신성을 연구한 1970년대를 주도한 한국 고유의 현대 미술운동의 한 흐름을 말한다. 박서보, 정상화, 하종현 등으로 대표되는 단색화 작가들은 국내 그림시장에서 최근 3년 동안 그림 가격이 가장 많이 올랐다. 이들은 한국 현대 미술을 주도한 1세대 작가들로 이미 한국 현대 미술사에서 중요한 위치를 차지하고 있는 근현대 작가들이다.

그러나 오랫동안 이들의 그림 가격은 미술사적 평가에 버금가는 높은 평가를 받지 못했다. 5년 전만 해도 경매에서 유찰되거나, 낮은 가격에 낙찰되거나, 화랑 전시로 나온 작품들도 절반 정도는 주인을 찾지 못하는 등 시장 내부에서 큰 관심을 받지 못했다. 박서보와 정상화의 완성도 높은 작품은 1,000만 원에서 3,000만 원 정도면 실내 벽에 걸어놓고 보기에 좋은 20호에서 50호 사이의 그림을 구입할 수 있었다. 운이 좋고 부지런하다면 10호 미만의 유화 작품을 200~700만 원 선에서 구입할 기회도 있었다. 하종현의 작품은 1,000만 원 미만의 예산으로도 50호 미만의 수작들을 구입할 수 있었다.

그러나 3년 전부터 탄력을 받기 시작한 이 작가들의 그림 가격은 지난 5년 동안 적게는 5배, 많게는 20배까지 올랐다. 5년 전 1,000~3,000만 원 선에서 거래되던 100호 크기의 박서보 작품은 2015년 말 기준 작품의 연대와 완성도에 따라 5,000만 원에서 7억 원 사이의 거래 추정가 꼬리표를 달았다. 그리고 거래 최고가는 수수료를 포함하여 13억 1,000만 원으로, 2015년 11월 홍콩 크리스티 경매에서 거래된 130×77(cm) 크기의 〈묘법 No 65-75〉가 주인공이다. 정상화의 100호 크기 〈무제 77-8-12〉는 2015년 10월 K옥션에서 7억 8,918만 원에 팔리면서 작가의 최고가를 기록했다. 그의 100호 작품 평균 시장 거래 가격은 3~5억 원 선이다.

1,000만 원 미만에 거래되던 하종현의 작품은 이제 8,000만 원~1억 5,000만 원 정도에 팔리고 있다. 시장에 공급되는 작품보다 구입을 원하는 수집가들의 수요가 많아지면서 실제로 추정가 이상의 가격으로 거래되는 그림들도 등장하고 있다. 이 책이 출간될 때쯤에는 최고가가 또다시 바뀌어 있을지도 모를 일이다.

단색화는 한국화의 개성과 서양화의 특징이 혼재해 있기 때문에 해외 그림시장에서도 주목을 받고 있다. 단색화는 서양의 모노크롬

■ 국내 주요 작가의 '호'당 작품 가격 변화 추이

	1960년대	1970년대 후반	1980년대 후반	1990년대 초반	2007년	2014년	2015년
박수근	소품 한 점 3~4천 원	100만 원	1,500~ 2,000만 원	1억~1억 5,000만 원	3억 원	2억 8,000만 원	2억 8,000만 원
김환기	소품 한 점 6~7천 원	30~ 35만 원	300~ 500만 원	500~ 700만 원	1,700~ 2,000만 원	2,000~ 2,500만 원	2,500~ 3,000만 원
박서보			10~ 12만 원	30~ 40만 원	30~ 40만 원	40~ 55만 원	500~ 700만 원
정상화				5~10만 원	50~ 70만 원	70~ 75만 원	600~ 650만 원
하종현					18~ 20만 원	18~ 20만 원	120~ 140만 원

(자료: 한국미술시가감정협회, 서울옥션·K옥션 추정가)

(monochrome), 미니멀리즘과 외적으로 유사한 이미지를 갖고 있다. 그러면서 동시에 그 내면에는 물성, 즉 사물의 본질에 집중하는 서양미술과 상반되게 사물과 나, 자연과 나의 상호교환을 중시하는 한국의 자연관과 정신성이 함축되어 있다. 이를 통해 아시아 예술의 차별적 매력을 보여주기에 전 세계 컬렉터들의 관심이 집중되고 있다. 이들이 한국 미술사에서 갖는 영향력이 앞으로 더 널리 알려진다면, 전 세계 컬렉터들까지 참여한 그림시장에서 이 작가들의 그림 가격은 더 큰 폭으로 상승할 것이다.

미디어 아트 창시자, 백남준

미디어 아트의 창시자로 알려진 백남준은 현대 미술사에서 아주 중요한 위치를 차지하는 예술가다. 현재 미디어를 소재로 작업하는 전 세계 미디어·설치작가들은 모두가 선구적인 역할을 했던 백남준의 후광

아래서 작업하고 있다고 해도 과언이 아니다. 그가 현대 미술뿐만 아니라 미디어, 커뮤니케이션, 과학 등 여러 분야에 끼친 영향력은 실로 대단하다. 그러나 미술관이나 미술계를 비롯하여 학계에서 이루어지는 그의 미학적 가치평가에 비해 그림시장에서 컬렉터들 사이에서 이루어지는 그의 평가는 여전히 궁색하기만 하다.

백남준의 작품은 아직도 낮은 가격에 거래되거나 팔리지 않는 것들도 많다. 일례로 2015년 5월 홍콩 크리스티 경매에 백남준의 A급 미디어 작품이 출품됐다. 백남준의 트레이드 마크인 모니터가 여럿 장착된 오토바이를 타고 있는 130×150×120(cm) 크기의 사람 형상을 한 작품이었다. 경매 결과는 어땠을까? 4억 5,000만 원에 팔렸다. 4억 5,000만 원이라는 가격이 저평가라는 말에 의아해하는 사람도 있을 것이다. 그러나 비슷한 크기의 나라 요시토모의 그림이 그날 경매에서 얼마에 낙찰됐는지 아는가? 120×110(cm) 유화가 28억 4,000만 원이었다. 백남준의 작품보다 7배 높은 가격이다. 물론 나라 요시토모 역시 중요한 현대 작가다. 그렇지만 백남준은 미술사적인 평가가 그에 못지않고 오히려 미술계의 위치 평가가 이미 완료된 작가다.

또 다른 예도 있다. 백남준의 작품 중 최고가 기록을 가진 것은 2007년 홍콩 크리스티에서 거래된 〈라이트 형제〉다. 당시 약 7억 원에 팔렸다. 그렇다면 백남준과 비슷한 시기에 활동한 앤디 워홀의 최고가는 얼마일까? 1963년 작 〈세 명의 엘비스〉가 2014년 8,190만 달러(약 900억 원)에 낙찰되어 작가의 최고가를 세웠다. 이 거래가와 단순 비교해보면 백남준의 작품 가격은 약 139분의 1밖에 되지 않는다.

그렇다면 백남준의 작품은 왜 이렇게 시장에서 저평가되고 있는 것일까? 그 이유는 두 가지를 꼽을 수 있다.

첫째, 작품 재료의 특성상 보관이 쉽지 않고 설치가 힘들다는 점 때문이다. 제작된 재료가 노후되거나 고장이 나도 다시 교체할 부품이 있는지, 책임지고 수리해줄 영구적인 기관이 있을지도 확신이 안 서기 때문이다. 백남준의 미디어를 소재로 한 작품 대다수는 이렇듯 수집가들이 보관하기에 큰 어려움이 있다.

둘째, 작업이 난해하기 때문이다. 분명 백남준의 작품은 외관상 아름답다고 말할 수 없다. 그의 작품을 아름답다고 한다면, 그건 외관상 이미지의 아름다움보다는 작가의 독창성과 열정이 주는 다른 의미의 예술적 아름다움을 말하는 것이리라. 그러나 컬렉터 대다수는 미관상 예쁘고 아름답게 보이는 그림을 선호한다. 군이 아름답지 않다 하더라도 편하게 감상할 수 있고 집 인테리어에도 어울리는, 누구나 무난히 좋아할 수 있는 작품을 선호한다.

그러나 백남준은 미술계뿐만 아니라 크리에이터로서 시장에 미친 영향력이 큰 인물이다. 투자의 고수들 역시 분명 백남준이 중요한 작가이고, 시장에서 저평가된 작가라는 것을 잘 안다. 그래서 대안으로 그의 주재료인 미디어 작품 대신, 그의 아이디어가 함축된 드로잉이나 페인팅처럼 벽에 걸 수 있는 평면 작품을 구입하려고 하는 이들이 꽤 있다.

2015년 10월 서울옥션 온라인 경매에 백남준의 평면 작품이 나왔다. 1991년에 제작된 이 작품은 크기가 56×61(cm)이고 사진이 콜라주 혼합 재료로 제작된 것으로, 경매회사의 추정가는 3,000~6,000만 원이었다. 결과는 어땠을까? 7일간의 경매 기간에 15회의 경쟁 응찰을 통해 5,400만 원에 낙찰됐다. 경매수수료를 더하면 6,000만 원이 넘는 금액을 지불한 것이다.

2015년 12월 K옥션에서도 비슷한 거래가 있었다. K옥션 온라인 경매에 백남준의 〈3로봇〉이라는 캔버스 작품이 나왔다. 12호 크기로, 경매회사의 추정가는 4,500~6,000만 원이었다. 약 열흘간 진행되는 경매였다. 나 역시 관심을 가지고 작품을 예의주시했다. 추정가가 높게 책정되어 있다고 생각한 것은 아니었지만, 그림 중개 일을 하다 보니 시작가에 구입하거나 유찰된 작품을 좀 더 낮은 가격에 확보하고 싶었다. 경매가 이루어지는 기간 내내 매일 사이트를 방문하여 경매 현황을 체크했다. 8일째가 지나도 내가 눈독을 들인 작품에 응찰이 들어오지 않았다. 원하던 바였다. 경매회사에는 미안한 일이지만 유찰되길 바랐다. 온라인 경매가 마감되기 전에 응찰 현황을 보고 비딩(경합)을 하든지 유찰되면 경매회사와 연락을 취해 협상해볼 심산이었다. 그런데 다음 날 급한 일이 생겨 경매 마감을 체크하지 못했다. 서둘러 사이트에 들어가 보니, 9회 비딩을 거쳐 누군가 4,600만 원에 낙찰받은 게 아닌가. 잠깐 사이 그림을 놓쳐 무척 아쉬웠다. 미디어 작품의 대안으로 백남준의 페인팅 작품을 구매하는 것도 방법이라는 것을 아는 사람이 또 있었던 것이다.

얼마나 올랐을까?

권진규

1980년대 초반 10만 원 정도면 살 수 있었던 권진규의 초상은 1990년대 후반 3,000만 원에서 4,000만 원으로 올랐으며, 2000년대로 진입하면서 평균 1억 5,000만 원에서 3억 원을 호가하고 있다.

오윤

1986년 오윤이 살아 있을 때 마지막으로 열렸던 전시 〈칼노래〉에서 2호 정도 크기의 판화가 8~10만 원 선에 거래됐다. 그러나 2016년 현재 그의 판화는 작품의 선호도와 판화 종류에 따라 1,200~2,000만 원을 호가하고 있다. 그의 작품 최고가는 2015년 12월에 거래된 〈칼노래〉가 기록했는데, 4,800만 원에 새 주인을 찾았다.

피카소

피카소의 〈누드, 녹색잎과 흉상〉(1932)은 부동산 재벌로 유명한 LA 엘리·에디트 브로드 부부가 1950년에 1만 9,800달러를 주고 사들였던 작품이다. 2010년 소더비 경매에서 이전까지 최고 미술품 기록이었던 피카소의 또 다른 작품 〈파이프를 든 소년〉을 제치고 1억 640만 달러(약 1,200억 원)를 기록했다. 〈파이프를 든 소년〉은 2004년 소더비 경매에서 1억 410만 달러에 팔린 바 있다. 50년이 넘는 오랜 기다림 끝에 5,000배가 넘는 시세 차익을 거둔 것이다.

0에서 45억,
그림 가격의
차이를 만드는 것

45억 원에 거래된 박수근의 〈빨래터〉를 처음 소장했던 사람은 이 그림을 작가에게 선물로 받았다. 박수근의 그림을 소장하는 데 일 원 한 푼 안 들었다는 이야기다. 2015년 초, 3,574억 원이라는 엄청난 가격에 거래되면서 미술계를 떠들썩하게 한 고갱의 그림도 처음에는 오늘날 돈으로 약 100만 원 정도에 거래가 이뤄졌다. 이처럼 0원에서 45억, 45억과 3,574억! 그림 가격의 차이를 만드는 건 무엇일까?

비슷한 연배, 같은 학교 출신, 같은 크기의 유화를 그리는 작가들이라 하더라도 시장에서 거래되는 그림 가격은 모두 제각각이다. 게다가 같은 작가가 창작한 그림이라도 결과물에 따라, 거래 과정에 따라 가격이 달라지는 곳이 그림시장이다. 1차 시장은 작가가 개입된 시장이고, 2차 시장은 작가가 배제된 시장이다.

갤러리(1차 시장)에 작품을 처음으로 선보일 때, 작품 가격은 일반적으로 작가와 갤러리의 상의하에 결정된다. 국내 그림시장에서는 작품의 크기를 기반으로 한 호당 가격제가 일반적이다. 이때는 주로 작품 제작비용, 갤러리의 작가 관리에 드는 비용(홍보, 마케팅, 작업 후원), 전시 비용 등과 작가의 활동 경력과 나이, 그리고 과거 화랑가, 사회경제적 상황을 고려하여 작품 가격을 결정한다. 여기서 작가의 활동 경력이라 하면 작가가 참여해온 전시의 성격과 수상 경력, 주요 미술관이나 기업의 소장 여부 등을 말한다.

이에 비해 컬렉터 사이에 작품이 거래되는 2차 시장에서는 작품 가격을 결정하는 데 작가의 의사가 전혀 반영되지 않는다. 대신 2차 시장에서는 작가의 유명세(아트 스타), 최근 경매 낙찰가와 함께 작품 자체의 완성도(A급 작품이냐 아니냐)와 보존 상태, 출처의 신뢰도, 작품의 희귀성, 작업 시기, 미술시장 선호도, 국적, 유통 경로, 작가의 생존 여부 등이 작품 가격을 결정하는 데 반영된다. 게다가 2차 시장에서는 기존 소장자의 희망 판매가, 구매자의 경제력과 소유욕도 가격 결정에 중요한 역할을 한다.

호당 가격제는 어떻게 결정되는가

호당 가격제는 작가의 그림이 처음 거래되는 1차 시장과 아트 인덱스처럼 그림시장의 가격 변동을 일반화하여 보여줘야 할 때 사용하는 시스템이다. 호당 가격은 전 세계 그림시장에서 사용되는 개념으로, 작가의 인지도와 캔버스 크기를 기준으로 산정한 값이다. 보편적으로 화랑 전시가로 통용된다. 호당 가격제는 오늘날 자유롭게 창작 활동을 하는

■ 호당 작품 크기

(단위: cm)

	F(Figure)	P(Paysage)	M(Marine)
0	18×14		
1	22.7×15.8	22.7×14	22.7×12
2	25.8×17.9	25.8×16	25.8×14
3	27.3×22.0	27.3×19	27.3×16
4	33.4×24.2	33.4×21.2	33.4×19
5	34.8×27.3	34.8×24.2	34.8×21.2
6	40.9×31.8	40.9×27.3	40.9×24.2
8	45.5×37.9	45.5×33.4	45.5×27.3
10	53.0×45.5	53.0×40.9	53.0×33.4
12	60.6×50.0	60.6×45.5	60.6×40.9
15	65.1×53.0	65.1×50.0	65.1×45.5
20	72.7×60.6	72.7×53.0	72.7×50.0
25	80.3×65.1	80.3×60.6	80.3×53.0
30	90.9×72.7	90.9×65.1	90.9×60.6
40	100.0×80.3	100.0×72.7	100.0×65.1
50	116.8×91.0	116.8×80.3	116.8×727.
60	130.3×97.0	130.3×89.4	130.3×80.3
80	145.5×112.1	145.5×97.0	145.5×89.4
100	162.2×130.3	162.2×112.1	162.2×97.0
120	193.9×130.3	193.9×112.1	193.9×97.0
150	227.3×181.8	227.3×162.1	227.3×145.5
200	259.1×193.9	259.1×181.8	259.1×162.1
300	290.9×218.2	290.9×197.0	290.9×181.8
500	333.3×248.5	333.3×218.2	333.3×197.0

예술가의 기원이 중세 시대 길드에 소속된 장인으로부터 파생됐다는
데 기반을 두어 만들어진 가격 시스템이다. 그림 가격의 차등을 객관적
으로 설명할 수 있는 기준은 작가의 손재주와 노동력, 재료비, 작업 기

간이며 이러한 요소를 총괄하는 것이 작품 크기라는 생각으로 만들어진 가격 구조다.

여기서 '호'란 그림 크기, 정밀하게 말하면 그림이 그려진 캔버스의 규격을 가리키는 용어다. 가로세로 18×14(cm)의 엽서 크기를 0호라 지칭하고, 정해진 표준규격에 따라 호수가 매겨진다. 작품의 가로세로 호수 표준규격은 그림의 소재가 인물이냐, 일반 풍경이냐, 바다 풍경이냐에 따라서 조금씩 달라진다. 하지만 그림의 소재는 이보다 훨씬 다양하고, 작가 중에는 정해진 호수 크기에 맞춰 그림을 제작하지 않는 이들도 있다. 실제 캔버스의 규격이 호당으로 정해진 규격과 맞지 않을 때는 가장 근접한 호수를 적용하며, 변형 몇 호라 붙이기도 한다. 다시 말해서 30×20(cm) 크기의 풍경화는 4호 기준에 근접하기 때문에 4호 또는 변형 4호라 붙인다.

1호 혹은 그보다 작은 크기의 그림을 그리는 작가도 있다. 그러나 대부분의 작가는 1호짜리보다 훨씬 큰 그림을 제작한다. 호당 가격에 따른 그림 가격이란 작가의 실제 그림 크기를 호수로 변환한 뒤, 호당 규격화된 비율을 적용해 산출한 것을 뜻한다.

실제 작가의 작품을 예로 하여 호당 그림 가격을 산출해보자.

박항률 작가의 작품 호당 가격(1호 가격)은 60만 원이다. 그러나 이 작가는 실제 1호 크기의 작품은 제작하지 않는다. 적어도 10호부터 시작된다. 그렇다면 50호 작품의 그림 가격은 어떻게 될까?

2007년 기준 박항률 작품의 호당 가격 = 60만 원

10호 가격 = 600만 원

50호 가격 = 10호 가격×3.6* = 2,160만 원

(*호당 산출 기준표를 근거로 한다)

약 2,200만 원이 박항률 작가의 50호 크기 그림의 가격이 된다.

■ **호당 산출 기준**

10호	12호	15호	20호	25호	30호	40호	50호
1	1.2	1.6	2.4	1.8	2.4	3	3.6
60호	80호	100호	120호	150호	300호	500호	1000호
4	4.3	5	6	7.5	10	12.5	15

호당 가격은 작가마다 다르다. 작가의 호당 가격은 앞서 말한 것처럼 작가의 경력과 인지도, 제작비용, 화랑의 작가 프로모션 비용, 시장 거래 기록을 바탕으로 작가와 1차 시장 간 협의에 따라 매겨지기 때문이다. 여기서 작가의 경력이란 작가의 작업 활동과 그에 대한 미술계 내부에서의 가치평가를 포괄한다. 주로 주요 미술관 전시 경력과 수상 경력, 주요 기관 소장 여부, 공신력 있는 평론가나 미술사학자들에 의해 평가된 작품성이 바탕이 된다. 작가의 경력을 확인하는 방법은 작가의 최신 개인전 도록을 살펴보거나 작가의 소속 화랑 혹은 작가에게 자료를 의뢰하는 것이다. 이전 시장 거래 기록도 호당 가격을 책정하는 데 반영된다.

왕성한 작품 활동을 하고 있는 젊은 작가의 경우에는 작가가 자신의 호당 가격을 책정하는 데 직접 개입하기 때문에 호당 가격이 일정하다. 이에 비해 작고 작가인 경우에는 특별히 유작을 관리하는 화랑이 있지

않다면, 호당 가격을 산정하는 기관에 따라서 격차가 날 수 있다.

덧붙여 같은 작가의 그림이라도 제작 시기나 시리즈에 따라서 호당 가격이 달리 책정되기도 한다. 대표적인 작가가 바로 이우환이다. 그의 작품 시리즈는 크게 '점', '선', '바람', '조응'으로 분류된다. 같은 크기의 작품이라도 '점' 시리즈가 가장 비싸고, 그다음은 '선', '바람', '조응' 시리즈 순으로 호당 가격을 달리하여 시장에서 거래되고 있다.

■ **이우환 작품 평균 호당 가격 변화표** (단위: 만 원)

연도	점	선	바람	조응
2012년	3,383	2,212	315	213
2011년	1,893	1,557	407	234
2010년	1,117	1,479	405	224
2009년	1,220	1,301	324	177
2008년	2,378	1,631	376	431

(출처: 한국미술시가감정협회)

이우환 작가의 〈조응〉 120호 그림 가격은 어떻게 될까? 2012년 기준, 이우환 작가의 '조응' 시리즈는 호당 213만 원이다.

10호 가격 = 2,130만 원
120호 가격 = 2,130×6 = 1억 2,780만 원

1억 2,780만 원을 반올림한 1억 3,000만 원이 그림 가격이 된다.
하지만 그림 가격을 작품의 미학적 가치나 완성도가 아닌 단순히 캔

버스 크기에 따라 결정하는 것에 회의적인 사람도 많다. 그리고 캔버스의 크기로 그림 가격을 산출하기가 불가능한 작가들도 있다. 작가마다 선호하는 캔버스의 크기가 있고, 작품이 크다고 작품의 완성도가 높은 것은 아니기 때문이다. 게다가 최근 젊은 작가들은 다양한 매체, 다양한 장르의 작업을 동시에 선보이는 경우도 많다. 그래서 그림 가격을 결정하는 데 호당 가격의 개념을 적용하기가 점점 더 어려워지고 있다. 앞으로는 유럽이나 미국처럼 같은 작가의 작품이라도 작품의 완성도나 작가의 작업 특성에 따라 개별적으로 작품 가격을 매기는 화랑이 늘어날 것으로 보인다.

Tip | 왜 발표하는 기관마다 호당 가격이 다른가?

호당 가격은 1차 시장에서는 유효하지만, 2차 시장에서는 실제 작품을 거래할 때 별반 도움이 되지 않는다. 그러나 가끔 2차 시장 거래가를 바탕으로 작가의 호당 가격이 발표되는 경우가 있다. 이러한 자료들은 그림시장의 이해를 돕기 위해서 그림시장을 표준화하는 과정에서 나오는데, 조사기관마다 호당 거래가를 산정하는 기준이 다르다 보니 기관마다 발표하는 호당 가격에서도 차이가 나타난다.

생존 작가가 전속 갤러리의 관리를 받고 있거나 작고 작가의 유작을 관리하는 갤러리가 있다면, 이 갤러리에서 제시하는 가격이 정확한 호당 가격의 기준이 된다. 그러나 갤러리의 관리를 받지 않는 작가의 2차 거래가를 바탕으로 한 호당 거래가는 그림시장을 이해하는 참고자료로 쓸 뿐 2차 시장에서 작품을 구입할 때는 크게 신빙성이 없다.

2차 시장의
그림 가격을
결정하는 요인

　호당 가격은 한 번 거래됐던 작품이 재거래되는 2차 시장에서는 가격 측면의 공신력을 거의 잃는다. 1차 시장에서 그림 가격을 결정하는 요인과 2차 시장에서 그림 가격을 결정하는 요인이 다르기 때문이다. 2차 시장의 그림 가격은 작품의 크기보다 작품의 주제와 소재, 화면의 표현, 제작연도, 작가의 총 작품 수, 작품의 상태, 장르, 사조, 작가의 생존 여부, 작가의 국적, 거래 이력(providence), 유통 경로, 구매자와 판매자의 심리 같은 요인들이 더 크게 작용한다. 즉, 1차 시장에서는 주로 작가의 작업에 초점이 맞춰졌다면 2차 시장에서는 개별적인 작품이 갖는 히스토리와 작품의 완성도, 구매자와 판매자의 거래심리가 더 중시된다. 작품을 되팔아야 하는 투자자 입장에서는 1차 시장의 가격 결정 요인보다 2차 시장의 가격 결정 요인이 더 중요할 수 있다. 2차 시장의 가격 결정 요인들에 대해서 살펴보자.

경매 낙찰가 파워가 점점 커지고 있다

2차 시장을 대표하는 경매회사나 경매에 출품되는 작품의 종류, 작품의 완성도는 그야말로 천차만별이다. 하지만 경매사가 두드리는 해머 소리로 결정되는 작품 낙찰가와 경매회사가 제시한 추정가는 한 작가의 명성과 그의 모든 작품의 경제적 가치를 결정하는 척도가 될 만큼 영향력이 크다. 경매장에서 작품이 고가에 낙찰되기라도 하면 그 작가는 바로 다음 날 미술시장의 화두로 떠오른다. 그리고 이 일회성 작품 가격은 해당 작가의 미술시장 인지도와 작가의 그림 가격 시세를 결정하는 강력한 기준으로 작용한다. 특히 2차 시장을 통해 거래되는 작고 작가나 블루칩 작가의 작품 시세는 최근 경매 결과에 따라 좌우되는 경우가 많아졌다. 이처럼 일회적 해머 가격이 다른 모든 작품의 거래가에도 영향을 미치는 비합리적인 상황에 대해서 경매회사 직원을 제외한 대부분의 미술시장 관계자들이 우려와 불만의 목소리를 내고 있다. 하지만 이런 회의주의자들도 작품 거래 시 경매 낙찰가에서 벗어날 수 없다.

미국 국세청에서도 미술품 관련 세금을 책정할 때 화랑가나 전문가의 추정가보다 경매 낙찰가를 더 신뢰하고, 미술품 담보대출을 제공하는 은행권에서도 작품의 경매 기록을 참고로 대출액을 결정할 정도로 경매 낙찰가와 추정가는 공신력이 크다. 게다가 금융권에서 개발하는 아트펀드 같은 미술금융상품도 대부분 경매 낙찰가와 추정가를 참고로 발표한 미술시장 지표와 시장분석 보고서를 참조하여 포트폴리오를 구성한다. 그래서 요즘에는 경매에서 높은 가격에 낙찰되어 그림시장에서

화제의 주인공이 된 작가가 있으면, 그 경매가 있은 지 얼마 되지 않아 어김없이 그 작가의 그림을 찾아달라고 하거나 그 작가의 그림을 팔아달라고 하는 손님들이 나타난다. 그렇다 하더라도 정확하게 '경매 낙찰가 = 시장'이라는 공식이 성립하는 것은 아니다.

2차 시장에서 경매 낙찰가가 그림 가격의 시세를 결정하는 데 중요한 역할을 하는 것은 분명하다. 하지만 보편적으로 불경기에는 시장 가격보다 경매 낙찰가가 낮은 편이고, 호경기에는 경매 낙찰가가 시장 가격보다 높다.

1차 시장과 2차 시장에서 작품이 동시에 거래되는 생존 작가의 그림 시세는 두 시장 간에 상대적으로 나타난다. 예를 들어 동시대 작가의 그림이 2차 시장에서 화랑 전시가보다 높은 가격에 거래된다면, 컬렉터 입장에서는 화랑 전시가가 시세보다 저평가되어 있다고 생각할 것이다. 이런 상황이면 컬렉터들의 구매심리가 자극되어 1차 시장에서도 작가의 작품 거래가 활성화될 수 있다. 컬렉터들 사이에 구매 경쟁이 심할 때는 화랑 전시가보다 웃돈을 주고 사거나 아직 창작되지 않은 작가의 작품 구매 리스트에 이름을 올리는 상황도 발생할 수 있다. 반대로 동시대 작가의 그림이 2차 시장에서 화랑 전시가보다 낮은 가격에 거래되거나 경매에서 유찰되는 경우가 생긴다면, 컬렉터들은 화랑 전시가를 비싸게 여겨 2차 시장을 통해 그림을 구입하거나 1차 시장 내에서 그 작가의 작품 구매심리가 위축되는 결과를 초래한다.

소장 히스토리에 따라 가격은 달라진다

영국 작가 프랜시스 베이컨은 작품 거래가 총액이나 거래가 기록 면에서 세계 상위 10위 안에 드는 작가다. 어떤 비평가는 그를 현대 미술에서 피카소만큼 중요한 작가라고 평하기도 한다. 2006년 6월 크리스티 경매에 베이컨의 〈자화상을 위한 세 가지 연구〉가 출품됐다. '자화상' 시리즈의 이전 경매 낙찰 기록을 살펴보면 약 67억, 165억, 200억, 230억, 260억 원으로 최소 50억 원이 넘는 고가에 거래된 인기 작품이다. 하지만 이날 경매에 나온 작품은 약 45억 원(380만 달러)이라는 경매 하한가에 팔렸다. 그 이유는 무엇일까? 이 작품이 대중에게 한 번도 공개된 적이 없는 작품이며, 경매에 위탁한 사람도 잘 알려지지 않은 미술가였기 때문이다. 이 미술가는 1982년 베이컨에게 직접 작품을 구입했기 때문에 미술계에서는 한 번도 소개된 적이 없었다.

그로부터 5개월 후 뉴욕 소더비 경매에 베이컨의 1968년 작 〈피하 주사기를 꽂고 누워 있는 인물 넘버 2〉가 나왔다. 출품자는 벨기에의 유명 컬렉터 조제트 반토로트와 로저 반토로트 부부였다. 남편 로저가 사망하자 미망인 조제트가 작품을 처분하기 위해 소더비 경매에 위탁한 것이다. 소더비에서는 〈피하 주사기를 꽂고 누워 있는 인물 넘버 2〉가 〈자화상을 위한 세 가지 연구〉보다 작품의 우수성이 떨어지기 때문에 더 낮은 가격에 낙찰될 것이라 예상했다. 그래서 작품의 추정가를 〈자화상을 위한 세 가지 연구〉보다 더 낮은 가격으로 책정했다. 그러나 경매는 예상외로 흘러갔다. 경매가 시작되자 입찰자들의 열띤 경쟁이 시작되더니 2분 30초 만에 168억 원(1,500만 달러)이라는 높은 가격에 낙찰됐다. 반토로트의 컬렉션이라는 후광이 낳은 결과였다.

2007년 2월 크리스티에 나온 베이컨의 〈초상화를 위한 연구〉도 480억 원이라는 경이적인 가격에 낙찰됐다. 이 작품이 고가에 낙찰된 이유

중 하나는 이 작품을 위탁한 사람이 유명 여배우 소피아 로렌이었기 때문이다. 이 작품은 영화 〈닥터 지바고〉를 비롯해 유명 영화들을 제작한 그녀의 전 남편 고 카를로 폰티의 소장 컬렉션이었다.

국내 그림시장에서도 소장가가 그림 가격에 미치는 영향력이 크다. 2013년 전두환 전 대통령이 소장하고 있던 이대원 작품이 6억 6,000만 원에 낙찰되어 작가의 최고가 기록을 세웠다. 전두환 일가가 은닉한 비자금과 불법 재산 환수 과정에서 600여 점의 미술품이 나왔고, 정부는 추징금 국고환수를 위해 이 작품들을 서울옥션과 K옥션을 통해 경매에 부쳤다. 그 결과는 놀라웠다. 전두환이 소장했던 모든 작품이 100% 경매 낙찰률이라는 놀라운 기록을 세운 것이다. 그림시장이 호황이라 하더라도 경매 낙찰률은 90%를 넘기기가 쉽지 않다. 전두환 미술품 100% 낙찰률은 미술품 경매 사상 유일무이한 기록이었다. 시장 가치나 미학적 가치가 없어 보이는 작품까지 모두 경매를 통해 새 주인을 찾아 갔으며, 대부분 작품은 경매회사가 내놓은 추정가보다 높은 가격에 낙찰됐다. 특히 최고가를 갈아치운 이대원의 작품 〈농원〉은 대통령 재직 당시에 거실 벽에 걸어두고 오랫동안 즐겼던 작품으로, 재직 시절 TV에 나올 때마다 배경으로 잡혔던 작품으로 알려졌다. 이처럼 전시 이력, 소장 이력 등 작품의 특별한 히스토리는 2차 시장에서 높은 거래 가격을 형성하는 데 큰 영향을 미친다.

작가의 국적, 국가의 파워

전 세계 그림시장을 하나의 시장으로 봤을 때, 작가의 국적도 가격 결정의 주요 요인이 된다. 여전히 세계 미술시장은 거래 규모의 70% 이상을 유럽과 미국 국적의 작가들이 주도하고 있는 것만 봐도 알 수 있다. 여기에 최근 들어 중국, 인도, 러시아, 중동 등 급속한 경제 성장을 이룬 나라의 작품이 세계 미술시장에서 큰 가격 상승을 보이고 있다. 미술시장이 이러한 현상을 보이는 이유는 크게 두 가지다. 하나는 미술사가 서양 중심으로 발달해왔다는 것이고, 다른 하나는 해당 국가 컬렉터들의 경제적 파워가 세기 때문이다.

20세기 현대 미술사를 다루는 책 대다수가 19세기 말 인상주의의 태동부터 시작하여 20세기 말 다원주의를 언급한다. 제2차 세계대전을 기준으로 전반기 미술 운동은 프랑스·영국을 비롯한 유럽 중심으로 서술하고, 후반기 미술 운동은 미국·영국·독일 중심으로 설명한다. 상황이 이렇다 보니 전 세계 그림시장을 주도하는 작가의 국적 혹은 작가의 주요 활동 지역이 대부분 서양이었다. 아울러 20세기 후반부터는 중국·러시아·인도·중동 등 아시아 지역을 중심으로 신흥 부유층이 급격하게 늘었고, 이와 함께 아시아 지역 작가들이 세계 그림시장에서 두각을 나타내고 있다. 그중 대표적인 나라가 중국이다.

온라인 미술정보 사이트인 아트프라이스의 그림시장 분석 보고서를 보면, 해마다 작품 거래량과 거래액을 바탕으로 발표하는 세계 톱 작가 500명 중 중국 작가가 차지하는 비중이 점점 더 커지고 있다. 2000년대 초만 해도 중국 작가는 10명 정도만이 리스트에 이름을 올렸으나, 2015년 현재는 200명에 가깝다. 아울러 오늘날 중국은 미국과 함께 그림시장 순위 1, 2위를 오가며 전 세계 그림시장 거래 규모의 40% 이상을 차지하고 있다. 하지만 중국 작가의 작품이 세계 시장에서 보편화됐다고 말할 수는 없다. 아직까지 중국 작가의 작품을 구입하는 사람은 중화사상에 기반을 둔 부유한 중국 컬렉터들이다. 러시아도 상황이 비슷하다. 〈세계 부자 보고서〉에 따르면 러시아는 미국, 중국과 함께 신흥 부자 수가 가장 많이 늘어난 나라다. 러시아 미술시장 또한 자국 컬렉터들의 활약으로 규모가 점점 더 커지고 있다.

작가의 생존 여부·희소성이 큰 영향을 미친다

작품의 희소성은 소장품이 주는 가장 큰 매력 중 하나이다. 그래서 작가의 생존 여부는 작품 가격에 큰 영향을 미칠 수밖에 없다. 이미 미술계에서 인정을 받았고 시장에서도 안정적인 위치를 차지하는 원로 작가나 작고 작가라면, 2차 시장에서는 작가의 생존 여부나 총 작품 수도 그림 가격을 결정하는 중요 요인이 된다.

2016년 현재 생존 화가 중 작품이 가장 비싼 가격으로 거래되는 작가는 독일의 게르하르트 리히터로, 현재 84세다. 그리고 2000년 이래 작품 가격이 2,000% 이상의 높은 상승률을 보이고 있는 일본 작가 쿠사마 야요이도 1929년생으로 90세에 가깝다. 미술시장은 이들이 작업 활동을 할 수 있는 날들이 얼마 남아 있지 않음을 잘 안다.

아울러 작고한 작가에 대해서는 작가의 작품 활동 전반에 대한 분석을 할 수 있다. 이 분석을 통해 작가의 전성기가 언제였는지, 어느 시기의 작품이 시장에서 더 선호되는지에 대한 평가들이 나오게 된다. 그러면서 그림시장에서 작가의 위치는 좀 더 견고해진다.

희소성의 가치는 생존 작가에게도 존재한다. 바로 미술사적인 가치를 평가받은 원로 작가의 구작들이다. 2016년을 살고 있는 현재, 이들이 1990년대, 80년대, 70년대에 제작한 그림들은 희소성이 있다. 이 시기는 다시 돌아오지 않기 때문이다. 대체로 작가의 구작이 신작보다 비싼데, 그 이유도 희소성의 가치로 설명할 수 있다.

작품의 완성도가 결정한다

완성된 작품이 시장에 첫선을 보일 때 작품의 첫 거래가는 여전히 작품 크기를 기준으로 한 호당 가격으로 매긴다. 그러나 한 번 거래됐던 작품이 재거래될 때는 같은 작가의 작품이라 하더라도 작가의 수작인지 태작(駄作)인지, 혹은 작가의 대표 작품인지 아닌지에 따라 가격이 천차만별로 달라진다.

장미셸 바스키아는 1980년대 뉴욕 낙서화를 대표하는 작가로 지난 10년 동안 전 세계 경매 낙찰가, 낙찰액, 낙찰 빈도수 10위 안에 드는 인기 작가다. 하지만 그 정도의 유명세를 누림에도 그의 작품 역시 수작이냐 태작이냐에 따라 거래가에 큰 차이가 나타난다. 2007년 가을 경매에서 재거래된 2점의 바스키아 작품을 보면, 2점 모두 1982년에 제작됐으나 1점은 약 116만 달러에 다른 1점은 약 732만 달러에 낙찰됐다. 사실 작품 크기에 차이가 있어서 732만 달러에 낙찰된 작품이 2배 정도 크다. 그러나 크기 때문에 가격 차이가 난다고 하더라도 2배 이상 차이가 날 수는 없다. 그럼에도 두 작품은 무려 6배 정도나 차이가 난다. 그 이유는 116만 달러에 낙찰된 작품보다 732만 달러에 낙찰된 작품의 디테일이 좀 더 살아 있고, 색의 배합이나 이미지 묘사가 더 잘 되어 있기 때문이다. 즉, 전체적인 작품 구성과 완성도가 가격에 영향을 미친 것이다.

구매 경로와 유통 경로도 중요하다

동일 작가의 동일 작품일지라도 구매 경로에 따라 가격에 차이가 난다. 경매회사를 통해 구입하느냐, 갤러리를 통해 구입하느냐, 개인 딜러를 통해 구입하느냐에 따라서 달라지는 것이다. 그리고 거래되는 지역에 따라서도 달라진다.

경매회사를 이용할 경우 위탁자나 낙찰자는 회사마다 규정하는 낙찰가의 8~25%의 수수료를 지불해야 하며, 개인 딜러를 통해 구입하더라도 평균적으로 그림 가격의 5~10% 정도를 수수료로 지불해야 한다. 아울러 지역마다 작가의 인지도가 다르기 때문에 같은 작가라 하더라도 거래되는 지역에 따라 가격이 달라지는 것이다.

환율 변수도 고려해야 한다

지난 30년 동안 세계 40개국에서 2,900개 경매회사의 거래가를 조사한 아트프라이스닷컴은 전 세계 그림 무역 거래액이 환율과 밀접하게 연관돼 있음을 보여주었다. 조사 결과 미국 달러 가치의 하락은 뉴욕의 작품 거래량을 늘리고 유로화의 강세는 유럽 작품의 판매액을 감소시켰다. 해외 그림의 가격은 환율의 영향을 받을 수밖에 없다. 서울옥션이나 K옥션이 홍콩에서 경매를 할 때 원화가 아닌 홍콩달러나 미국달러로 거래하는 이유도 바로 환율의 영향 때문이다.

지난겨울 로이 리히텐슈타인의 에디션 작품을 찾는 손님이 있었다. 리히텐슈타인은 우리나라에서는 앤디 워홀에 비해 상대적으로 덜 알려졌는데, 앤디 워홀과 동시대에 활동한 작가로 미국의 유명한 팝아티스트다. 국내에서는 몇 년 전 그의 작품 〈행복한 눈물〉이 대기업 비자금 사건과 연루되어 언론의 주목을 받은 이후 유명해졌다. 해외 작가의 작품을 주로 수집하는 손님이 있는데, 그는 리히텐슈타인의 판화 작품을 구입하고 싶어 했다. 하지만 리히텐슈타인의 작품은 시장에 잘 나오지 않을뿐더러 페인팅 작품이 시장에 나온다 해도 최소 수십억을 호가한다. 판화나 조각처럼 에디션이 있는 작품들도 가격이 만만치 않다. 200~500만 원대에 살 수 있는 작품도 있지만, 수천만 원에서 수억 원을 호가하는 작품도 있다. 내게 의뢰를 해온 손님이 찾는 작품은 1억 미만의 조각 작품이었다.

어렵사리 뉴욕에 있는 작품 1점이 섭외되어 그에게 제안했다. 제안가는 9,520만 원(8만 5,000달러)이었다. 일주일의 시간이 지났다. 그가 고민하는 동안 미국의 기준금리가 인상되면서 환율도 요동치기 시작했다. 원/달러 환율이 상승 분위기를 탔으며, 전문가들도 원/달러 환율이 당분간 더 상승할 것이라는 전망을 내놓았다. 결국 일주일이라는 짧은 시간을 지나는 동안 1억 예산으로는 살 수 없게 된 것이다. 작품 가격 자체가 원화로 환산하면 1억을 넘겼고, 작품대금을 지불할 때쯤에는 환율이 더 상승할 수도 있었다. 해외 작가의 작품은 통상적으로 별도의 운송비와 운송보험료를 지불해야 하기 때문에 부담해야 할 금액이 더 커진다. 족히 1억 1,500만 원에서 1억 2,000만 원 정도의 예산은 있어야 리히텐슈타인의 조각을 살 수 있게 됐다. 그는 결국 작품 구입을 포기했다.

주요 미술관의 전시를 주목하라

모마, 구겐하임, 테이트모던, 국립미술관 등 주요 미술관에서의 회고전이 임박해 있거나 회고전 기간이거나, 아니면 회고전이 끝난 지 얼마

안 된 시점에 해당 작가의 작품이 경매에 자주 출품된다. 전시회와 연관되어 작가의 작품 거래가 활기를 띠게 되는 것이다. 보편적으로 가격이 상승하는 경우가 많았다. 2013년 국내외에서 쿠사마 야요이 열풍이 일어난 시점은 그가 런던 테이트모던과 한국 대구미술관에서 전시를 가졌던 때다. 대구에서 개막한 쿠사마 야요이 전시는 2015년까지 상하이, 타이베이, 뉴델리, 마카오 등 아시아 순회 전시로 이어졌다.

2015년 단색화의 인기가 높아지기 전에도 주요 미술관에서 단색화를 조망하는 전시가 있었다. 2012년 국립현대미술관에서 단색화를 조망하는 전시가 있은 후, 국제갤러리의 단색화에 대한 국내외 프로모션이 이어졌다. 이를 통해 단색화에 대한 시장의 관심이 확산됐고 그 결과 가격도 변동을 일으켰다.

미술관의 전시는 대개 2~3년, 적어도 1년 이상의 전시기획 결정과 준비 단계를 거친다. 그러므로 미술관 전시 일정을 남들보다 앞서 아는 것은 그림 투자에 유용한 일급 정보를 갖는 것과 같다.

작품의 주재료·주제·장르·제작 시기에 따라 달라진다

예술가 중에는 평생 회화면 회화, 조각이면 조각처럼 하나의 장르만 고수하는 작가도 있지만 유화, 조각, 도자기, 판화, 사진, 설치, 미디어 등 다양한 장르를 넘나들며 작업을 하는 작가도 있다. 우리가 화가로만 알고 있는 피카소도 그림만 그린 것이 아니다. 회화뿐만 아니라 조각, 도자기, 스케치, 판화 등 다양한 장르의 작품을 남겼다. 피카소가 살아생전 제작한 작품은 무려 4만 5,000여 점에 달하는 것으로 추정된다. 이 중 회화는 1,885점 정도이며 1,228점이 조각, 2,280점이 도자기, 4,659점이 스케치이고 나머지 3만 점은 판화 작품이다. 피카소는 회화 수만큼 조각도 제작했고 도자기는 회화의 3배에 가까울 만큼 제작했다. 그러나 장르에 따라 피카소의 작품 가격은 천차만별이다. 작품이 첫선을 보이는 1차 시장에서 이미 회화 작품이 조각이나 도자기보다 높은 작품 가격을 형성한다. 그리고 2차 시장에서 재거래를 반복하면서 장르마다 더 큰 격차를 보인다.

반면에 조각을 주 장르로 하는 작가가 조각뿐만 아니라 회화나 드로잉도 같이 제작했다면, 이 작가의 작품 중 가장 높은 가격을 형성하는 것은 대체로 조각이 될 것이다. 그리고 줄곧 회화라는 장르를 고수하는 예술가라 하더라도 유화, 드로잉, 크레용화, 수채화 등 다양한 재료를 이용해 그림을 그리는 경우가 있다. 김환기, 장욱진이 대표적이다.

김환기는 캔버스 유화, 종이에 유채, 구아슈(Gouache, 불투명한 효과를 내는 고무수채물감)화, 연필 드로잉을 그렸다. 그중 캔버스 유화 작품이 가장 비싸고 종이에 유채, 구아슈화, 드로잉 순으로 가격이 형성된다. 또 장욱진은 캔버스나 목판에 유화, 매직화, 색연필화, 수묵화 등을 그렸다. 장욱진의 경우에도 매직화보다 유화의 시장 가치가 더 높다. 가격이 거의 10배 이상 차이가 나기도 한다. 색이나 형태의 구성이 조화로운데도 매직화가 저평가되는 것은 매직펜이 갖는 휘발성으로 인하여 언젠가 그림이 탈색될 수도 있다는 이유 때문이다. 작가는 매직의 휘발성 때문에 언젠가 탈색될 것에 대비하여 실크스크린으로 제작하기도 했다.

연대나 소재별로도 작품 가격에 차이가 난다. 김환기는 1950년대 후반에 백자와 매화를 소재로 한 작품, 1970년대에 제작된 점화 작품들이 다른 시기에 비해 가격이 높다. 장욱진은 두꺼운 마티에르(matiere)와

어두운 색감이 특색인 1950년대 작품에 가치가 더 매겨진다. 앞에서 살펴본 것처럼 이우환의 작품은 시리즈 주제에 따라 가격에 현격한 차이가 난다.

이처럼 같은 작가의 작품이라도 작품의 주재료, 주제, 소재, 장르, 제작 시기에 따라 가격이 달라지는 것이 그림시장이다. 이를 보면 그림시장이 꽤 복잡할 것 같지만, 그렇지도 않다. 실제 시장의 분위기를 익히고 탐방을 자주 하다 보면 어떤 작가의 작품이 좋은지, 어떤 종류의 작품이 비싼지 등 시장이 선호하는 바를 자연스럽게 익힐 수 있다.

4장

지금,
어떤 그림에
투자해야
하는가

세계 그림시장으로
이어진
국내 단색화 열풍

2015년, 2016년 국내 그림시장에는 단색화 열풍이 불었다. 최근 3년 동안 단색화 작품 거래량이 10배 이상 늘었고, 가격도 크게 상승했다. 박서보, 정상화, 하종현 등으로 대표되는 단색화는 최근 2년 동안 적게는 5배에서 많게는 40배가 넘는 가격 상승을 보였다. 그리고 시장의 관심은 시차를 두고 권용우, 정창섭, 윤형근, 김기린, 곽인식 같은 여타 단색화 작가들에 대한 관심으로 폭넓게 확장되고 있다. 2015년 하반기에 이르러서는 '미술 한류'라는 말을 이끌어낼 정도로 단색화가 국내 그림시장뿐만 아니라 전 세계 그림시장의 주목을 받고 있다. 그렇다면 단색화는 어떤 계기로 그림시장의 화두가 됐을까?

단색화는 1970년대 한국 미술계에서 유행하던 추상미술운동으로 자연과 인간의 관계, 마음의 수행을 화폭 안에서 단일 색상, 단순 패턴의 반복으로 표현한 작품들 혹은 작가군을 일컫는 말이다. 한국 단색화는 외견상 표현방법이 1960~70년대 유행한 서양의 미니멀리즘과 모노크롬 양식과 유사해 편의상 종종 한국식 미니멀리즘 혹은 모노크롬으로 불려지곤 한다. 그러나 미니멀리즘이나 모노크롬과는 개념으로 큰 차이가 있다. 앞서 언급한 것처럼 단색화는 인간과 자연, 주체와 객체 합일, 관계에 초점을 맞추고 있다. 단색을 쓰는 이유도 다색의 반대 개념으로서가 아닌 자연에 가까워지려는 노력에 기인한다. 반면에 서양에서 제작된 모노크롬은 서양의 이분법 사상에 입각하여 다색에 반대되는 개념으로 단색을 사용하고 있으며, 인간과 자연 주체와 객체, 나와 너를 대립적으로 본다. 그럼에도 불구하고 단색화가 전 세계 컬렉터의 공감대를 형성할 수 있었던 것은 서양 사람들에게 익숙한 비주얼을 갖고 있으면서 그 안에 동양적인 정신(spiritual)이 깃들어 있기 때문이다. 서구적이면서도 동양적인 것, 그것이 바로 다른 나라 컬렉터들에게도 단색화가 매력적으로 보이는 이유다.

세계 미술시장으로까지 확대

2012년 국립현대미술관은 단색화 전시를 개최했다. 이에 발맞춰 한국의 메이저 화랑인 국제갤러리도 국내외 아트페어를 통해 단색화 작가들의 작품을 지속적으로 소개하기 시작했다. 한국 단색화를 처음 본 해외 미술관계자들은 우선, 자신들이 가지고 있는 미니멀리즘, 모노크롬 작품들과 비슷한 이미지가 주는 친밀감을 단색화에서 느꼈고 단색화가 내포한 동양적 사상에 매료되었다. 단색화에 대한 인지도는 2014년 광주비엔날레 기간에 맞춰 준비한 국제갤러리의 단색화 전시를 통해 더욱 확산되었다. 이 전시는 광주비엔날레 20주년 기념에 방한한 해외 컬렉터들과 해외 주요 미술 관계자들의 시선을 끌었다. 그리고 이들의 관심은 바로 홍콩 경매에서 작품 구입으로 이어졌다. 2015년 봄 홍콩에서 진행된 서울옥션, K옥션, 크리스티, 소더비 경매에 출품된 단색화 작품은 열띤 경쟁 속에서 낙찰되었다. 특히 단색화 작가의 작품을 고가에 낙찰받은 것은 중국, 대만, 싱가포르의 아시아 컬렉터들이었다. 이들은 주로 자신의 연고지에 미술관 건립을 계획 중인 시장의 큰손들이다. 이들은 1960~70년대 미니멀리즘과 모노크롬 화풍이 각 지역의 색깔을 띠면서 전 세계적으로 발전했던 사실에 주목하였다. 그 과정에서 일본의 모노크롬인 모노화, 구타이(Gutai) 그룹의 작품들과 함께 한국 단색화의 가치를 높이 평가하고 컬렉션하기에 이르렀다. 홍콩 미술시장에서 시작된 단색화 열풍은 한국 그림시장 전반으로 확산되면서 단색화 트렌드를 형성하게 되었다. 그리고 2016년 현재 단색화는 국내 미술시장을 비롯한 전 세계 미술시장의 폭넓은 관심을 받고 있다.

1970~90년대 트렌드

1970년대 초 국내 그림시장을 주도한 것은 고미술품과 민화였다. 그 외 추사 김정희, 겸재 정선, 단원 김홍도, 오원 장승업 같은 조선시대 화가들의 서화가 시장에서 인기였다. 드물긴 하지만 심전 안중식, 소림 조석진, 이당 김은호, 청전 이상범 같은 한국화 작품이 거래되었고, 서양화는 시장에서 큰 관심을 받지 못했다.

1970년대 말이 되면서 우리 미술시장은 한국화의 지배를 받게 된다. 당시 미술시장을 주도한 한국 화가들은 국전에서 대통령상을 받는 등

화려한 수상 경력을 자랑하는 의재 허백련, 의당 김은호, 심향 박승무, 청전 이상범, 심산 노수현, 소정 변관식 등이었다. 소위 6대가라 불리는 이들의 작품을 사려고 하는 컬렉터들이 몰리면서 시장에는 이들 작가의 작품 품귀현상이 나타났고 이러한 시장 분위기가 이들의 시장가치를 더 올려놓았다. 작품을 사려고 하는 컬렉터들은 많았으나 시장에 나오는 작품이 많지 않았다. 컬렉터들은 이들 작가의 완성되지 않은 그림을 돈을 대놓고 기다릴 정도였다. 당시 이들의 작품은 한국 미술시장을 이끌고 있는 박수근, 김환기 작품보다 더 비싸게 거래됐다. 일례로 청전 이상범의 소품 1점 값이면 박수근의 소품 2점을 살 수 있었다.

1980년대로 들어서면서 미술시장의 트렌드는 서양화 중심으로 편성되었다. 주거 패턴이 단독주택에서 아파트로 바뀌면서 미술시장의 주역이 한국화에서 서양화로 바뀌었다. 1980년대 말부터 1990년대 초, 우리 미술시장에는 전례 없는 서양화 붐이 일었다. 200여 명에 달하는 생존 서양화가들의 작품이 시장에서 활발히 거래됐다.

1980년대 말에 이르자 세계 미술시장의 호황과 더불어 다양한 국내적 요인으로 서양화 중심의 미술시장 붐이 더욱 가속화됐다. 당시 국내 요인으로는 88올림픽을 전환점으로 급속히 성장한 한국 경제, 주식시장의 하락 반전, 부동산 투기 억제 등을 들 수 있다. 〈월간 미술〉에서 조사한 1989년 3월과 1991년 9월의 작품 가격을 보면, 불과 2년 반 사이에 미술품 가격이 적게는 3배에서 많게는 10배까지 폭등했다. 국내 미술시장의 호황은 세계 미술시장의 붐이 사그라든 1990년 이후에도 2년 이상 지속되다가 1993~1994년부터 본격적으로 거품이 꺼지기 시작하면서 정체기를 맞았다.

2000년대에 다시 찾아온 봄

국내 그림시장에 다시 봄이 찾아온 것은 2005년이 되어서였다. 이 시기 국내 그림시장에서는 박수근·이우환·김종학·이대원·오치균과 더불어 쩡판즈·장샤오강·웨민쥔·데미안 허스트·게르하르트 리히터·무라카미 다카시와 같은 해외 동시대 작가들, 대구 출신의 사실주의 작품을 선보인 30~40대 젊은 작가들, 그리고 이동기·권기수·홍경택·사석원·김동유 같은 젊은 작가들의 팝적인 요소가 가미된 작품들이 큰 사랑을 받았다. 이때 그림시장으로 유입된 투기적 성향의 컬렉터들은 누구의 작품 가격이 오른다는 출처를 알 수 없는 풍문이 돌면 아직 검증도 되지 않은 갓 졸업한 젊은 작가들의 작품들에도 '묻지 마 투자'를 감행하기도 했다.

2007년까지 지속된 국내 그림시장의 호황은 리먼 브라더스 사태 이후에 찾아온 금융위기와 함께 식었다. 그러나 시장이 불황이더라도 컬렉터의 주목을 받는 작가들은 있다. 쿠사마 야요이, 김창열, 손상기, 이우환 같은 몇몇 작가의 개별적인 움직임이 국내 그림시장을 주도했다. 그리고 2012년부터 시작된 단색화 움직임이 2015년 잠재력을 터트리게 된다.

2000년 이래 그림 가격이 200% 이상 상승한 것으로 알려진 이우환은 어떨까? 지난 10년 동안 그림 투자자들에게 가장 높은 수익을 안겨준 작가 중 하나가 바로 이우환이다. 2015년 말 위작 파문이 있었지만, 그는 한국 현대 미술사에서 입지전적 인물이며 해외에서도 주목받는 작가다.

그림시장에서 이우환 작품으로 쏠쏠한 수익을 본 사람들의 이야기

사석원, 〈당나귀〉, 캔버스에 유채, 60.5×73cm, 2005

를 접하는 것은 어렵지 않다. 그중 공개적으로 알려진 사례 하나가 2012년 소더비 뉴욕 경매에서 약 16억 3,000만 원에 낙찰된 1979년 작 〈선으로부터〉다. 이 작품은 2007년 3월 K옥션 경매에 출품되어 5억 6,000만 원에 낙찰된 기록이 있다. 5년 동안 3배 이상 상승한 것이다. 2007년 가을 서울 옥션에서 16억 원에 팔린 이우환의 〈선으로부터〉를 출품한 소장자는 그 작품을 3년 전 화랑에서 3억 5,000만 원에 구입했다.

이우환은 젊은 시절 일본에 체류해 작업하면서 국내 미술계뿐만 아니라 일본 현대 미술에도 큰 영향을 미쳤다. 그래서 그의 작품은 국내 미술시장뿐만 아니라 일본 미술시장에서도 종종 볼 수 있다. 한 지인은 2005년 출장차 일본을 방문했다가 마침 근처에서 열리는 경매에 출품된 이우환 작가의 1977년 작 〈선으로부터〉를 약 3,000만 원에 낙찰받아 한국으로 가져왔다. 그는 이 작품을 2년 정도 소장하고 있다가 2008년에 인사동에 있는 2차 화랑을 통해 2억 1,000만 원에 팔았다. 이 외에도 2000년대 초 재테크를 목적으로 이우환의 작품을 구입한 사람 중에는 단기간에 높은 수익을 얻은 사람들이 제법 있다.

2015년 '선으로부터'와 '점으로부터' 시리즈가 위작 스캔들에 휘말리면서 최근 이우환 작품은 거래량이 현저하게 줄었고, 가격도 예전만 못하다. 물론 위작 논란이 잠재워진다면 그의 선과 점 시리즈는 시장에 다시 나올 것이며, 가격 또한 지금보다 상승할 가능성이 아주 크다. 그러나 2000년 이래로 시장의 대표 인기 작가였던 이우환의 작품도 다른 블루칩 작가들의 작품처럼 시장의 상황에 따라 가격이 오르락내리락한다는 것을 알 수 있다. 같은 작가라 하더라도 작품의 완성도와 대표성에 따라서 가격 상승률이 큰 차이를 보인다. 따라서 그림 투자는 좋은 작품을 골라낼 수 있는 안목과 지식, 정보를 기반으로 해야 한다. 이것만 갖춘다면 최소한의 투자 금액으로 최대의 수익을 낼 수 있는 매력적인 재테크 방법임이 분명하다.

시장에 단색화만 있는 것은 아니다

물론 시장에 단색화만 있는 것은 아니다. 단색화가 아니더라도 컬렉터의 관심을 꾸준히 받고 있는 작가들이 있다. 이대원, 김종학, 오치균, 장욱진, 유영국, 백남준, 천경자, 이중섭이 대표적이다. 2000년 그림시장의 호황을 주도적으로 이끌던 이대원, 김종학의 작품가가 이후 수년간 지속된 불황에 가격 상승이 주춤하는 것 같더니 2015년부터 거래량 증가와 함께 가격도 꾸준히 상승하는 추세이다. 이중섭의 작품은

2012년 시장 형성가와 비교할 때 2014년에는 2배 이상 상승했다. 그리고 2012~2013년 하락세를 보이던 천경자 작품은 2015년 작고 이후 가격이 2012년 대비 5배 이상 상승했다. 2012년까지 그림 거래 가격 순위 100위 이하였던 추사 김정희는 2013년에 호당 110만 원으로 33위를 기록했는데, 2014년에는 호당 850만 원으로 급등하면서 가격 상승률 10위권으로 진입했다. 2012년 호당 2,000만 원이던 장욱진의 유화 가격은 2013년 2,200만 원으로 별다른 변화가 없다가 2014년에는 5,200만 원으로 크게 상승했으며 2016년에도 꾸준한 상승곡선을 타고 있다.

Tip 단색화 작가의 작품 가격 추이

작가	크기	2014년	2015년
박서보	120호	6,300만 원	11억 원
정성화	200호	2억 1,000만 원	11억 4,200만 원
윤형근	100호	2,000만 원	3억 1,400만 원
하종현	120호	2,000만 원	1억 7,300만 원
김환기	200호	17억 원	47억 2,000만 원
권영우	50호	1,000만 원	1억 2,000만 원
곽인식	120호	4,000만 원	1억 1,200만 원
정창섭	120호	2,000만 원	1억 7,000만 원
김기린	120호	800만 원	6,500만 원
이강소	150호	8,000만 원	9,500만 원

• 서울옥션, K옥션, 크리스티, 소더비 경매 기록을 참고한 것으로, 정확한 가격이라기보다는 환율과 작품 크기를 고려한 대략적인 추이를 나타낸다.

단색화 움직임을 파악할 수 있는 전시 경력

주식이나 부동산시장에서 볼 수 없는 현상인데, 미술시장에서는 전시 경력들이 투자 가
치를 평가하는 기준이 되곤 한다.

- 2011년 이우환전, 구겐하임뮤지엄
- 2012년 한국의 단색화전, 국립현대미술관
- 2013년, 2014년 'The Art of Dansaekhwa' 국제갤러리, 런던 프리즈 아트페어 마스터스
- 2014년 'Overcoming the Modern(Dansaekhwa: The Korean Monochrome Movement)', 뉴
욕 알렉산더 그레이 어소시에이츠 갤러리
- 2014년 8월 '단색화의 예술' 국제갤러리
- 2014년 9월 'From All Sides: Tansaekhwa on Abstraction', 뉴욕 블럼앤포 갤러리
- 2014년 9월 하종현, 뉴욕 블럼앤포 갤러리
- 2014년 10월 윤형근, 뉴욕 블럼앤포 갤러리
- 2014년 11월 박서보, 파리 엠마뉴엘 페로텡 갤러리
- 2014년 12월 하종현, 뉴욕 블럼앤포 갤러리
- 2014년 '텅 빈 충만: 한국 현대 미술의 물성과 정신성', 한국 예술경영지원센터 주최,
상하이
- 2015년 아트 바젤 홍콩(3월 13~27일) 기간 소더비 홍콩 단색화 전시회, '아방가르드 아
시아'
- 2015년 단색화 특별전, 베니스 비엔날레

- 2015년 10~12월 '자연을 이루다: 한국 모던 추상화와 단색화전', 뉴욕·홍콩 크리스티

- 2015년 10월, 이우환의 단색화 시기, 런던 페이스 갤러리

- 2016년 박서보, 런던 화이트큐브

- 2016년 '단색화와 미니멀리즘 전시', 뉴욕 블럼앤포 갤러리

- 2016년 오리진 전시, 파리 엠마뉴엘 페로텡 갤러리

- 2016년 5월 권영우 개인전, 뉴욕 블럼앤포 갤러리

- 2016년 2월 윤형근 화백전, 벨기에 앤트워프 악셀 베르보르트 갤러리

- 2016년 10월 윤형근 화백전, 런던 사이먼 리 갤러리

이미 2013년 초반부터 그림시장에서 단색화의 움직임이 범상치 않았다. 이러한 분위기가 이미 수차례 가시화됐기 때문에 그림시장을 꾸준히 주목하고 있던 사람이나 촉이 발달한 사람들은 시장의 관심이 단색화로 몰리는 움직임을 감지할 수 있었다. 발 빠른 중개인들이나 그림 투자 고수들은 이때부터 단색화를 모으기 시작했다. 그리고 2015년, 단색화 작품 가격이 가파르게 상승했다. 2~3년 전에 작품을 구입해둔 사람들은 소위 말하는 대박을 터트렸음은 물론이고, 2014년 말이나 2015년 초에 구입한 사람들도 최소한 몇 배의 큰 수익을 얻을 수 있었다.

이와 같이 그림시장은 시기에 따라 특정 작가, 특정 유형의 그림이 시장을 주도하는 트렌드가 형성된다. 그러나 이 트렌드는 하루 이틀 사이에 급변하는 것이 아니라 최소 몇 년을 두고 형성된다. 최소 1~3년을 두고 시장의 움직임이 변하기 때문에, 시작되는 초기에 트렌드와 연관된 가장 대표적인 작가의 대표작을 컬렉션한다면 단기간에 큰 수익을 낼 수 있다. 시장의 트렌드가 형성되기 시작하는 시점, 트렌드 형성의 전조증상이 보이는 초기에 컬렉션을 한다면 그림시장에도 단기 투자를 할 수 있다는 말이다. 그림 투자 고수들은 이러한 초반 움직임을 놓치지 않는다.

단색화
다음을 주도할
트렌드를 읽으려면

최근 몇 년간 단색화가 국내 그림시장을 주도했다면, 이를 이어갈 다음 트렌드는 무엇이 될까? 단색화 열풍이 세계적으로 확산되면서 당분간 단색화 열풍이 지속되리라 생각하는 사람도 있고, 1980년대 민중미술*과 개념미술**이 단색화를 이어 시장의 새로운 트렌드가 될 것이라고 보는 사람들도 있다. 2015년 작고한 천경자의 그림과 백남준의 작품도 시장

---

*민중미술: 1980년대에 발생했으며 미술을 통한 사회민주화 운동을 표방했다. 기존의 심미주의적 형식주의가 판치는 미술계에 대한 반성으로 미술을 통해 사회에 대해 발언하고 민주화 운동을 함께해야 한다는 미술인들의 자각이 만들어낸, 한국의 시대적이고 독창적인 미술 운동이다.

**개념미술: 작품의 물리적 형태보다 작품에 내포된 아이디어나 작품 제작 과정을 더 중요하게 생각하는 미니멀아트 이후에 대두된 미술 경향을 말한다. 한국의 대표적인 개념미술 작가로는 이건용, 김수자, 김구림, 이강소 등이 있다.

에서 그 움직임이 심상치 않다. 한편으로는, 고미술이나 한국화를 조심스럽게 점치는 이들도 있다. 시장의 트렌드는 돌고 돌기 때문이다. 그렇다면 시장의 트렌드는 어떻게 감지할 수 있을까?

아트페어를 살펴라

시장의 트렌드를 살펴볼 수 있는 가장 쉬운 방법은 아트페어를 탐방하는 것이다. 아트페어에서 컬렉터들은 다양한 작가의 작품을 동시에 살펴볼 수 있다. 짧은 시간에 같은 장소에서 작품 가격은 물론 시장 동향 등 미술시장에 대한 유용한 정보를 한번에 얻을 수 있다는 이점도 있다. 특히 아트페어에 참여한 갤러리들은 아트페어 기간에 갤러리가 프로모션하는 작가를 홍보할 뿐만 아니라, 새로운 손님을 확보하고 최대한 수익을 올리기 위해 시장에서 선호되는 작가의 작품을 확보했다가 이 기간에 팔기도 한다. 아트페어를 방문했을 때 여러 갤러리에서 동일한 작가의 작품이 걸려 있는 것을 발견했다면, 그 작가는 지금 시장에서 인기 있는 작가일 가능성이 크다.

2006~2007년 그림시장에서 가장 인기가 높았던 작품은 중국 현대 작가들의 작품과 20~30대 젊은 작가들의 팝적이거나 사실적인 그림이었다. 그해 열린 한국국제아트페어(KIAF)에서 가장 많이 볼 수 있었고 가장 인기 있었던 갤러리 부스 역시 중국 작가의 작품과 사실적인 정물을 그리는 작가들의 작품, 젊은 팝 작가들의 작품을 출품한 곳들이었다. 단색화 붐이 일었던 최근 2~3년 KIAF를 방문한 경험이 있다면 많은 갤러리 부스에서 단색화 혹은 단색화를 연상시키는 아류 작가들의 작품들을 보았을 것이다.

트렌드세터의 움직임을 예의주시하라

그림시장을 주도적으로 이끄는 사람들이 있다. 해외에서는 주로 스페큘레터('speculator'와 'collector'의 합성어로, 투기적인 컬렉터를 가리킨다)의 성격을 띤 컬렉터들과 주요 화랑 관계자, 크리스티·소더비 같은 주요 경매회사가 시장을 이끈다. 이에 비해 국내에서는 국제·학고재 같은 주요 화랑 관계자들과 서울옥션·K옥션 같은 2개의 대표 경매회사가 국내 시장을 이끈다고 할 수 있다. 따라서 시장에 영향력을 행사하는 이들의 행보를 예의주시하는 것은 시장의 분위기를 읽어내는 데 상당한 도움이 된다.

그림시장을 이끄는 사람들을 확인하는 방법은 생각보다 어렵지 않다. 국내외를 막론하고 해마다 그림시장에 영향력을 행사하는 사람들의 명단이 신문이나 미술 전문잡지를 통해 공개되기 때문이다. 여러 해 동안 이 명단을 관심 있게 지켜본 사람이라면 지난 20년 동안 상위권의 명단이 순위 변동만 있을 뿐 매년 비슷했다는 것을 알 것이다. 이들이 주목하는 예술가들, 이들이 프로모션하는 작가들이 바로 시장의 트렌드가 되기도 하니 눈여겨봐야 한다. 트렌드세터의 움직임을 통해 그림시장의 트렌드를 읽는 하나의 방법을 소개하자면, 국내외 주요 미술관과 갤러리들이 계획 중인 앞으로 1~2년의 전시 일정을 체크하는 일이다. 2015년에는 미술관과 갤러리, 비엔날레 할 것 없이 한국 단색화를 조망하는 전시들이 줄을 이었다. 2016년에도 여전히 많은 단색화 전시가 기획되었다. 그 외에도 국내 주요 미술관과 갤러리들은 백남준, 천경자, 이중섭, 유영국과 더불어 오윤, 임옥상, 신학철, 이종구, 황재형 같은 1980년대 민중미술 작가들, 이건영, 김구림, 김수자 같은 개념미술 작가들의 회고전시를 기획하고 있다.

경매 가격의 추이를 살펴라

트렌드를 읽을 수 있는 또 다른 방법은 경매 가격의 변화를 살펴보는 것이다. 경매에서 잘 낙찰되는 작가, 낙찰가가 추정가보다 월등히 높은 작가들이 당대 시장의 트렌드를 주도하는 경우가 많다. 같은 작가가 제작한 그림일지라도 그림이 재거래될 때에는 그림의 완성도와 상태, 재질 등에 따라 달라지기 때문에 작가마다 경매 낙찰 결과를 분석해보면 같은 작가의 작품이 제작연도, 완성도, 재질 등에 따라 어떻게 가격 차이를 보이는지 작가의 시장 특징을 파악할 수 있다.

온라인 미술정보 사이트를 이용하라

해외 그림시장의 동향을 살펴보고 싶다면 유·무료 정보를 제공하는 온라인 미술정보 사이트를 정기적으로 방문하는 것이 도움이 된다. 수많은 사이트가 있지만 중복되는 정보가 많기 때문에 시간이 없는 사람들은 마음에 드는 사이트 하나를 정해서 그 사이트를 상시 방문해도 좋다. 세부 정보를 놓치지 않고 정보를 크로스체킹하고 싶은 사람들은 여러 사이트를 활용하는 것도 방법이다.

다만 아쉽게도, 국내 그림시장의 동향을 살펴볼 수 있는 미술정보 사이트는 아직 없다. 그러나 언론매체 문화부 혹은 미술전문 기자들이 쓴 지면 기사를 통해서 국내 그림시장의 동향을 대략 읽을 수 있다. 요즘 언론사의 문화부 혹은 미술전문 기자 중에는 미술 전공자들이 꽤 많다. 이들이 전문지식을 바탕으로 그림시장에 대한 깊고 예리한 통찰력을 발휘하여 기사를 쓰기 때문에 유용한 정보와 지식을 얻기에 좋다.

그 외에 당대인의 정서와 시대정신을 가장 잘 반영하는 작품, 당대 구매력이 가장 큰 소득계층과 연령대가 가장 선호하는 스타일의 작품이 시장의 트렌드를 주도하게 된다. 박수근, 김환기의 작품이 가장 비싸게 팔리는 것은 현재 경제력이 있는 청장년층의 1950~70년대 젊은 시절 향수를 공유함으로써 공감대를 형성하고 있기 때문이다. 그리고 최근 단색화가 전 세계 컬렉터의 관심을 모을 수 있었던 것은 이들에게 친숙한 모노크롬, 미니멀아트의 표현양식과 단색화의 표현양식이 유사함에서 오는 편안함에 한국만의 독창적인 정신세계가 반영되어 있는 특별함 때문이라 할 수 있다.

국내외 주요 아트페어 일정

최근 10년 동안 전 세계적으로 아트페어의 수가 기하급수적으로 늘어났다. 현재는 해마다 개최되는 아트페어의 수가 150개에 달한다. 국내만 해도 10여 개의 아트페어가 정기적으로 열린다.

• 한국국제아트페어(KIAF): 해마다 9~10월에 열린다. 국제아트페어이지만, 주로 한국 갤러리들이 참여한다.

• 아트 바젤(스위스, 홍콩): 스위스 바젤에서는 6월, 홍콩에서는 3월에 열린다. 전 세계 주요 갤러리들이 참여한다.

• 프리즈 아트페어(영국): 9~10월 영국 런던에서 열린다. 전 세계 주요 갤러리들이 참여한다.

• TEFAF 마스트리흐트(네덜란드): 3~4월에 열린다. 전 세계 주요 갤러리들이 참여한다.

(*일정은 주최 측의 결정에 따라 약간의 변동이 있을 수 있다.)

국내외 경매회사 사이트

각 경매회사가 운영하는 웹사이트에서 경매 일정과 경매에 부쳐질 작품 목록 등을 확인할 수 있다. 그리고 'LIVE ART'라는 앱이나 'BLOUIN ART SALES INDEX'를 이용하면 주요 경매 일정과 최근 경매 결과를 한눈에 볼 수 있다.

• 서울옥션: www.seoulauction.com

• K옥션: www.k-auction.com

• 크리스티: www.christies.com

- 소더비: www.sothebys.com

- 필립스 드 퓨리: www.phillips.com

- 본햄스: www.bonhams.com

- 폴리 인터내셔널 옥션(베이징바오리): EN.POLYPM.COM.CN

- 차이나 가디언옥션: www.cguardian.com

국내외 온라인 미술정보 사이트

대다수의 언론매체가 그림시장과 관련한 뉴스를 제공하고 있다. 그리고 최근에는 그림
시장에 대한 정보와 뉴스를 제공하는 미술 전문 정보 사이트들도 늘어나고 있다. 해외
에서는 개인 맞춤형 미술정보 서비스까지 제공하는 온라인 사이트들도 운영하고 있다.
가장 널리 알려진 온라인 정보 사이트를 소개한다. 국내에서 참고할 만한 미술정보 사
이트로는 달진닷컴과 네오룩닷컴이 있다.

- 아트데일리: artdaily.com

- 아트뉴스페이퍼: theartnewspaper.com

- 아트뉴스: www.artnews.com

- 아트넷: www.artnet.com

- 아트프라이스: www.artprice.com

- 아트택틱: www.arttactic.com

- 달진닷컴: www.daljin.com

- 네오룩닷컴: neolook.com

- 케이아트마켓: www.k-artmarket.kr

시장이
주목하는
2%의 작가

어느 날 서울 태평로의 모 은행 지점장으로 재직 중인 손님이 전화를 했다. 오랜만에 점심을 같이 하고 싶다는 반가운 전화였다. 그는 9년 전 내가 근무하던 갤러리에서 진행하던 아카데미 수업을 통해 만난 분이다. 당시 갤러리에서 기획한 그림 컬렉션 가이드 강좌를 여러 차례 수강한, 조용하지만 그림 공부에 열성적인 분이었다. 그런데 그 이후로 한 번도 인연이 되지 못했다. 9년 만에 연락을 받으니 우선 반가움과 궁금한 마음이 들었다. 통화하고 나서 일주일 후 함께 식사를 했다. 식사가 끝나자 그분이 어렵게 말씀을 꺼냈다. 자신이 소장하고 있는 그림들의 사진을 한번 보여주고 싶다는 것이었다. 대부분의 손님들이 이런 이야기를 할 때에는 자신이 소장하고 있는 그림을 처분하고 싶거나 자신이 소장하고 있는 그림의 가치에 대한 객관적인 평가를 받고 싶어서다.

그가 직접 휴대전화로 찍은 소장품 11점의 이미지들을 보여주었다. 내가 조용히 사진을 살펴보는 동안 그는 내 표정과 반응을 살피면서 천천히 이야기를 이어갔다. 이 그림들을 처분해서 결혼하는 아들 집을 구하는 데 보태주고 싶다고 했다. 2007년 아카데미 수업을 들으러 다닐 때 구입한 그림으로 당시 6,000만 원 정도가 들었다고 한다. 구입한 금액의 2배에 팔면 좋겠다는 의견과 함께 조심스럽게 물어왔다.

그분의 말씀이 끝나고 한참 침묵이 흘렀다. 나는 의미 없이 사진을 반복해 넘기면서 어떻게 말씀을 드려야 심기가 불편하지 않을까 고민을 했다. 그가 소장하고 있는 그림 중에 되팔 수 있는 그림이 1점도 없었기 때문이다. 도대체 누구의 조언을 받고 이런 그림을 구입했는지 의아해하며 조심스럽게 입을 열었다.

"모두 예술가의 정성이 느껴지는 귀한 작품들로 보입니다. 그러나 지금 제 주변에는 이 작가들의 그림을 찾는 분이 없으세요. 아쉽지만 지점장님께서 그림을 구입하신 갤러리나 딜러에게 팔아달라고 해보시면 어떨까요?"

내 말의 뉘앙스를 간파하고는 나에게 흥정을 걸던 여유로운 태도는 버리고 바로 하소연을 하기 시작했다.

그가 보여준 그림들은 2005년 그림시장이 한창 호황일 때 그림 투자를 먼저 시작한 친구에게 큐레이터를 소개받아 구입한 그림이었다. 그 큐레이터는 자신이 추천한 그림들은 앞으로 시장에서 뜰 작가들의 그림이니 2~3년만 소장하고 있다가 다시 자신에게 내놓으면 되팔아 큰돈을 벌 수 있게끔 해주겠다며 적극 권했다고 한다. 당시 서초동 예술의 전당에서는 그 큐레이터가 기획한 전시가 열리고 있었고, 그의 조언을 따라 먼저 투자를 시작한 오랜 친구도 확신하기에 추호의 의심 없이 1년여 동안 거금 6,000만 원을 들여 11점의 그림을 구입했다고 한다. 하지만 7년이 흐른 뒤 수익환원 차원에서 그림을 처분하려고 했으나 그림을 추천했던 큐레이터와 연락이 닿지 않았다고 한다. 그는 친구와도 관계가 소원해지고, 자신이 직접 이 작품들을 처분하려고 다른 딜러들을 만나고 다니다 내게 연락했던 것이다.

"왜 그림을 구입하기 전에 정말 시장성 있는 작가인지 아닌지 크로스 체킹을 하지 않으셨어요. 당시 아카데미 수업을 들으실 때 웬만한 국내 그림시장 전문가들을 다 만나셨는데, 강사분들에게 조언이라도 한 번 구했더라면 이런 실수는 하지 않으셨을 텐데…."

사실 다수를 대상으로 한 그림시장 강연을 다니다 보면 지점장님과 같은 고민을 하는 분들을 꼭 한두 분 만나게 된다. 생각보다 많은 사람이 그림시장에 대한 정보를 잘못 얻고, 잘못 투자하고 있다는 것을 알 수 있다.

투자할 만한 작가는 한정적이다

시장에서 거래되는 그림이라고 해서 모두 투자할 만한 가치가 있는 것은 아니다. 예술을 업으로 하는 작가들은 무수히 많지만 그림 투자를 성공으로 이끌어줄, 2차 시장에서 지속적으로 재거래됨으로써 수익을 안겨줄 작가는 아주 한정적이다. 지난 10년 동안 한국의 주요 경매에서 작품이 거래된 화가의 수는 4,253명으로 전체 예술가의 약 2%에 불과했다. 경매 외에도 시장에서 꾸준히 반복적으로 거래되는 작가, 어느 정도 시장 인지도를 형성하고 있는 작가를 헤아린다면 그 수는 더 적어진다. 정확한 통계가 있는 것은 아니지만, 국내 그림시장에서 블루칩 작가는 물론이거니와 저평가된 유망 작가로 평가되는 작가까지 합쳐 최대한 헤아려도 1,000명이 넘지 않으리라고 추정한다. 재테크가 목적이라면, 이미 시장에서 어느 정도 거래 기록이 쌓인 작가들의 작품을 중심으로 살펴봐야 한다. 특히 2차 시장에서 반복 거래되는 작가들을 주목해야 한다. 시장에서 이유 없이 급상승을 보이는 예술가의 작품은 없다.

국내 그림시장보다 훨씬 규모가 크고 선택의 폭이 넓은 해외 그림시장에서도 반복적으로 재거래되는 작가는 한정적이다. 그림시장의 정보를 제공하는 아트뉴스의 자회사인 스케이츠(Skate's)에서 전 세계 경매에서 가장 비싸게 거래된 작품 1만 점을 조사했다. 그 분석 자료(2015년 2월 기준)를 살펴보면, 1만 점에 해당하는 예술가는 단지 1,066명이었고, 그 중 한 번 이상 반복 거래된 작가는 592명, 다섯 번 이상 반복 거래된 작가는 311명에 불과했다.

온라인 미술정보 사이트 아트프라이스닷컴이 정기적으로 발표하는 '아트프라이스 랭킹 500'도 이와 비슷한 통계를 보여준다. '아트프라이스 랭킹 500'은 주요 경매회사의 경매 낙찰 기록을 바탕으로 해마다 경매 최고가를 기록한 작가 500명의 순위를 발표한다. 흥미로운 사실은 해마다 새롭게 순위에 올라오는 예술가들도 있지만, 300여 명의 작가가 반복적으로 이름을 올린다는 점이다. 다만, 순위에 변동은 있다.

물론 스케이츠의 분석 결과나 아트프라이스 랭킹이 그림 투자를 하는 데 절대적인 자료가 될 수는 없다. 각 조사기관이 내놓는 작가 순위가 어떤 통계자료를 기반으로 한 것인지, 어떤 측면에 비중을 두고 순위를 매긴 것인지도 따져봐야 한다. 하지만 이러한 조사들이 공통으로 보

여주는 사실은 그림시장에서 원활한 거래가 이루어지는 작가는 한정적
이라는 것이다. 내가 발견하고 내가 좋아하는 작가의 그림을 컬렉션하
는 것은 그림 애호가로서 누릴 수 있는 특권이지, 그림 투자자의 자유
는 아니다. 무엇보다 재테크가 목적이라면 이미 시장에서 반복 거래되는
작가들 선에서 컬렉션을 해야 한다.

그림시장은 생각보다 작고, 그림 투자를 성공으로 이끌어줄 수 있는
작가군도 한정적이다. 90%가 예측 가능한 그림시장에서 투자 가능한
작가군은 국내외를 막론하고 2% 정도다. 이로써 투자 대상의 98%가 걸
러진다. 이 한정된 작가군의 작품을 구입할 수 있다면 이미 절반은 성공
한 셈이다.

연예인의 그림은 투자 가치가 있을까?

국내 연예인 사이에 그림 그리는 일이 유행처럼 번진 것이 벌써 10년
가까이 된다. 그 열풍은 여전히 이어지는 듯하다. 매스컴을 통해 그림 그
리는 연예인이 소개되고 있고, 전시를 연다는 소식도 빈번하게 들린다.
어떤 연예인은 화가나 사진작가로 불리길 원하기도 한다. 영화배우 하정
우의 작품 최고가는 1,800만 원이나 하는 것으로 알려졌다. 그 외에도
일부 유명 연예인의 작품은 가격이 100~300만 원 선으로, 30~40대 젊
은 유망 작가들의 작품 가격과 맞먹는다. 하정우 같은 일부 연예인은 전
시회를 하면 작품이 다 팔리는 품귀현상까지 나타난다. 그렇다면 재테
크 관점에서 연예인의 그림도 투자 가치가 있을까?

우선 답부터 말하자면, 그렇다는 것이다. 금전적으로는 투자 가치가
있다. 다만, 그 투자 가치의 기준은 작품이 갖는 예술성이 아니라 유명인

으로서 그 사람의 인지도와 영향력, 유명세다. 비슷한 예로 그림시장에 나온 역대 대통령 휘호의 거래를 떠올릴 수 있다.

지금까지 300여 점이 넘는 역대 대통령 휘호가 그림시장에서 높은 가격과 높은 낙찰률을 보이며 거래됐다. 그중에서도 박정희 전 대통령의 휘호는 최고 1억 1,000만 원, 이승만 전 대통령의 휘호는 최고 1억 5,500만 원에 거래되기도 했다. 기념비적인 거래 가격인 것은 확실하다. 그런데 이들의 휘호가 예술성이 뛰어나서 이렇게 고가에 거래되는 것이 겠는가? 그보다는 한 나라 대통령의 흔적을 소장하고 싶다는 상징적 의미가 더 클 것이다.

물론 하정우나 구혜선 같은 배우는 범상치 않은 그림 솜씨를 가지고 있다. 그러나 예술로써 그림이 갖는 가치는 창작자의 유명세나 시각적으로 보이는 탁월한 기교, 정교한 손기술, 재치 이상의 것을 요구한다. 그것은 바로 한 인간이 캔버스 앞에서 일생을 바쳐 고뇌하고 투쟁한 흔적들이 마음속으로 파고드는 감동이다.

어떤 이유에서인지 사람들은 일부 예술가의 특정 작품에서 격한 공감대를 형성하고, 그 작품이 풍기는 아우라에 동시 최면에 걸리듯 감동하기도 한다. 논리적으로 설명할 수는 없지만, 어떤 예술가의 그림을 보고 전문가든 비전문가든 할 것 없이 모두 감탄하며 좋은 그림이라 생각하는 경우가 있다. 그런 그림을 우리는 명작이라고 부른다. 어떤 사람들에게 명작은 미술관에서나 바라볼 수 있는 범접할 수 없는 저 너머의 것이다. 또 누군가는 이 명작을 소유하고 싶다는 바람이 생겨 작품에 가격이 매겨진다. 소유하고자 하는 사람이 많아지면 가격이 상승하면서 일반인이 상상할 수 없는 높은 가격을 형성하게 된다.

사실 한 예술가의 열정과 창의력의 결정체인 그림에 값을 매길 수 있는 권리는 컬렉터의 특권일 수 있다. 다른 한편으로, 한 사람의 열정과 아이디어의 결정체인 작품에 합리적인 가격을 매긴다는 것은 어쩌면 불가능에 가까운 일이기도 하다.

시장성 있는
작가를
확인하는 법

그림 투자 시 안정적인 작가인지 아닌지를 시장에서 직접 확인할 방법은 없을까? 작품 가격이 오르려면 거래가 지속적으로 일어나고 항상 컬렉터의 관심을 받아야 한다. 컬렉터의 관심 밖에 있던 작품이 갑자기 관심권 안으로 들어오는 경우는 드물다. 그래서 안정적인 작가인지 아닌지는 그림시장에 자주 노출되는 작가인지 아닌지로 1차 확인이 가능하다.

시장성 있는 작가를 확인하는 세 가지 방법

그림시장에 자주 노출되는 작가는 어떻게 찾아볼 수 있을까? 시장에 자주 소개되는 작가는 다음 세 가지 경우에 속한다. 첫째, 미술계와 시장에서 이미 검증을 마친 블루칩 작가다. 둘째, 화랑이 지속적으로 프로모션하는 작가다. 셋째, 아직 미술 전문가들의 가치 검증은 되지 않았으나 수요자의 기호에 맞는 이미지와 표현양식으로 시장의 수요를 누리고 있는 작가다.

어떤 경우에 속하더라도 세 가지 모두 시장에서 관심을 받고 있는 작가라는 점에서 우선 투자 대상으로 고려할 만하다. 그러나 이들 작가 중에서도 옥석 고르기는 필수이다. 어떤 경우에 속하는 작가의 작품을 구입하느냐에 따라 투자 기간, 예산, 구매 방법 등 투자 방향도 달라진다. 이 세 가지 유형의 작가들이 시장에서 보이는 특징을 좀 더 살펴보자.

미술계와 시장에서 동시에 높은 평가를 받고 있는 블루칩 작가들은 작품을 계속 생산하기에 한계가 있는 작고 작가이거나 원로 작가들이 대부분이다. 국내 시장에서는 김환기, 이중섭, 박수근, 박서보, 천경자, 이우환을 들 수 있다. 그리고 해외 시장에서는 앤디 워홀, 장미셸 바스키아, 제프 쿤스, 게르하르트 리히터 같은 작가가 대표적이다. 블루칩 작가의 작품은 이들 작가를 프로모션하는 갤러리의 기획전시, 공개 경합과 재판매가 이루어지는 경매 이벤트, 판매자와 구매자 사이에서 맞춤형 거래를 중개하는 개인 딜러 등 다양한 방법으로 두루 거래된다. 학계와 시장에서 좋은 평가를 받고 희소성의 가치까지 더해진 블루칩 작가의 작품은 이미 최소 수천만 원에서 수천억 원을 호가하는 경우가 많다. A급 작품 대부분은 이미 높은 작품 가격을 형성하고 있다 보니 수요층이 적어져 구매 경쟁률은 낮은 반면, 경매 낙찰률과 최고가 경신율은 높은 편이다.

화랑의 프로모션을 받는 두 번째 부류의 작가군은 화랑을 대표하는 작가들로 미술계 내부에서의 가치평가는 이미 됐으나 아직 시장에서는 두각을 나타내지 못하고 있는 원로 작가, 작고 작가들이다. 그리고 아직 작업 활동을 왕성하게 하는 중이라 총평이 불가능한 중견 작가들과 젊은 작가들도 포함한다. 그림 투자로 고수익을 원한다면 가장 주목해야 하는 작가군이기도 하다. 이들 가운데 차세대 그림시장을 주도하거나 새로운 블루칩으로 떠오를 저평가된 옐로칩 작가들이 있기 때문이다. 이 속에서 옥석 고르기를 할 때는 작가의 활동이 국내외 미술계에서 어떤 평가를 받고 있는지, 어떤 화랑이 주축이 되어 프로모션을 하고 있는지, 그림시장의 조정기에도 그림 가격이 안정적으로 유지되고 경매 출품률과 경매 낙찰률이 꾸준한지, 아트페어를 통해 꾸준히 작품이 소개되고 있는지 혹은 아트페어에서 여러 화랑을 통해 작품을 선보이는지를 살펴야 한다.

세 번째 부류는 미술계의 평가와 상관없이 시장에서 다수의 폭넓은 구매자들이 선호하는 장식적 스타일의 작품을 선보이거나, 전략적인 투자자들과 그림 중개상들에 의해 가격이 움직이는 작가군이다. 그림시장 입문자들에게 가장 매력적으로 보이는 작가군일 수 있다. 특히 호황기 그림시장에서 이 작가들의 작품은 경매 경쟁률과 낙찰가가 상당히 높거나 찾는 사람이 많아서 그림을 사려면 구매 대기자 리스트에 이름을 올려야 하는 과열 양상이 빚어지기도 한다. 그러나 이 작가군 중에서 주요 화랑의 초대 개인전 경력 하나 변변한 게 없고 미술사적으로 외면되는 작가인데 경매에서 고가에 낙찰되거나 시장에서 많이 팔리는 작가라면 시장의 반짝 트렌드를 주도할 수는 있다. 하지만 향후 상승의 잠재력까지 기대하기는 어렵다. 이들 작가의 작품은 트렌드가 형성되는 초기 단계에 고수익을 안겨주는 단기 투자는 가능할지 몰라도 장기 투자에는 부적합하다.

좀 더 쉽고 명확하게 시장에서 안정적인 작가인지 확인할 방법은 없을까? 사실, 시장에서 어떤 작가의 작품이 안정적으로 수요가 일어나고 있는지를 확인할 수 있는 공식적인 방법은 경매 기록뿐이다. 경매에 자주 출품되고, 경매 낙찰률이 높으며, 경매회사에서 내놓은 추정가보다 높은 가격에 낙찰되거나 응찰자들의 경쟁률이 높다면 그 작가는 이미 안정적인 시장을 확보하고 있다고 판단할 수 있다. 그런 만큼 주기적으로 주요 경매회사의 경매 기록을 살펴야 한다. 특히 홍콩 경매 결과를 주시하라. 서울옥션, K옥션, 크리스티, 소더비가 홍콩에서 주최하는 홍콩 경매 결과가 아시아 그림시장의 지표가 되고 있다. 홍콩 경매에 출품되어 낙찰가 성적이 좋으면 그 작가는 국내 그림시장에서도 주목을 받는다.

해외 주요 갤러리 리스트

해외 미술품에 관심이 있다면, 미술시장을 주도하는 해외 주요 갤러리 홈페이지를 살펴
보자. 각 갤러리에서 프로모션하는 예술가의 명단을 확인하는 것도 시장에서 주목받고
있는 예술가를 확인할 수 있는 좋은 방법이다.

303, 뉴욕: http://www.303gallery.com

Barbara Gladstone(바바라 글래드스톤), 뉴욕: http://gladstonegallery.com

David Zwirner(데이비드 즈워너), 뉴욕: http://www.davidzwirner.com

Elizabeth Dee(엘리자베스 디), 뉴욕: http://www.elizabethdee.com

Emmanuel Perrotin(엠마뉴엘 페로텡 갤러리), 파리: https://www.perrotin.com

Gagosian(가고시안), 뉴욕: http://www.gagosian.com

Gavin Brown's Enterprise(게빈 브라운 엔터프라이즈), 뉴욕: http://www.gavinbrown.biz

Gering & Lopez(게링&로페즈), 뉴욕: http://www.sandrageringinc.com

Hauser & Wirth(하우저&워스), 런던: http://www.hauserwirthsomerset.com

Jonathan LeVine(조나단 레바인), 뉴욕: http://jonathanlevinegallery.com

Lazarides Gallery(라자리데스 갤러리), 런던: http://www.lazinc.com

Lisson Gallery(리손 갤러리), 런던: http://www.lissongallery.com

Metro Pictures(메트로 픽처스), 뉴욕: http://www.metropictures.com

Modern Art(모던 아트), 런던: http://www.modernart.net

Pace(페이스), 뉴욕: http://www.pacegallery.com

Paula Cooper(폴라 쿠퍼), 뉴욕: http://www.paulacoopergallery.com

Space 1026(스페이스1026), 뉴욕: http://space1026.com

Team(팀), 뉴욕: http://www.teamgal.com

V1 Gallery(V1 갤러리), 코펜하겐: http://v1gallery.com

Victoria Miro Gallery(빅토리아 미로 갤러리), 런던: http://www.victoria-miro.com

White Cube(화이트큐브), 런던: http://whitecube.com

특정 지역에서
통하는 작가들은
따로 있다

    제약회사에 다니는 N 씨는 결혼 10년 차로 맞벌이를 하고 있다. 그녀는 3년 전부터 남편과 함께 회사에서 받은 연말 보너스로 그림에 투자하고 있다. 지난해 회사 매출이 크게 늘어 간만에 연말 보너스를 받아 기분이 좋아진 그녀는 어떤 작품을 살지 기분 좋은 고민을 했다.

    N 씨는 남편과 함께 크리스티에서 발송된 경매도록을 살펴보다가 너무나 맘에 드는 피카소의 1964년 작 프린트 1점을 발견했다. 경매회사가 내놓은 추정가는 2,800달러에서 3,300달러(약 350~400만 원)였다. 그녀는 크리스티 스페셜리스트에게 메일을 보내 에디션 개수, 작품의 보존 상태, 액자 유무, 판화가 제작된 곳, 추가 이미지 검토 가능 여부 등 작품의 전반적인 상태에 대해서 다시 한 번 체크했다. 체크 결과, 문제가 없는 작품이었다. 남편과 상의 끝에 그녀는 런던 크리스티에서 열리는

금요일 경매에 참여하여 이 그림에 응찰하기로 했다.

경매가 열리는 런던 현지 시각은 금요일 저녁으로, 서울은 토요일 새벽이었다. N 씨 부부는 새벽에 일어나 커피를 마시며 크리스티 라이브 (온라인으로 경매 상황을 서비스하는 실시간 영상)를 보면서 피카소 그림이 경매에 부쳐질 순서를 기다리고 있었다. 요즘에는 경매를 온라인으로 생중계해주기 때문에 굳이 이 작품을 사려고 런던까지 갈 필요가 없다. 갔다가 경쟁이 과열되면 작품을 못 살 수도 있는데, 비행기표 값에 체류비까지 생각하면 적은 돈이 아니다. 게다가 경매에서 낙찰받지 못하면 비용을 고스란히 날리게 된다.

전화기가 울렸다. 그녀의 응찰을 도와줄 크리스티 담당 스페셜리스트다. 드디어 찍어두었던 피카소 프린트가 경매에 올라오는 순간이다. 시작가는 2,600달러였다.

2,600달러, 2,650달러, 2,700달러, 2,750달러, 2,800달러….

응찰자는 N 씨를 포함하여 모두 4명이었다. 그녀는 실제 현장에 가지 못했지만 배정받은 스페셜리스트를 통해 진행 상황을 알 수 있었다. 3,000달러까지 4명의 응찰자가 포기하지 않고 주거니 받거니 계속 응찰했다. 3,100달러부터는 응찰자가 2명으로 압축됐다.

3,200달러, 3,300달러.

그녀는 혼자 응찰했다. 갑자기 망설여지기 시작했지만 420만 원까지 응찰해보기로 사전에 계획한 터라 계속 응찰했다. 가슴이 두근거렸다.

3,300달러.

그녀가 팻말을 든 상황이다. 경쟁자가 응찰을 멈춘 듯했다.

3,300달러!

원화로 약 390만 원에 피카소 그림이 그녀에게 낙찰되는 순간이었다. 며칠 후면 그녀는 자신이 원하던 피카소 그림을 받아볼 수 있다는 생각에 가슴이 벅차올랐다.

이처럼 누구나 전 세계에서 거래되는 작품을 구입할 수 있다. 굳이 해외에 가지 않아도 내 집에 앉아서 내가 원하는 외국 작가의 작품을 구입할 수 있다. 그림 거래에 국경의 제약이 없기 때문이다. 오늘날 미국 전역의 미술관에서는 미국 출신 예술가의 작품뿐만 아니라 유럽과 아시아 출신 작가들의 작품까지 볼 수 있다. 그것도 수백 년 전 작가부터 동시대 작가까지 모두 포함해서다. 이는 역사적으로 그림 무역이 활발하게 이루어진 결과다. 문화재 유출로 심각한 문제가 되지 않는 한 그림 무역은 오히려 문화 교류나 국익 창출 차원에서 장려되어 왔다. 전 세계적으로 그림 면세 거래 지역이 많아지는 것도 그런 이유에서다. 그림 무역은 오늘날 점점 더 활발해지고 있다.

그러나 그림 투자 시 주의할 점이 있다. 각국의 그림시장은 주로 그 나라의 작가들에 의해 움직이거나 그 지역 그림시장만이 가지는 고유한 특성이 있다는 것이다. 세계적으로 명성을 떨치는 작가는 전 세계 어디에서도 거래할 수 있지만, 지역 작가들 중에는 해당 지역의 그림시장에서만 거래가 가능한 이들도 있다. 예를 들어 피카소나 앤디 워홀의 작품은 세계 어디서든 거래가 가능하다. 그러나 중동이나 러시아 컬렉터들이 조선시대 김홍도나 해외 활동이 전혀 없었던 장욱진, 이대원 같은 작가의 진가를 알아주기는 쉽지 않다. 전 세계 사람들이 동일한 작가의 작품을 구입하는 데 관심을 보이게 된 것은 전 세계 사람들이 모두 같은 미술사를 공부하기 때문이다. 즉, 20세기 현대 미술사 혹은 20세기 현대 미술사를 이끈 서양 미술사가 전 세계 사람들의 공통 관심사라는 뜻이다. 이에 반해 한국 미술사에 대한 관심은 주로 한국에 국한된다. 아울러 각 나라 그림시장마다 선호하는 시대의 작품이 다르기도 하다.

21세기로 진입하면서 각국의 그림시장에서 가장 큰 상승을 보인 것은 동시대 작가들의 작품이었다. 그런데 특이하게도 중국만큼은 현대 미술품보다 서예와 고미술품 시장이 더 크다. 중국 미술시장에서 서예와 고미술품 거래가 차지하는 비중은 80%에 달한다.

한국인이 유독 좋아하는 쿠사마 야요이의 '호박'

2000년 이후 쿠사마 야요이의 작품 가격은 2,000%가 넘게 상승했다. 쿠사마 야요이는 일본 작가지만 전 세계적인 인지도를 갖고 있다. 2013년에는 국내 그림시장에서도 큰 인기를 얻었다. 쿠사마의 작품은 한두 달 사이에 수천만 원이 올랐으며, 여기저기서 그녀의 작품을 찾았다. 나 역시 해외 동료들을 통해 국내에서 판매할 그녀의 작품들을 섭외하느라 바빴다. 그러나 쿠사마가 제작한 모든 시리즈의 작품이 국내에서

쿠사마 야요이, 〈호박(ABQ)〉, 캔버스에 아크릴, 22×27.5cm, 2002

인기를 얻었던 것은 아니다. 국내에서 쿠사마의 작품을 사려는 컬렉터들은 유독 〈호박〉 시리즈만 찾았다. 개중에는 〈인피니티 네츠〉 시리즈를 찾는 사람도 있다. 그러나 모든 〈인피니티 네츠〉 시리즈는 다른 색보다 하얀색 작품을 선호했다. 국내 그림시장의 수요가 쿠사마 일부 시리즈 작품에 한정되다 보니 나 역시 시장에서 찾는 작품이 〈호박〉, 흰색 〈인피니티〉로 한정됐다. 같이 일하는 뉴욕의 한 딜러는 한국에선 왜 〈호박〉만 찾는 것인지 의아해했다. 뉴욕에서는 〈호박〉보다 〈인피니티 네츠〉 시리즈나 조각이 더 인기 있었기 때문이다.

　쿠사마의 〈호박〉 시리즈에 대한 국내 컬렉터들의 편파적인 사랑은 다른 곳에서도 엿볼 수 있다. 유럽에서 쿠사마 야요이를 프로모션하는 런던 기반의 갤러리 빅토리아 미로가 2013년 홍콩 아트페어에 참여했다. 빅토리아 미로는 아시아, 특히 한국 컬렉터들이 쿠사마 작품을 많이 찾는다는 소문을 듣고 페어 기간에 쿠사마 작품을 주력으로 선보였다. 홍콩 아트페어뿐만 아니라 서울옥션, K옥션, 크리스티 경매에 소더비 아시아 아방가르드 전시까지 수많은 한국 컬렉터가 홍콩을 방문할 예정이었다. 당시 모두는 아닐지라도 다수의 컬렉터가 쿠사마 야요이의 '호박'을 선점하기를 마음속에 그리며 홍콩행 비행기에 몸을 실었을 것이다. 그러나 이 갤러리는 자신들이 가지고 나온 쿠사마 작품을 한국 컬렉터에게 거의 팔지 못했다. 이유는 단순했다. '호박'이 그려진 그림이 아니었기 때문이다.

지역적 특성을 활용한 그림 투자

개중에는 그림시장이 갖는 지역적 특성을 이용해 그림 컬렉션을 하는 사람들도 있다. 오랫동안 알고 지내는 의사 한 분은 매번 성공적인 투자로 딜러들 사이에서도 유명한 그림 투자 고수다. 2013년 가을, 그가 김창열 작품을 팔아 몇천만 원의 수익을 얻었다며 기분이 좋아 저녁을 사겠다고 연락을 해왔다.

2013년 상반기, 국내 그림시장에서는 쿠사마와 더불어 '물방울 화가'로 알려진 김창열이 큰 인기를 얻고 있었다. 항상 국내외 경매 이벤트를 눈여겨봐왔던 그는 프랑스의 한 경매에 김창열 그림이 국내 추정가보다 낮은 가격에 출품된 것을 발견했다. 혹시나 하는 생각에 응찰했는데 큰 경쟁 없이 시세보다 낮은 가격에 컬렉션할 수 있었다. 작품을 낙찰받고 몇 달 후 그는 김창열 작품을 2차 시장에 내놓아 구입 가격보다 4,000

만 원을 덧붙여 팔았다. 이쯤 되면 진짜 고수라 할 만하지 않은가.

이처럼 각 나라 지역 시장에서 거래되는 작가와 세계 시장에서 거래되는 작가에는 차이가 있다. 다시 말해, 국내(또는 현지) 미술시장에서 만날 수 있는 작가군과 세계 시장에서 만날 수 있는 작가군에 많은 차이가 있다. 이것이 지역 고유성이다. 지역 미술시장에서는 그 지역 대표 작가들을 주로 만나게 될 것이다. 예컨대 중국 미술시장에서는 주로 중국 작가들의 작품을, 한국 미술시장에서는 주로 한국 작가들의 작품을 주로 만나게 될 것이다. 그림 투자자들이 그림시장이 갖는 지역성을 잘 알고 투자에 적용한다면 단기간에 좋은 수익을 얻을 수 있는 기회가 생길 것이다.

그림시장에 소개되는 작가는 세 가지 유형으로 분류될 수 있다. 자국 그림시장에서만 통하는 작가, 자국 그림시장에서의 인지도보다 해외 미술시장에서 인지도가 더 높은 작가, 그리고 국적과 상관없이 전 세계 어디에서나 통하는 명성이 자자한 작가다. 그리고 전 세계에서 통하는 작가라 하더라도 지역마다 선호하는 작품이 다를 수 있다.

5장

고수들의
투자법만
따라해도
성공한다

A급
작품만
고집한다

시장에서 거래되는 2%의 작가들이 누구인지 알았다면, 이미 그림시장의 절반은 이해한 셈이다. 그 2%의 작가 중 시장이 주목하는 2%의 작가들이 누구인지까지 알았다면, 그림 투자의 절반은 성공한 것과 다름없다. 이번 장에서는 미술계에서 안목 높은 그림 애호가로 인정받거나, 그림시장의 노련한 투자 고수로 명성을 얻고 있는 컬렉터들의 공통된 컬렉션 습관, 컬렉션 원칙을 살펴보자. 어떤 일이든 시작하기에 앞서 실수와 실패를 최소화할 수 있는 가장 좋은 방법은 이미 같은 경험, 같은 고민을 해본 적이 있는 선배나 전문가의 조언을 얻는 것이다. 또는 그 분야 고수들의 숨겨진 노하우를 엿보는 것도 현명한 방법이다.

전 세계적으로 인기 있는 작가의 그림은 무조건 돈이 될까?

전 세계적으로 시장에서 가장 인기 있는 작가를 꼽으라면 누가 있을까? 우리도 모두 아는 작가들이다. 바로 앤디 워홀과 피카소다. 이들은 거래 빈도수, 거래 최고가, 거래 금액 면에서 해마다 최상위 순위를 차지한다. 그렇다면 국내 그림시장에서 가장 인기 있는 작가는 누구일까? 그림시장에 대해 잘 몰라도 언론매체를 통해 박수근이나 김환기 등의 이름은 많이 들어봤을 것이다. 이들은 대중적인 인지도만큼이나 시장에서도 거래가 활발한 작가들이다.

그렇다면 앤디 워홀, 피카소, 박수근, 김환기의 작품들을 사면 무조건 돈을 벌 수 있는 걸까? 그렇지 않다. 이 작가들의 작품 중에도 거래가 안 되거나 예상보다 가격이 오르지 않는 작품들이 있다. 통상적으로 시장에서 원활하게 거래되는 작품은 이들의 전체 작품 중 50% 정도이다. 통계적으로 볼 때 그중 수익을 낼 수 있는 작품은 30%에 불과하다. 경제학자 폴 새뮤얼슨은 1965년부터 2015년까지 경매에서 팔린 앤디 워홀(2,870점), 잭슨 폴락(160점)의 데이터를 분석했다. 잭슨 폴락은 1948~1950년에, 앤디 워홀은 1960년대 초에 그린 그림들이 가장 비싸게 팔렸다. 잭슨 폴락이나 앤디 워홀이 아무리 유명하다고 해도 모든 작품이 비싼 것은 아님을 알 수 있다. 어떤 작가를 선택하느냐 이상으로 중요한 것이 그 작가의 어떤 작품을 선택하느냐. 이 점은 아무리 강조해도 지나치지 않다.

앞서도 봤듯이 작품이 시장에 첫선을 보일 때 처음 거래가는 작품 크기를 기준으로 한 호당 가격으로 매겨진다. 그러나 한 번 거래됐던 작품이 재거래될 때는 같은 작가의 작품이라 하더라도 작가의 수작인지 태작인지, 혹은 작가의 대표 작품인지 아닌지에 따라 가격이 천차만별로 달라진다. 이러한 그림시장의 생리를 잘 아는 노련한 컬렉터들은 되팔 경우를 대비해 항상 A급 작품을 컬렉션하려고 애쓴다. 그림 가격의 차이를 만드는 것이 결국에는 A급 작품을 소장하고 있느냐, 아니냐 하는 점을 잘 알고 있기 때문이다.

그렇다면 작가의 A급 작품이란 어떤 작품을 말하는 걸까? 다른 말로 작가의 대표 작품, 수작이라고도 할 수 있는 A급 작품은 완성도가 높거나 작가의 주요 작업 재료로 제작된 작품, 시장이 선호하는 스타일의 작품을 말한다. 좀 더 구체적으로 설명하자면 원로 작가나 작고 작가인 경우에는 미술계에서 작가로서 인정받는 계기가 된 초기 작품들, 작가의 상징적인 화풍이 정립된 시기의 작품들, 역사적인 사건과 연관된 작품, 미술사에 기여한 작품, 특별한 사연이 있는 작품, 유명 소장자의 소장 이력이 있는 작품 등을 말한다. 여기서 완성도가 높은 작품이란 같은 시기에 제작된 작품이더라도 작가가 추구하는 독창적인 표현양식이 잘 드러나는 작품, 작가의 필력이나 에너지가 돋보이는 작품, 화면의 구성이나 균형이 안정감과 감동을 주어 다수의 공감대를 형성하는 작품을 말한다. 물론 완성도가 높을수록 수작이라는 평가를 받는다. 몇몇 실제 거래 사례를 통해 작품의 수준에 따라 얼마나 다른 결과를 가져올 수 있는지 살펴보자.

시기나 시리즈에 따라 달라지는 작품 가격

앞서 그림 가격을 결정하는 요인에서 작가의 명성과 더불어 제작 시기와 주제에 따라 시장에서 거래되는 그림 가격에 차이가 있음을 이야기했다.

김환기 작가를 통해 좀 더 구체적으로 살펴보자. 김환기는 우리 자연의 아름다운 모습, 민족적 정서, 망향 등을 주제로 1930년대부터 1970년대까지 작품 활동을 이어가며 다양한 화풍을 구사했다. 그는 제작 시기, 체류 장소에 따라 다양한 변화를 보여주는 독창적인 작품들을 선보였는데, 1950년대 전반까지는 주로 산, 마을, 바다, 집, 열차 같은 주변 대상들을 소재로 하여 전통 산수화와 서양 추상화를 혼합한 듯한 스타일의 그림을 그렸다. 그리고 1950년대 중반부터 1960년대 초반까지는 백자, 달, 매화, 산, 학 같은 한국의 자연과 한국의 전통을 모티브로 서정적인 리듬감이 느껴지는 반추상화를 주로 그렸다. 1960년대 중·후반에는 십자 구도와 색면 추상을 실험하는 시기였으며, 1970년대 이후 뉴욕에 체류하면서부터는 주로 점이 화면 전체를 채우는 전면점화를 탐구했다.

이런 변화를 거쳐온 김환기의 작품은 시기별로 가격이 어떠할까? 평균적으로 볼 때 그림시장에서 가장 비싸게 거래되는 그의 유화 작품은 1970년대에 제작된 점화 시리즈다. 1971~1974년에 제작한, 먹물이 번져 파인 것처럼 캔버스를 가득 채운 전면점화가 그림시장에서 가장 높은 가격대를 형성하고 있다. 2016년 여름 K옥션에서 국내 작품 최고가를 경신한 작품도 점화였다. 시장뿐만 아니라 미술계 역시 점화야말로 김환기 작품 세계의 절정을 보여준다고 평가하고 있다. 먹물처럼 번지는, 작지만 심오한 점들로 채워진 그의 점화는 예술·철학·문화 같은 인간 지식의 산물임과 더불어 세상에 존재하는 모든 것과 존재하지 않는 세계까지의 무한함을 포함한 작가의 자연관이 함축되어 있다. 이러한 그의 점화를 미술계에서는 한국 현대 추상화의 새로운 방향을 제시하는 것으로 평가하고 있다. 그 결과 시장에서 거래되는 김환기의 1970년대 점화 시리즈는 최소 3억에서 최대 54억 원의 가격대를 형성하고 있다.

그다음으로 시장에서 주목받는 시기의 작품은 1950년대 중반부터 1960년대 중반에 그린 반추상화들이다. 1950년대 중반부터 1960년대 초반의 반추상 작품들은 1억 5,000만 원부터 최대 20억 선까지의 거래 기록을 가지고 있다. 1960년대 중·후반의 십자 구도와 색면 추상 실험 시기의 작품은 1억 5,000만 원 선부터 7억 원 사이이고, 1950년대 초반의 작품들은 2억에서 10억 원 사이다. 물론 이 기록은 김환기의 유화 작품에만 국한된 것이며, 같은 시기라도 작품의 완성도와 대표성 여부, 작품의 크기에 따라 가격이 크게 달라진다.

특별한 사연을 품은 특별한 작품

김환기의 점화 시리즈 중에서도 가장 고가의 점화 작품은 무엇일까? 지금 그림시장에 나온다면 그의 최고가인 54억 원 기록을 갱신할 수 있는 작품은 어떤 작품일까? 추측건대 1970년 한국미술대상전에서 대상작으로 선정된 〈어디서 무엇이 되어 다시 만나랴〉(1970)가 아닐까 싶다. 〈어디서 무엇이 되어 다시 만나랴〉는 그때까지 김환기의 화풍에서 전혀 볼 수 없었던 전면점화를 선보인 작품으로, 작가는 이 작품을 기점으로 점화 시리즈를 본격적으로 발전시켰다.

미술사적으로 이 작품이 갖는 상징적 의미 외에도, 이 작품에는 한국의 대표 시인 김광섭과 예술적 교류를 한 흔적이 담겨 있어 더욱 특별하다. 김환기와 김광섭의 인연은 1939년 발행된 문예지 〈문장〉에 김환기의 수필과 김광섭의 시가 함께 실리면서 시작됐다. 이후 이들은 다른 문인

김환기, 16−Ⅳ−70 #166, 코튼에 유채, 232×172cm, 1970 (어디서 무엇이 되어 다시 만나랴 연작)
ⓒ Whanki Foundation·Whanki Museum

들과 회합하고, 때로는 서로 편지를 주고받으며 남다른 깊은 인연을 이어왔다. 김환기가 화풍이 바뀌는 중요한 시기에 작품 제목으로 가져온 '어디서 무엇이 되어 다시 만나랴'는 단순히 김광섭의 시 한 구절을 옮긴 것이 아니다. 당시 한국을 떠나 뉴욕에 체류 중이던 김환기는 날마다 저녁이면 뜰에 앉아 하늘의 별을 보며 〈저녁에〉를 읊조리면서 친구와 가족, 고향을 떠올리고 하나둘씩 세상을 떠나는 친구들에 대한 그리움을 달랬는데, 이러한 김환기의 애절한 그리움이 그의 작품, 그의 작품 제목에 그대로 녹아 있다. 그래서 사람들은 이 작품을 거장의 명작이라고 평가한다.

작가의 애착이 녹아 있는 작품

2007년 9월 서울옥션 경매에 김기창의 〈태양을 먹은 새〉가 출품됐다. 이 작품은 뜨거운 태양을 온몸으로 삼키고 비상하려는 생동감 넘치는 불새가 등장하는 38.5×31(cm) 크기의 작은 그림으로, 적·황·흑·백의 색깔이 조화를 이룬 수묵 채색화다. 당시 경매 전 프리뷰 전시를 찾은 사람들은 삼삼오오 모여 담소를 나누며 이 작품 앞에서 오랫동안 서 있었다. 경매 전부터 작품에 대한 경쟁이 치열할 것을 예고하는 것 같았다. 경매를 주최한 서울옥션은 경매가 시작되기 전 배포한 도록에 이 작품의 추정가를 2,500~3,000만 원으로 명시했다. 실제 경매는 낮은 추정가보다 500만 원 아래인 2,000만 원부터 시작됐다.

"2,100만, 2,200만, 2,300만, 4,000만…."

경매가 시작되자마자 경매사의 호가는 빠르게 올라갔고, 응찰자의 팻말도 빠르게 오르내렸다. 사람들의 웅성거리는 소리가 들렸다. 도대체 누가 팻말을 계속 들어 올리는 건지 확인하고 싶어 이리저리 고개를 돌려 주변을 살폈다. 주저 없이 팻말을 올리는 응찰자들이 목격됐다. 그들의 얼굴에서는 기필코 저 작품을 소유하고 말겠다는 굳은 결의가 읽혔으며, 모두 상기된 표정들이었다. 초반부터 경매는 쉽게 끝날 것 같지 않았다. 대부분 그림 한 점당 평균 경매 시간은 2~3분 정도지만, 예상했던 대로 이 그림에 대한 경매사의 호가는 10분이 넘게 지속됐다. 그림 가격은 경매사의 카랑카랑한 목소리에 맞춰 팻말을 들었다 내리는 손짓이 여기저기서 순식간에 지나가면서 5,000만 원을 넘고 1억 원을 넘었다. 경매장은 뜨거웠다. 경매사의 호가가 올라갈수록 관람석 역시 더욱 흥분했고, 여기저기서 웅성거리는 소리가 들렸다. 그동안 호가는 1억 7,000만 원을 넘어가고 있었다.

"1억 7,200만 원입니다. 1억 7,300만 원 하실 겁니까? 마무리해도 되겠습니까?"

경매사의 호가에 응찰자가 잠깐 주춤하는 듯 보였다. 관람하던 사람들은 이쯤에서 마무리되나 보다 생각했다. 이것만으로도 뉴스감이다. 1억 7,200만 원에 응찰한 사람에게 모두의 시선이 집중되었다. 모두 그 승자에게 박수를 쳐줄 준비가 되어 있었다. 그런데 이 그림을 도저히 포기할 수 없다는 듯 반대편에서 응찰 팻말이 올라왔다. 동시에 관람석에서 탄성이 터져 나왔다.

"1억 7,300만…. 아, 1억 7,400만! 다른 분입니다."

경매가 다시 진행됐다.

"1억 7,500만 원 하시겠습니까? 1억 7,600만, 700만 하십니까? 마무리하겠습니다."

응찰자가 또 한 번 주춤하는 듯했으나 경매는 재개됐다.

"1억 7,600만… 아, 1억 7,700만입니다. 1억 7,800만…"

경매사가 1억 7,800만 원의 팻말을 확인하고 900만을 불렀다.

"900만 없습니까?"

경매사는 관람석을 시작으로 전화 응찰과 서면 응찰을 받는 동료들이 앉아 있는 양쪽을 천천히 살핀다. 응찰할 사람이 더는 없음을 확인한 경매사가 외쳤다.

"마무리하겠습니다. 1억 7,800만, 1억 7,800만, 1억 7,800만! (쾅) 낙찰입니다. 고맙습니다. 패들 번호 52059! 52059번 손님께 1억 7,800만 원에 드렸습니다."

낙찰을 알리는 쾅 소리가 나자마자 경매를 관람하던 사람들은 누구 할 것 없이 52059번 패들을 든 응찰자 쪽을 향해 탄성을 지르고 환호하며 뜨거운 박수갈채를 보냈다.

그날 김기창의 〈태양을 먹은 새〉는 경매회사가 제시한 낮은 추정가보다 7배 이상, 높은 추정가보다도 6배 넘는 가격에 새로운 주인을 찾았다. 1930년대 초부터 1980년대까지 60년 동안 바보산수, 청록산수, 풍경, 정물, 동물화, 문자추상 등 약 2만 점을 남긴 김기창의 최고가 기록이 탄생하는 순간이었다.

이 작품은 어떻게 시장 평가 금액보다 6~7배나 높은 가격에 거래될 수 있었던 걸까? 게다가 시장에서 거래되는 작가의 〈청록산수〉나 〈바보산수〉는 대략 1,000만 원 안팎이다. 그것도 유찰되기 일쑤인데, 〈태양을 먹은 새〉는 어떻게 1억 7,800만 원에서 거래될 수 있었을까? 그 이유는 이 작품이 작가의 역작으로 평가되기 때문이다. 이 작품은 작가의 상징

김기창, 〈태양을 먹은 새〉, 두방에 수묵채색, 38.5×31cm, 1968

적 화풍인 〈바보산수〉와 〈청록산수〉를 선보이기 전 다양한 시도를 추구하던 탐색기에 제작됐다.

작품에는 뜨거운 정열을 상징하는 태양을 가슴에 삼키고 막 비상하려는 생동감 넘치는 불새가 등장한다. 서구 앵포르멜(informel, 제2차 세계대전 이후 프랑스를 중심으로 일어난 추상미술) 미술의 영향을 받아 추상적 표현과 구상적 표현이 뒤섞여 있으며 빠르고 대범한 붓놀림과 강렬한 색채가 인상적이다. 태양은 오래 식지 않는 정열 혹은 가슴 속에 품고 있는 울분을, 새는 자유를 상징하기도 하고 강렬한 붉은색에 힘찬 기운을 머금고 있어 새해를 송축하고 재앙을 막기 위한 세화(歲畵)의 역할도 한다. 연초 토정비결을 보거나 액막이용 부적을 쓰는 걸 이상하게 생각하지 않는 한국 사람들의 정서와 잘 맞는 작품이었다.

역작임과 동시에 이 작품은 작가가 평생 자신의 분신처럼 아꼈던 작품이다. 작가는 어린 시절 열병으로 청력을 잃었고 50대 중견작가로서 작업 활동이 한창이던 1960년대 중반에는 뇌출혈로 창작 활동을 지속하기 힘든 고난의 시기를 맞았었다. 이러한 상황에서 제작된 〈태양을 먹은 새〉에 작가는 자신이 처한 심정과 작품에 대한 열정을 투영했다. 그러니 작가로서도 이 작품에 남다른 애착이 갈 수밖에 없었을 것이다. 작가 생전 인터뷰에서 "온몸으로 붉게 타오르는 태양을 머금은 새는 우주로 비상하여 우주 자체를 집어삼키고 싶은 내 심정의 표현이기도 하다"라고 말함으로써 자기고백적이며 자화상과도 같은 이 작품에 대한 애착을 드러내기도 했다.

결국 〈태양을 먹은 새〉는 작가의 수작이며 작가가 가장 애착을 갖고 있는 작품이라는 것만으로도 그림시장의 주목을 받을 수 있는 작품이었던 것이다. 그렇다면 앞으로 〈태양을 먹은 새〉를 능가할 작가의 작품으로는 어떤 것이 있을까? 우리가 1만 원권 지폐에서 볼 수 있는 세종대왕 초상이 김기창의 작품인데, 그 초상 원본이 시장에 나온다면 작가의 최고가를 갈아치울 수 있지 않을까?

작품의 주제에 따라 시장의 선호도도 달라진다

같은 작가의 작품일지라도 시장 선호도, 유명 소장자의 소장 이력, 작가의 상징적인 작품 주제 등에 따라 가격이 달리 매겨진다. 2012년 9월 서울옥션 경매에 팝 작가인 이동기의 작품 2점이 경매에 올랐다. 이동기의 그림에는 항상 '아토마우스'라는 작가가 규정한 캐릭터가 등장한다. 이날 경매에 출품된 그림 중에서 하나는 아토마우스가 국수를 먹는 모습이 그려진 것이었고, 다른 하나는 아토마우스가 로봇과 싸우는, 즉 공상과학영화에서 흔히 볼 수 있는 영웅과 악당의 싸움 같은 형상이 그려져 있었다. 둘 다 이동기의 주재료인 캔버스에 아크릴 그림이었고, 크기도 72.8×61(cm)로 같았다. 경매회사 측은 두 작품의 추정가를 동일하게 900~1,200만 원으로 제시했다. 경매 결과는 어땠을까?

국수 먹는 아토마우스 그림은 1,200만 원에 낙찰됐고, 로봇과 싸우는 아토마우스는 950만 원에 낙찰됐다. 입찰 경쟁 또한 국수 먹는 아토마우스가 로봇과 싸우는 아토마우스보다 치열했다. 같은 작가의 그림인데 낙찰 가격이 이렇게 차이가 나는 건 왜일까? 컬렉터들 사이에서 이동기의 대표적인 작품 주제가 '국수 먹는 아토마우스'라는 인식이 보편화되어 있기 때문이다. 게다가 이동기의 〈국수 먹는 아토마우스〉 작품은 삼성 리움 미술관에서도 소장을 하고 있으며, 2011년 11월 서울옥션

174

홍콩 경매에 나온 또 다른 '국수 먹는 아토마우스' 그림이 3,200만 원에 낙찰된 기록이 있다. 상황이 이렇다 보니 이동기의 〈국수 먹는 아토마우스〉를 사려는 사람들이 많은 것이다.

작가의 상징적인 화풍이 정립된 시기의 작품들 가격이 더 높다

박서보는 2015년 그림시장 최고의 스타로 떠오른 단색화 대표 작가다. 2015년 그림시장의 화두는 단색화였고 다수의 단색화 작가들이 지난 10년 동안 적게는 5배에서 많게는 40배까지 가격 상승을 보였다. 그 중에서도 박서보 작품의 가격 상승 속도는 다른 단색화 작가들과 비교해서 월등히 높았다. 그가 한국 현대 미술사에서 여러모로 매우 중요한 위치에 있는 작가이기 때문이다.

박서보의 작품들은 개인적인 창작의 영역을 넘어 동시대 한국 추상 미술의 발전 과정과 긴밀한 상관관계를 가지며 제작되어 왔다. 전후 1세대 작가로서 사실주의 일색의 미술계에 도전장을 내밀고 격한 투쟁의 삶을 마다치 않았으며, 앵포르멜부터 단색화까지 항상 변화의 선두에 서서 최고의 예술가가 되려고 노력했다. 또한 그는 1970년대 단색화 운동과 함께 한국 현대 미술 운동의 중심에 섰다. 아울러 자신만의 독자적인 작업 스타일을 만들며 국제무대에서 한국 미술의 위상을 높이기도 했다. 그래서 다른 단색화 작가들보다 단연 더 많은 주목을 받을 수 있었던 것이다.

그는 현재 여든이 넘은 나이에도 왕성한 작업 활동을 하고 있다. 그의 1970~80년대 120호 〈묘법〉 시리즈는 최고 11억 6,000만 원에서 최저 6억 원을 호가한다. 그렇다면 그의 최신작 120호는 얼마에 거래될

박서보, 〈묘법, No.11-78〉, 마대에 연필과 유채, 227×181.6cm, 1978

까? 2015년 12월 기록을 살펴보면, 1억 2,000만 원에서 1억 4,000만 원 선에서 거래되고 있다. 같은 작가의 같은 크기 작품임에도 1970~80년대 제작된 작품이 다른 시기에 제작된 작품보다 더 높은 가격에 거래되는 것이다.

박서보의 작업 스타일은 1950년대 후반에는 앵포르멜 시기, 1960년대에는 원형질·유전질 작업이라는 추상표현주의 시기를 거쳐, 1970년대에 단색화 작업으로 변화했다. 1970년대 이후 선보인 〈묘법〉 연작은 작가의 작품세계를 집약적으로 보여주고 있는 작가의 가장 대표적인 작업으로 평가받고 있다. 이와 같은 미술사적 평가와 이미 30~40년 전에 제작된 작품이라는 희소성 때문에 최신작보다 구작이, 특히 1970~80년대 초기 〈묘법〉 작품들이 더 높은 가격을 형성하고 있는 것이다.

이처럼 같은 작가의 작품일지라도 시간이 지남에 따라 작가의 A급 작품이냐 아니냐에 따라 가격이 크게 달라진다. 투자 관점에서 볼 때 작가의 대표 작품 소장 여부가 수익에서 얼마나 큰 차이를 만드는지 이해할 수 있을 것이다.

그렇다면 A급 작품을 쉽게 알아볼 방법은 없을까? 통상적으로 작가의 중요한 전시에서 도록 표지를 장식했던 작품, 유명한 소장가가 소장했던 경력이 있는 작품이 대표작으로 간주된다. 이와 함께 작가가 팔기를 원하지 않았던 작품이나 유명 미술관에서 전시된 경력이 있는 작품을 찾으면 된다. 하지만 이렇게 설명해도 처음 그림시장에 입문하는 사람이 A급 작품인지 아닌지를 구분하기는 쉽지 않다. 게다가 A급 작품의 분류 기준이 작가마다 다르기 때문에 개별적인 작가 분석을 먼저 해야 한다. 작가의 A급 그림을 직접 선택하는 것이 여의치 않다면, 전문 딜러에게 자문을 구하는 것도 방법이다.

홍라희 리움 관장의 컬렉션(일부)

삼성 이건희, 홍라희 부부는 한국 최고의 컬렉터이다. 이번 주말 삼성 리움 미술관에 방문하여 이들이 그동안 수집한 국내외 작가들의 A급 작품을 살펴보는 것은 어떨까?

(*가나다 순으로 배열)

한국 근현대 미술 컬렉션

강익중 | 강홍구 | 곽인식 | 구본웅 | 구본창 | 권영우 | 권오상 | 권진규 | 김기창 | 김수자 | 김아타 | 김종영 | 김종학 | 김창열 | 김홍석 | 김홍주 | 김환기 | 문범 | 바이런 김 | 박노수 | 박래현 | 박서보 | 박수근 | 박이소 | 배병우 | 배영환 | 백남준 | 변관식 | 서도호 | 서세옥 | 송영수 | 송현숙 | 양혜규 | 오윤 | 오지호 | 오형근 | 유영국 | 윤명로 | 윤형근 | 이강소 | 이건용 | 이광호 | 이기봉 | 이동기 | 이불 | 이상범 | 이우환 | 이응노 | 이인성 | 이재이 | 이종상 | 이중섭 | 이형구 | 임옥상 | 장욱진 | 정상화 | 정연두 | 정영렬 | 정창섭 | 존 배 | 천경자 | 최만린 | 최우람 | 최욱경 | 하종현 | 황인기

해외 근현대 미술 컬렉션

가브리엘 오로즈코 | 게르하르트 리히터 | 게오르크 바젤리츠 | 길버트 앤 조지 | 나라 요시토모 | 나움 가보 | 대런 아몬드 | 댄 플래빈 | 데미안 허스트 | 데이비드 스미스 | 도널드 저드 | 로니 혼 | 로버트 라이먼 | 로버트 어윈 | 로즈 블레크너 | 루이스 부르주아 | 루치오 폰타나 | 리처드 프린스 | 마르셀 브로타스 | 마크 로스코 | 매튜 바니 | 모리스 루이스 | 무라카미 다카시 | 미야지마 다쓰오 | 바티 커 | 빌 비올라 | 샘 테일러 우

드 | 세실리 브라운 | 솔 르윗 | 수보드 굽타 | 스기모토 히로시 | 신디 셔먼 | 싸이 톰블리 | 아그네스 마틴 | 아니시 카푸어 | 아실 고르키 | 안드레아스 구르스키 | 안젤름 키퍼 | 안토니 카로 | 알렉산더 칼더 | 알베르토 자코메티 | 앤디 워홀 | 에드 라인하르트 | 에드워드 루셰 | 에바 헤세 | 엘즈워드 켈리 | 요나스 달버그 | 요셉 보이스 | 울라퍼 엘리아손 | 윌렘 드 쿠닝 | 이브 클랭 | 장 뒤뷔페 | 장 포트리에 | 장미셸 바스키아 | 장샤오강 | 제니 홀저 | 제임스 로젠퀴스트 | 제프 쿤스 | 조셉 앨버스 | 조셉 코넬 | 조안 미첼 | 존 체임벌린 | 지그마 폴케 | 쩡판즈 | 척 클로스 | 쿠사마 야요이 | 크리스토 | 클리퍼드 스틸 | 토마스 데만드 | 토마스 슈트루스 | 폴 매카시 | 프랜시스 베이컨 | 프랭크 스텔라 | 한스 아르프

비싼 작품과
비싸게 부르는 작품을
구별한다

똑같이 큰돈을 들이더라도 비싼 작품을 사는 것과 비싸게 부르는 작품을 사는 것은 엄연히 다르다.

2013년 초에 있었던 일이다. 오래전부터 알고 있던 친한 손님으로부터 문자를 받았다. 쿠사마 야요이의 1호 크기 〈호박〉을 찾아줄 수 있느냐는 문의였다. 당시 국내 그림시장은 쿠사마 야요이의 작품 가격이 범상치 않은 움직임을 보일 때였다. 시장 분위기를 예의주시하고 있던 사람이나 발 빠른 딜러들은 조만간 상승할 조짐이 보이는 쿠사마 야요이의 시장을 준비하기 위해 작품을 모으고 있었다. 마침 다른 손님으로부터 팔아달라는 부탁을 받은 15.8×22.7(cm)(1호 크기)의 작품이 있었다. 노란색 바탕에 전제적으로 완성도가 높은 구성을 보이는 선호도가 높은 1990년대 A급 작품이었다. 그러나 당시 시세보다 1,000만 원을 더 받고 팔고 싶어 하는 소장자의 강력한 요구가 있어서 손님들에게 선뜻 권하지 못하던 작품이었다. 사람들은 그림 가격 체계가 복잡하기 때문에 딜러들이 마음만 먹으면 가격을 부풀려 비싸게 팔 수 있으리라 생각한다. 그러나 요즘 손님들은 작품을 구입하기 전에 다양한 경로를 통해 작품 거래가를 조사하기 때문에 딜러 입장에서도 함부로 가격을 올려 불렀다가는 신뢰를 잃기 십상이다. 게다가 설령 비싸게 팔았다고 해도 나중에 되팔아줘야 하는 경우가 생기면 그 작품 가격의 부담을 고스란히 딜러가 안아야 하는 경우도 생긴다.

쿠사마 야요이의 작품을 찾던 손님에게 시세보다 비싸게 나온 작품이라고 미리 알려준 뒤 보여줬다. 그는 그림은 마음에 들어 했지만 4,000만 원을 호가하는 작품 구입을 그 자리에서 결정하기는 어려운 듯했다. 좀 더 생각해보겠다는 답변을 듣고는 헤어졌다. 이틀 뒤, 그 손님으로부터 작품을 구입하고 싶다는 연락이 왔다. 소장자에게 연락했더니, 500만 원을 더 받고 싶어 했다. 시세보다 1,500만 원이 더 비싼 가격이다. 딜러 처지에서는 이런 상황이 가장 조심스럽다. 작품을 찾던 손님은 조금 망설이긴 했으나 마침내 구입하기로 결정했다. 사실 이럴 때 그가 초보자라면 좀 더 고민해보라고 권하겠지만, 이 손님은 오랫동안 그림 컬렉션을 해왔기에 그 결정에 동의했다.

거래가 있고 다섯 달이 채 지나지 않아서의 일이다. 경매에 출품된 쿠사마 〈호박〉 시리즈가 연이어 높은 가격에 낙찰됐다. 경매가 아닌 2차 시장에서 쿠사마의 〈호박〉을 찾는 분들이 많아지면서 1호 크기의 노란색 〈호박〉이 시장에서 9,000만 원에서 1억 원을 호가했다. 2015년 12월 현재 기준으로 그 손님이 구입한 〈호박〉의 경매 추정가는 1억 2,000만 원에서 1억 8,000만 원이다. 2년 동안 가격이 2배 이상 상승한 것이다. 비록 구입할 당시에는 비싸게 사는 것 같았지만, 결과적으로 그 손님은 이 작품의 진가를 알아본 고수였다.

무조건 비싸게 살 필요는 없다

그렇다고 일부러 비싸게 살 필요는 없다. 그림을 구입할 때는 가격을 반드시 크로스체킹해서 최대한 좋은 가격(저렴한 가격)에 사는 것이 현명하다. 지금으로부터 10년도 더 지난 이야기다.

1964년에 제작된 앤디 워홀의 〈플라워〉를 사고 싶어 하는 사람이 있었다. 몇 년째 노래를 부르고 다닐 정도였다. 문제는 그 작품을 살 만한 충분한 예산이 없었다는 점이다. 가장 작은 크기의 캔버스 작품을 사더라도 수억 원의 예산이 필요했다. 하지만 그분이 그림 구매에 사용할 수 있는 예산은 최대 5,000만 원 선이었다. 어쨌거나 수년 동안 앤디 워홀 작품을 소장하고 싶어 하더니, 앤디 워홀에 대해선 웬만한 전문가 못지 않은 정보를 갖고 있었다.

그러던 어느 날 손님이 청담동에 있는 모 갤러리에서 앤디 워홀 작품을 제안했다며 한번 봐달라고 내게 연락을 했다. 대부분의 딜러들이 자신에게 작품을 구입하지 않더라도 한 번 인연을 맺은 손님이 다른 곳에서 작품을 구입할 때에는 조언을 해주곤 한다. 그림을 직접 보니 앤디 워홀의 〈플라워〉가 아닌 〈요셉 보이스*〉라는 예술가의 초상화였다. 그것도 캔버스 작품이 아니라 90장의 에디션이 있는 실크스크린 종이 작품이었다. 하지만 그가 갖고 있는 예산에서는 최선의 작품이라고 생각했던 모양이다. 원래 3,500만 원에 팔아야 하는 작품이지만, 자기에게는

앤디 워홀, 〈요셉 보이스〉, 보드에 실크스크린, 80×102cm

특별히 3,000만 원에 주기로 했다는 말도 덧붙였다. 그 밖에 자신의 예산에도 맞고, 현대 미술사에서 중요한 위치를 차지하는 화가의 초상화라는 점, 작품 크기도 81.2×60.9(cm)로 거실 벽에 걸어놓기도 적당하다는 점, 구성이나 색감이 좋다는 점 등을 설명하며 내게 이 작품을 구입

● 1986년 제작된 앤디 워홀의 〈요셉 보이스〉로 90개의 에디션이 있다. 거래 추정가는 1,000~2,500만 원이다. 1980년에 제작된 〈요셉 보이스〉 중에는 1억 원 이상을 호가하는 실크스크린 작품들도 있다.

해도 되겠다는 대답을 끌어내려 하는 눈치였다. 목소리만으로도 그 작품을 구입하고 싶어 하는 열망이 느껴졌다.

그런데 우연히도, 내 주변에 이 작품과 동일한 작품을 제안받은 손님이 또 있었다. 그는 갤러리가 아닌 프리랜서로 일하는 딜러에게 제안을 받았는데, 가격이 2,500만 원이었다. 3,000만 원에 금방이라도 구입할 기세인 그 손님에게 에디션 넘버가 다른 동일 작품이 2,500만 원에 시장에 나와 있다는 사실을 알려줬다. 그 손님은 갤러리에서 자신에게 바가지를 씌우려 한다며 크게 화를 내며, 결국 그 작품을 구입하지 않았다. 그렇다면 에디션만 다른, 동일 작품인데 어떻게 1,000만 원씩이나 차이가 나는 것일까?

그 일이 있고 나서 몇 달이 지난 후 사정을 알게 됐다. 한 딜러가 앤디 워홀의 〈요셉 보이스〉 판화 3점을 한국으로 가져왔다. 90장의 에디션이 있는 작품이기 때문에 여러 점을 가져올 수 있었던 것이다. 그는 알고 지내던 갤러리에 2점을 팔고, 1점은 직접 손님 찾기에 나섰던 모양이다. 딜러에게서 나온 작품과 갤러리에서 나온 작품의 가격 차이는 바로 갤러리 중개수수료였던 것이다. 다시 말해 유통 경로가 복잡해지면서 중간에 중개수수료가 추가된 것이다.

10년이 지난 지금, 그때 그 작품은 얼마나 할까? 2015년 여름, 이 작품의 에디션 2점이 한화로 각각 1,500만 원과 2,100만 원 선에 경매에서 낙찰됐다. 만일 10년 전 이 작품을 3,000만 원에 구입했다면, 앤디 워홀에 대한 그의 사랑이 사라졌을지도 모른다. 그래서 그림 투자를 하려면 비싼 작품과 비싸게 부르는 작품을 구분할 줄 알아야 한다. 비싼 작품과 작품을 비싸게 사는 것은 엄연히 다르다.

비싼 작품은 사도 되지만, 작품을 비싸게 사는 우를 범해서는 안 된다. 그러나 그림 컬렉션을 하다 보면 제안받은 그림이 항상 시세보다 비싸게 느껴진다. 원래 비싼 그림인지 비싸게 제안한 그림인지 판단하는 방법은 지속적인 그림 공부와 크로스체킹을 하는 수밖에 없다.

안전하고
보수적으로
투자한다

예술가들은 보통 사람들이 미처 생각지 못하는 혁신적인 아이디어와 뛰어난 감각을 가진 사람들이다. 그러나 그 예술품을 소비하는 그림시장 대다수의 컬렉터는 보수 중에서도 극보수의 성향을 띤다. 특히 투자를 주목적으로 한 컬렉터들은 나이, 컬렉션 기간, 성별을 불문하고 시장에 보수적으로 접근하는 특징이 있다.

보수적인 컬렉터들의 가장 보편적인 투자 기준은 전문가들의 미학적 가치평가와 작가의 과거 작품 거래 기록이다. 그들은 새로운 작가, 다른 사람들에게 잘 알려지지 않은 작가의 작품은 사려고 하지 않고, 다른 컬렉터들이 주로 수집하는 작가의 작품을 사려고 한다. 작품을 수집할 때 드러나는 컬렉터의 개성이라 하면, 고미술품을 선호하냐 현대 미술품을 선호하냐 하는 정도다. 물론 19세기 말 유럽 인상주의나 1980

년대 한국 민중미술 같은 특정 미술사조에 속하는 작가들의 작품을 주로 수집하는 사람들도 있고, 누드나 동물 등 특정 소재를 모티브로 하는 작품을 수집하는 사람들도 있다. 또, 작가의 아이디어가 잘 드러나는 드로잉이나 판화를 수집하는 사람들도 있다. 그러나 그들 모두가 주목하는 작가 명단에는 이변이 거의 없다. 특히 투자를 목적으로 한 컬렉터들은 자신의 개성과 취향에 기반을 둔 독자적 컬렉션을 해나가는 일이 거의 없다. 그림 수집에서 무엇보다 안전을 추구하는 것이다.

어찌 보면 당연한 일이다. 향후 작품을 되팔아 수익을 거둬야 하기 때문에 나만 좋아하는 작품이 아닌 타인들도 좋아할 수 있는 그림, 타인이 사줄 수 있는 그림을 컬렉션할 수밖에 없다. 그림시장에 트렌드가 있긴 하지만 그 흐름이 다른 분야보다 느리게 전개되는 것도, 한 번 미학적·상업적 가치를 인정받은 작가가 계속 그림시장을 이끄는 것도 컬렉터들의 보수적인 성향 때문이다.

작가를 선정하는 측면 외에 보수적인 컬렉터들에 의해 형성된 컬렉션 경향으로는 다음과 같은 것들이 있다.

- 대부분 보기에 좋은 것, 보관하기 쉬운 것, 이동하기 편한 것, 설치하기 쉬운 것을 찾는다.
- 세로보다는 가로로 긴 직사각형 혹은 정사각형의 그림을 선호한다.
- 되팔 때를 고려하여 이미 너무 고가인 그림은 구입하지 않는다.
- 그림을 구매할 때 본인 혼자 독단적으로 결정하지 않는다. 오랫동안 인연을 맺은 딜러나 전문가들에게 꼭 확인을 거친 후 작품을 구입한다.
- 난해하고 우울한 그림보다는 단순하고 편안하고 외관상 밝고 아름다운 그림을

찾는다.

- 작가의 극적인 생애가 반영된, 특별한 스토리가 있는 그림을 선호한다.

- 작가의 대표작을 찾는다.

- 작가의 노동력이 많이 드러나는 수공예적 작품에 더 매력을 느낀다.

- 가장 선호하는 장르는 캔버스에 아크릴로 그려진 그림이다. 그다음이 조각, 사진 순이다.

- 설치가 힘들거나 소모품으로 제작된 미디어 작품의 컬렉션을 어렵게 생각한다.

- 그림 중에서도 수채화보다는 유화, 가볍게 칠해진 유화보다 두껍게 칠해 붓 터치가 살아 있는 유화를 더 선호한다.

최고의 작품을
만났을 때
망설이지 않는다

서도호는 전 세계적으로 미술계의 주목을 받는 주요한 현대 작가다. 한국에서는 미술관 전시 외에 상업 갤러리에서 그의 작품을 만나기가 쉽지 않다. 국내에는 그의 작품을 거래하는 1차 시장이 없기 때문이다. 그는 현재 미국 뉴욕에 있는 리만머핀갤러리를 통해서만 작품을 거래하고 있다. 작품이 재거래되는 2차 시장에서도 매물로 나오는 서도호의 작품을 찾기란 쉽지 않다.

2년 전의 일이다. P 씨가 서도호 작품을 섭외해달라고 요청해왔다. 동료 딜러와 손님들에게 거래할 수 있는 작품이 있는지 물어봤으나 매물이 없었다. 그리고 한 달 정도 지나서 서도호의 〈표본〉 시리즈 작품 2점을 제안할 수 있다며 런던에서 일하는 동료 딜러에게 연락이 왔다. 그가 제안한 작품은 2012년 리움 미술관 개인전 때도 선보였던 작품으로 미술관 전시 경력이 있는 작품 자체 이력이 훌륭하고 정교함까지 돋보이는 수작들이었다. 시장에 형성되어 있는 서도호 작품가와 비교했을 때 가격도 나쁘지 않았으며, 무엇보다 이 작품들은 누가 봐도 서도호의 수작이었다. 그래서 곧바로 P 씨에게 서도호의 A급 작품을 찾았다고 연락했다. 하지만 막상 작품을 본 그는 결정을 내리지 못했다. 그런 상태로 한 달이라는 시간이 지났다. 나는 더 이상 기다릴 수 없어 런던의 동료에게 손님이 결정을 못 하고 있기 때문에 작품 홀딩을 포기하겠다는 의사를 전달했다.

그리고 2년 뒤 P 씨로부터 다시 서도호 작품을 찾아달라는 요청이 왔다. 아직 서도호의 작품을 컬렉션하지 못했다는 것이다. 나는 다시 판매 가능한 서도호 작품을 찾기 시작했다. 이번에는 여러 곳에서 서도호 작품을 가져올 수 있었지만 2년 전에 봤던 작품만큼 완성도나 가격 면에서 좋은 작품이 없었다. P 씨 역시 2년 전에 봤던 작품이 더 좋았다며, 그때 그 작품을 다시 찾아주면 안 되겠냐고 했다. 하지만 그가 원하는 작품을 다시 찾아줄 수 없었다. 원하는 작품이 항상 시장에 나와 있는 것은 아니기 때문이다.

대개 사람들은 자신이 돈이 없어 작품을 못 사는 것이지 시장에 작품이 없어 그림을 못 산다고는 생각하지 않는다. 그러나 작품이 항상 시장에 나와 있는 것은 아니다. 최신작이나 구작이나 할 것 없이 작가나 소장자가 작품을 판매하겠다고 결정해야 작품이 시장에 나오게 된다. 원하는 작가의 작품이 시장에 언제 나올지는 누구도 알 수 없다. 또 나오더라도 비공개로 거래되는 경우가 다반사기 때문에 나에게 구입할 기회가 돌아올지 어떨지도 알 수 없다. 공개 거래일지라도 시장에서 한 작가의 작품을 구입하고자 하는 경쟁자들이 많아지면 그 작가의 수작을 선점하기는 더욱 어렵다.

작품이 시장에 나와 있다 하더라도 작가의 의도, 작가의 컨디션, 제작 시기, 작가가 작업할 때의 주변 상황에 따라 한 작가에게서 창조되는 결과물이 모두 다르다. 이러한 이유로 완성도가 높은 작품이 나오기도 하고 작가의 필력이 덜 살아 있는 미완성인 듯한 작품이 나오기도 한다. 그림을 컬렉션하려면 작가의 A급 작품을 사야 한다고 말하는데, 그림시장의 특성상 같은 작가에게서 나오는 작품을 모두 비교해보고 살 수는 없다. 이쯤 되면 컬렉터가 작품을 구입하는 것이 아니라, 작품이 컬렉터를 선택한다고도 할 수 있다.

그렇다면 그림시장에서 구매의 최적기는 언제일까? 그림시장의 고수들은 자신이 작품 구매 타이밍을 계획하는 데 한계가 있다는 것을 잘 안다. 그래서 그들은 컬렉션을 서두르지 않는다. 시장을 항상 예의주시하고 있다가 자신이 구입하고 싶은 작가의 A급 작품을 만났을 때 그 순간을 놓치지 않는다. 그래서 미술시장에는 절대적인 갑도 절대적인 을도 존재하지 않는다.

시장에서 특정 작가의 작품을 구입하고자 하는 경쟁자들이 많아지면, 그 작가의 수작은 누가 선점하게 될까? 아마도 능력 있는 딜러와 더 깊은 신뢰 관계를 쌓은 사람이 될 것이다. 과열 양상을 보이는 시장에서 내가 원하는 작가의 작품을 구할 수 있는 사람과 가까운 관계인지 아닌지는 매우 중요한 요소다. 작품을 구할 기회조차 주어지지 않는 과열된 시장이나 시장에서 핫한 작가의 작품을 구해줄 수 있는 누군가(갤러리, 작가, 소장자, 아트 딜러)와의 친분은 생각지도 못한 행운을 안겨주기도 한다. 그래서 그림을 살 때나 그림시장을 방문할 때는 항상 예의를 갖추고 정도를 걸어야 한다. 미술시장에서는 절대적인 갑도 을도 없다.

자신만의
컬렉션 테마를
만든다

앤디 워홀 작품을 800여 점이나 모은 컬렉터가 있다. 그는 유대계 시리아인으로 뉴욕에 기반을 둔 컬렉터 호세 무그라비다. 호세가 소장한 앤디 워홀의 작품 수는 앤디 워홀 미술관에 소장된 그의 작품 수와 맞먹는 양이다. 그는 어떻게 앤디 워홀 작품을 800여 점이나 소장하게 된 것일까?

1985년 호세 무그라비는 자신이 즐겨 가던 뉴욕의 한 레스토랑에서 앤디 워홀의 작품을 처음 접하고 강렬한 인상을 받았다. 그러나 그때는 미술사에 대한 지식이 전무했기에 그냥 지나쳤다. 그랬던 그가 앤디 워홀의 작품을 구입하게 된 것은 앤디 워홀이 사망한 지 4개월 뒤인 1987년 스위스 바젤 아트페어에서였다. 출판 재벌 피터 브랜트와 미디어 재벌 새뮤얼 어빙 뉴하우스 주니어를 비롯하여 이미 그림시장에서 유명세를 누리는 인물들이 앤디 워홀 작품을 컬렉션하고 있다는 이야기를 들었기 때문이다. 그는 4개의 캔버스로 구성된 앤디 워홀의 〈다빈치의 최후의 만찬〉을 4,200만 원(3만 7,000달러)에 샀다. 그리고 1년 후인 1988년 6월에 4개의 캔버스 중 하나를 런던 필립스 드 퓨리에서 1억 1,500만 원(10만 3,500달러)에 팔았다. 1년 사이에 1점으로 179%의 수익을 얻고 나서도 그의 수중에는 여전히 3점의 앤디 워홀 작품이 있었다.

이 거래를 통해 호세는 본능적인 투자감각으로 앤디 워홀 작품의 가치가 해를 거듭할수록 더 크게 상승할 것이라 판단했다. 100년, 200년, 500년 후에도 앤디 워홀은 20세기 중·후반 미국 문화를 응축하는 작가로 평가될 것이라 보고, 그만큼 앤디 워홀 작품의 시장가치도 함께 오를 것이라 확신했다.

그는 그동안 모은 다른 작품들을 처분하고, 그 돈으로 앤디 워홀의 작품을 차근차근 사 모으기 시작했다. 작가의 수작이라면 시장 평가액의 2배를 주고서라도 꾸준히 사들였다. 호세가 앤디 워홀 작품을 본격적으로 수집하기 시작한 1980년대 후반만 해도 앤디 워홀 작품의 판매시장은 지금처럼 안정적이지 않았고, 대부분 가격도 그다지 높지 않았다. 시장에서 인기 있다는 1980년 작 〈마릴린〉과 〈캠벨 수프 캔〉 정도가 1억 8,000만 원(16만 5,000달러) 정도 했으나 다른 주제의 작품은 경매에서 종종 유찰되거나 시장에서 찾는 사람이 별로 없어 더 낮은 가격에도 살 수 있었다. 1987년 10월 주식시장이 하락한 이후에는 워홀의 작품 가격이 20~70%까지 하락하기도 했다.

그러나 호세는 이 기간을 자신이 갖고 싶었던 워홀의 작품을 대량으로 사들일 수 있는 절호의 기회라 생각하고 컬렉션에 적극 나섰다. 그는 투자가라면 호황기가 아닌 불황기에 더 적극적으로 그림 구매에 나서야 한다는 것을 잘 알고 있었다. 모든 시장이 그러하듯이 불황기에는 자신이 원하는 작품을 좀 더 저렴한 가격에 살 수 있기 때문이다.

호세는 탁월한 투자가였던 것일까? 실제로 지난 20년 동안 앤디 워홀에 베팅했던 몇몇 사람은 로또 1등에 당첨된 것 이상의 수익을 거뒀고, 호세 또한 그 행운의 주인공 중 한 사람이다. 그는 여전히 수백 점의 대표작을 보유한 소장자로서 앤디 워홀 시장에 관여하면서 그의 시장 가치를 형성하는 데 지대한 영향을 미치고 있다.

한 작가의 작품을 여러 점 소장하는 컬렉터들은 무그라비 외에도 많이 있다. 앞서 소개했던 엘리 브로드는 2015년 기준 제프 쿤스의 작품을 약 24점, 로이 리히텐슈타인의 작품을 30여 점 소장하고 있는 것으로 알려졌다. 그리스 사업가 다키스 조아노 역시 제프 쿤스의 작품 38점을 보유하고 있다. 국내에서도 서울미술관을 운영하는 유니온약품의 안병광 회장이 이중섭 마니아로 유명하다. 그는 1983년에 입사하여 영업사원으로 일하던 당시부터 이중섭의 작품을 꾸준히 수집해왔다.

이처럼 컬렉터들이 한 작가의 작품을 지속적으로 수집하는 이유는 크게 세 가지로 요약할 수 있다. 첫째, 이미 투자 가능한 작가는 한정되어 있으니 자신이 확신하는 작가에 올인하겠다는 생각이다. 둘째, 무그라비처럼 자신의 컬렉션 가치를 자신이 직접 통제하겠다는 전략에서다. 그러나 한 작가의 작품을 지속적으로 수집하는 컬렉터의 가장 큰 동기는 작가와 컬렉터가 동반자 관계라는 생각에서다. 이것이 세 번째 이유다. 소장자가 예술가의 지지자이자 홍보자가 됨으로써 작가와 함께 자신의 컬렉션 가치를 키워가겠다는 생각인 것이다. 앞서 언급한 두 가지 이유도 궁극적으로는 이 세 번째 이유로 귀결된다.

테마 컬렉션의 위력

꼭 한 작가에 몰입하지 않더라도 컬렉션 고수 중에는 한두 가지 테마를 가지고 작품을 수집하는 경우도 많다. 남녀의 성풍속을 그린 춘화만 수집하는 사람도 있고, 가족이나 사랑을 주제로 컬렉션하는 사람도 있다. 추상미술 혹은 팝아트 같은 특정 사조의 작품만 모으는 사람도 있다. 그림 투자의 고수들은 테마 컬렉션의 위력을 잘 알고 있기 때문이다. 테마 컬렉션을 하면 컬렉션의 정체성이 확실하기 때문에 지속적으로 그림을 수집할 수 있는 동기부여가 되고, 한 분야를 집중 연구하기 때문에 자신의 컬렉션에 대해 컬렉터 자신이 전문성을 가질 수 있다. 또한 컬렉션의 정체성이 확실하기 때문에 시장에서 프로모션 하기도 쉽다. 컬렉션을 하다 보면 컬렉션 중 어떤 작품은 계속 두고 봐도 좋은데, 어떤 작품은 완성도도 떨어지는 것 같고, 향후 작품을 되팔 때 새로운 주인을 찾기 어려울 것 같다는 생각이 들 때도 있다. 테마 컬렉션을 하면 완성도가 떨어지는 작품이라도 다른 작품과 엮어서 팔 수 있는 기회들이 생긴다.

앞서 잠깐 언급했던 하워드 파버는 1970년대부터 1990년대 중반까지는 미국 근대 미술 수집가로, 2000년대 초반에는 중국 현대 미술 수집가로, 현재는 쿠바 미술 수집가로 전 세계에 명성을 떨치면서 자신의 컬렉션 가치도 함께 높이고 있다.

하워드 파버가 처음 그림 컬렉션을 시작할 때 주목한 것은 주로 20세기 초반의 미국 근대 작품들이었다. 그가 입문할 때에는 500만 원 정도의 예산으로 미국 근대 작품을 구입하는 데 무리가 없었으나 해가 거듭될수록 미국 근대 미술품의 가격이 10배, 100배로 급격히 상승하여 더 이상 그가 가진 예산으로는 살 수 없게 되었다.

그러던 와중에 하워드 파버는 아내와 함께 1995년 홍콩을 여행할 기회가 생겼다. 그때 여행지에서 우연히 갤러리에 들렀다. 그곳에서 중국 현대 작가들의 작품을 처음 보고는 강렬한 이미지에 매료되었다. 당시만 해도 중국 현대 미술에 관심을 갖는 사람이 별로 없어서 작품 가격도 저렴했다. 중국이라는 국가가 가진 성장 잠재력에 비하면 중국 예술가들의 작품가가 너무 저평가되었다고 판단한 그는 소장하고 있던 미국 근현대 미술품을 처분하고 중국 현대 미술품으로 컬렉션 포트폴리오를 바꿔갔다. 이윽고 2000년대 중반, 전 세계적으로 중국 미술이 주목을 받으면서 그의 컬렉션도 주목을 받았다. 그는 중국 미술품 컬렉터 이상의 중국 미술 전문가로 인정받으며 전 세계 미술계와 미술시장의 러브콜을 받았다.

2007년 10월 그는 런던 필립스 드 퓨리에서 파버 컬렉션이라는 이름으로 특별 경매를 개최하여 소장하고 있던 중국 미술품 일부인 44점을 처분해 큰 수익을 얻었다. 현재에도 여전히 기회가 있을 때마다 중국 미술품을 수집하고 있으며, 최근에는 쿠바 미술품에 주목하여 컬렉션을 하고 있다.

그렇다면 국내 그림시장은 어떨까? 국내에도 테마 컬렉션을 하는 사람들이 꽤 있다. 그중 유명인사를 한 사람 꼽으라 하면 ㈜영창제지의 고청관재(青冠齋) 조재진 회장을 들 수 있다. 그는 1980년대 군사정권의 압박하에 시장의 큰 관심을 받지 못하던 민중미술가들에게 남다른 애착을 가졌다. 조 회장은 민중미술가들의 작품에 녹아 있는 예술성을 높이 샀다. 아내와 함께 이들과 교제를 나누며 작품을 하나둘씩 사들였다. 그리고 2007년 가나아트 갤러리에서 자신이 모은 민중미술 작가 23명의 작품 150여 점을 보여주는 청관재 컬렉션전을 열었다. 이 전시회는 1980년대 민중미술의 전체적 흐름을 보여주는 전시로 국내 미술계에 큰 화제를 불러일으켰다. 2016년 현재 민중미술로 분류되는 작가의 작품들은 단색화와 더불어 차세대 국내 미술시장 트렌드를 주도할 미술운동으로 국내 그림시장의 화두가 되고 있다.

이처럼 컬렉션 고수들이 하나의 주제로 컬렉션의 개성을 만드는 것은 한 작가의 작품을 꾸준히 컬렉션하는 것과 비슷한 이유에서다. 컬렉터를 넘어 미술계의 일원이자 미술계의 일부가 되고자 하는 생각, 자신의 컬렉션 가치는 자신이 주도적으로 높이겠다는 전략과 의지의 발현이다. 그리고 다른 한편으로는 하나의 테마에 집중함으로써 계속해서 컬렉션할 수 있는 원동력을 만들어내고, 자신의 컬렉션 분야에 관한 전문성으로 컬렉션 성공률을 높이기 위해서다.

그렇다면 테마 컬렉션을 하는 데 드는 예산은 어느 정도일까? 앞서 언급한 보걸 부부는 연봉 2만 달러라는 박봉으로 50여 년 동안 5,000여 점의 작품을 수집했다. 그림을 구입할 예산도, 보관할 공간도 넉넉지 않았기 때문에 주로 작가의 아이디어가 잘 반영된 드로잉이나 소품을 수집했다. 그러나 이들의 컬렉션은 20세기 미술사에서 중요한 위치를 차지하는 미니멀리즘과 개념미술의 흐름을 잘 보여주는 훌륭한 컬렉션으로 평가받고 있다. 벌써 열두 차례 미술관 전시에 초대됐고, 전 세계 미술 전문가들의 연구 대상이 되고 있다. 보걸 부부는 성공한 컬렉션으로 자신들을 뉴욕 미술계의 유명인사로 만들었을 뿐만 아니라 백만장자로 등극하기도 했다.

부자가 아니더라도 누구나 구매 예산에 맞춰 자기만의 컬렉션을 만들어갈 수 있다. 하지만 그 테마가 자기 자신의 만족과 기호에 맞춰져 있으면 안 된다. 다른 사람과 공감대를 형성할 수 있는 테마를 발굴해야 한다.

시장의 움직임을 주도하는 컬렉터

호세 무그라비의 큰아들 알베르토 무그라비는 클라리지 호텔 로비에서 휴대전화로 래리 가고시안과 통화하고 있었다. 화창한 2009년 6월, 이들은 앤디 워홀의 작품에 응찰하기 위해 런던에 있었다. 가고시안과 무그라비는 동일 작가의 수많은 작품을 컬렉션하고 있으며, 때로는 작품을 함께 구입하기도 한다. 그들이 이처럼 행보를 함께하는 이유는 단순히 작품을 살 때 작품 가격을 공동 부담한다는 데 있지 않다. 이들이 미술시장에 공개적으로 보여주고자 하는 것은 자신들이 같은 작가를 주목하고, 함께 투자하고 있다는 것이다. 그날 서로의 통화 내역이 공개된 것도 그런 이유에서다.

이제 몇 시간 후 런던 메이페어에 있는 소더비 본사에서는 현대 미술 이브닝 세일이 시작될 것이다. 오늘 경매에는 유럽의 유명한 컬렉터 조셉 포흐리치가 소장해왔던 게르하르트 리히터, 조지 바젤리츠, 프랭크 스텔라, 앤디 워홀의 작품들이 출품된다. 여기서 가고시안과 무그라비가 주목하는 것은 2점의 앤디 워홀 작품이다. 이들의 정보에 따르면 오늘 출품되는 3점의 앤디 워홀 작품 중 2점은 아직 입찰을 희망하는 사람이 없다. 이는 무그라비와 가고시안이 그 두 작품을 사야 한다는 것을 의미한다. 왜냐하면 그들은 앤디 워홀의 작품 가격이 하락하는 것을 기대하지 않기 때문이다. 만약 내일 신문에 지난밤 3점의 워홀 작품이 판매에 실패했다는 기사가 나온다면 어떤 일이 벌어지겠는가. 앤디 워홀 시장은 패닉에 빠질 것이고 아마도 워홀의 시장 가치가 천천히 떨어지다가 얼마 가지 않아 시장에서 거래 자체가 사라질지도 모른다. 이처럼 무그라비는 앤디 워홀 시장의 움직임을 직접 지휘한다.

6장

현명한 투자를
도와주는
그림 상식

10%의 투자 변수, 미학적 가치와 상업적 가치

그림 투자에서는 미래의 잠재력보다 작가 혹은 작품의 이력이 투자의 기준이 된다. 그래서 웬만큼의 노력만 하면 어떤 작가의 작품을 컬렉션해야 할지 감을 쉽게 잡을 수 있다. 이미 존재하는 자료를 분석하고 체크하면 되기 때문이다. 어려운 것은 그 이후부터다. 작가의 어떤 작품을 사야 할지 쉽게 결정하지 못하고 망설이게 된다.

소비자의 기호와 시장의 가치를 구분하라

그림 투자를 하다 보면 그림시장에 떠도는 비합리적으로 느껴지는 그림 투자 정보들이 있다. 모 작가의 작품은 꽃망울의 개수에 따라 작품 가격이 달라진다더라, 모 작가의 작품은 남자보다 여자를 그린 작품이 더 비싸다더라, 모 작가는 크기가 큰 그림보다 작고 예쁜 그림이 선호된다더라 등의 이야기다. 실제 작가들의 사례를 들어보자면 이런 것들이다.

- 박수근의 그림은 남성을 그린 작품보다 여성을 그린 작품이 더 선호된다.
- 천경자의 그림은 〈미인도〉가 여타 소재의 작품보다 시장에서 더 인기가 있다.
- 도상봉은 다양한 종류의 꽃을 그렸지만 라일락이나 안개꽃을 그린 그림이 더 비싸게 팔린다.
- 권옥연은 풍경이나 정물보다 여인을 소재로 한 작품이 가장 인기가 많다.
- 김창열의 작품은 같은 물방울 그림이라도 좀 더 사실적이고 밀도감 있게 그려진 1970년대 물방울 작품이 더 인기가 많다.
- 김창열의 작품은 물방울의 배경에 따라 가격이 달라진다(훈민정음이 쓰여 있는 작품이 가장 비싸고 그다음에는 아무것도 쓰여 있지 않은 배경, 한문 배경, 신문지에 그린 작품 순으로 가격이 달라진다).
- 이우환의 작품은 시리즈마다 가격 차이가 난다.
- 김종학의 그림은 눈 덮인 설경보다 짙은 초록으로 뒤덮인 하경을 그린 그림이 더 인기가 있다.
- 피카소를 현대 미술사의 거장 자리로 옮겨놓은 것은 큐비즘 양식의 작품들이지만, 가장 비싼 작품은 초기 청색 시대나 장밋빛 시대의 작품 혹은 말기의 초현실주의와 고전주의 양식이 나타나는 작품이다.

작가 구분 없이 일반적으로 시장에서 선호되는 장르, 주제, 소재, 재질, 표현양식 등에 대한 이야기도 있다.

- 누드는 풍만한 여성 누드가 남성 누드보다 더 잘 팔린다.

- 우울한 주제의 작품은 잘 팔리지 않는다.

- 세로 그림보다 가로 그림이 비싸다.

- 조각보다는 그림이 더 잘 팔린다.

- 수채화보다는 유화가 인기 있다.

- 물감을 가볍게 칠한 그림보다 두껍게 칠한 그림이 잘 팔린다.

- 어두운 그림보다 밝은 그림, 차가운 색의 그림보다는 따뜻한 색의 그림이 더 인기 있다.

이러한 평가 기준은 작품성과 전혀 상관 없이 컬렉터들의 공통된 선호사항들이 수렴되어 만들어진 시장적 가치다. 그래서 작품성과 그림시장의 선호도에 차이가 생길 수 있다. 이처럼 작품성과 상업적 가치에 차이가 생기는 이유는 무엇일까?

그림을 바라보는 관점, 그림에 거는 기대치가 서로 다르기 때문이다. 미술 전문가들이 그림의 가치를 평가할 때는 자신의 미학적·철학적 가치를 기초로 작가의 치열한 시대정신과 실험정신이 작품에 얼마나 반영됐는지를 중점적으로 본다. 이에 반해 컬렉터는 전문가들의 미학적 가치 평가도 살피지만, 최종적으로는 작품을 구입할 때 개인적 취향 혹은 대중성을 토대로 작품을 선택하는 사람이 많다. 미술계에서는 이렇다 할 평가가 없지만 대중적 취향을 자극하는 그림들로 그림시장에서 고가에 거래되는 작가들이 존재하는 이유는 이러한 컬렉터의 소비심리가 작용하기 때문이다.

그렇다면 그림 투자자들은 미술계 평가와 그림시장의 평가가 갖는

괴리 가운데서 어떻게 균형을 유지할 수 있을까? 우선 수집할 작가를 선정할 때는 그림시장의 거래 통계자료와 미술 전문가들의 미학적 평가를 바탕으로 해야 한다. 그다음 투자할 작품을 선택할 때는 그 작가의 어떤 특징, 어떤 요소들이 상업적 매력, 시장 경쟁력을 갖고 있는지 살펴봐야 한다.

투자 포인트를 독립적으로 판단하기가 어렵거나 자신이 없다면, 시장 전문가나 경험 많은 선배 컬렉터의 안목을 빌리면 된다. 그림시장에서 대중의 인기만으로 높은 가격을 형성한 작가의 작품은 그 작품가를 지지할 수 있는 근거가 미약하다. 시장이 성숙해질수록 미술계와 그림시장은 접합점을 찾기 마련이다. 그 접합점의 기준은 미술사적 가치다. 결국 미술계의 평가가 궁극적으로 그림 가격에 중요한 기준이 될 수밖에 없다는 이야기다.

Tip **미술계와 그림시장의 구분**

소비자의 기호와 미학적 가치가 어떻게 다른지 이해하기 어렵다면 미술계와 미술시장이 어떻게 구분되는지 알면 이해하기 쉽다. 넓은 의미에서 미술계는 미술시장을 포괄한다. 미술시장은 작품을 사고파는 사람들, 즉 딜러, 컬렉터, 옥션하우스에 한정되지만 미술계는 비평가, 큐레이터, 작가 등 상업적인 활동에 직접 연관되지 않은 사람들을 비롯하여 그림시장에 관련된 사람들을 포괄한다. 반면에 좁은 의미에서 미술계는 미술시장과 대립적인 관계로 자주 언급된다. 미술시장은 말 그대로 자본의 경제학을 바탕으로 한 작품이 거래되는 시장을 의미하고 미술계는 미학·미술사 같은 학계 혹은 작품의 미학적, 상징적 가치를 판단하는 시스템을 가리킨다. 여기서 언급되는 미술계는 주로 미술시장과 상반되는 개념을 말한다.

에디션의
개념을
이해하라

그림은 본질상 같은 작가의 작품이더라도 거래되는 작품들은 모두 다르다. 작가의 의도, 제작 시기, 작가가 작업할 때의 주변상황과 작가 자신의 몸과 마음 상태에 따라 창조되는 결과물이 달라지는 것이다. 다만 예외가 있는데, 사진·조각·미디어·작품·필름·판화 같은 장르에서는 태생 자체부터 복제가 가능하다는 개념을 함축하고 있다. 이런 장르에서는 같은 이미지의 작품이 여러 크기 혹은 여러 개의 에디션으로 존재할 수 있고, 때에 따라서는 각 에디션마다 시장 가격이 다르기도 하다. 그래서 이러한 작품을 관찰할 때, 그러니까 이러한 장르의 작품의 정보를 읽을 때 꼭 에디션(ed.) 혹은 넘버링(numbering)을 눈여겨봐야 한다. 에디션이란 원본에 해당하는 작품을 표준으로 매체, 기법, 크기를 달리하여 여러 장을 찍어낸 경우 각 작품에 붙여진 일련번호를 말한다. 예를 들어 3/100이라고 할 때 분모에 해당하는 숫자 100은 찍은 작품의 총매수를 가리키며, 분자 3은 100장 중에서 세 번째 찍어낸 작품임을 뜻한다. 이 에디션은 그림 투자 시 수익과 직결되는 개념이기도 하기 때문에 그림 투자자라면 반드시 이해하고 있어야 한다. 그렇다면 장르별로 에디션이 갖는 의미를 살펴보자.

사진 넘버링

사진은 인화된 순서가 이를수록, 다시 말해 네거티브 필름과 시간상으로 가까운 것일수록 시장 가치가 높다. 네거티브 다음으로 비싼 것이 빈티지 프린트(vintage print)다. 빈티지 프린트는 네거티브 필름이 만들어지고 난 후 5년 안에 제작된 인쇄본을 말하며, 일반적으로 사진작가가 직접 인쇄한다. 촬영과 인화 사이의 시간이 가까울수록 작가의 주관적 인상이 인화에 더 잘 반영되기 때문에 빈티지 프린트가 5년 후에 인화된 사진들보다 가격이 높게 책정되는 것이다. 이러한 단계를 지나고 나서 상업적 의도에서 인쇄된 인화물들을 피리어드 프린트(period print)라 한다. 그리고 시간이 오래 경과한 후 작가 자신이 인화하거나 작가가 인정한 사람이 제작한 프린트를 모던 프린트(modern print)라고 한다. 모던 프린트는 작가가 직접 관여했는지, 작가 사후에 제작된 것인지에 따라서 가치가 달라진다. 작가가 죽고 나서 유산 관리인이 지시해서 만든 복제된 모던 프린트들은 따로 에스테이트 프린트(estate print)라고 부르기도 한다.

시장에서는 피리어드 프린트가 모던 프린트보다 비싸며, 모던 프린트는 작가 생존 시의 작품이 작가 사후에 제작된 작품보다 비싸게 거래된다. 아울러 일부 사진가들은 피리어드 프린트도 에디션 넘버에 따라 작품 가격을 다르게 책정하기도 하는데, 일반적으로 에디션의 넘버가 올라갈수록 판매 가격을 높인다. 동일한 작품임에도 다른 가격을 책정하는 이유는, 먼저 구매하는 사람에게 주는 혜택과 판매로 작품 수가 줄어들면서 생기는 희소성의 가치를 반영하기 위한 것이다.

조각품

조각에서는 돌이나 나무 같은 재료로 만들어진 작품은 예외이고, 청동처럼 주조(鑄造)가 가능한 재질로 만들어진 작품이 에디션의 개념을 갖는다. 조각은 대부분 12개 이하의 에디션을 제작하지만 이 또한 작가마다 다르다. 에디션 번호는 미술관 같은 공공기관에 소장되는 작품에는 로마 숫자(I/IV, III/IV 등)로 매겨지며, 주로 미술시장에서 개인 컬렉터들 사이에서 거래되는 작품들에는 아라비아 숫자(1/5, 4/5 등)로 매겨진다. 조각의 에디션은 대개 필요에 따라 한 작품씩 주조되며 작가 사인, 에디션 넘버와 함께 주조된 날짜가 새겨지는 경우가 많다.

조각 역시 작가 생존 시 주조된 것인지 사후에 주조된 것인지에 따라 가격 차이가 난다. 오늘날 세계에서 가장 비싼 가격에 거래되는 조각가는 이미 작고한 스위스 알베르토 자코메티. 청동을 주소재로 작업을 했던 그는 작품을 제작할 때 주로 그의 형제 디에코 자코메티의 도움을 받았다. 자코메티가 석고 모형을 완성하고 나면 그의 형제 디에코가 자코메티의 가이드라인에 따라 이 석고에 청동을 붓고, 작품 완성을 위한 마무리 작업을 하는 식으로 분업이 이루어졌다. 자코메티 사후에도 디에코는 자코메티가 설계한 합법적인 조건 아래서 자코메티가 남긴 석고모형을 기반으로 필요에 따라 조각을 주조했다. 그러나 미술시장에서는 자코메티 생존 시기에 주조된 조각과 사후에 주조된 조각은 동일한 형태의 작품일지라도 현격한 가격 차이가 난다. 청동 주조나 사진 인화는 원본은 아니지만 복사도 아닌, 원본 없는 복사다. 그럼에도 그림시장에서는 이와 같은 무형의 개념적 잣대들이 작품 가격을 결정하는 데큰 영향을 미친다.

판화 에디션

판화도 에디션 작업이다. 앤디 워홀처럼 실크스크린이라는 판화 기법이 원래 자신의 주된 작업 기법인 작가들도 있지만, 캔버스에 그림을 그리는 화가 중에도 원본 그림을 기반으로 한정된 수량의 판화를 양산하는 경우가 있다. 주로 시장에서 인기 있는 작가의 오리지널 그림이 너무비싼 경우 한정된 수량의 판화가 제작된다.

판화 기법은 제작 기법도 다양하다. 공판화(실크스크린), 목판화, 동판화(에칭), 석판화(평판화, 모노타이프)가 대표적이다. 공판화는 판에 구멍을뚫고 여기에 물감을 통과시킴으로써 종이에 묻게 하는 방법인데, 등사판을 생각하면 쉽다. 볼록판화의 일종인 목판화는 목재를 판재(版材)로하여 조각한 작품에 직접 채색하여 종이나 천 따위에 찍어낸 판화를 말한다. 동판화는 오목판화로, 볼록판화와는 반대로 생각하면 된다. 조각이 되어 오목하게 팬 부분에 잉크를 밀어 넣고 튀어나온 부분에 묻은잉크를 닦아낸 다음, 기계(프레스기)의 힘으로 눌러서 찍어내는 기법이다. 석판화는 잉크가 스며들지 않는 판(유리, 돌 등)에 그림을 그려 찍어내는형식의 판화다. 판화 제작 기법은 작가의 작업 방향에 따라 작가가 선택한다.

　그렇다면 판화는 어떻게 투자 가치를 갖게 될까? 판화의 시장가치를 결정하는 요인 중 가장 중요한 것은 우선 작가의 명성이 되겠지만, 그 외에도 어떤 판화 기법으로 제작됐는지, 어떤 바탕에 인쇄됐는지, 수량이 얼마나 되는지, 판화 제작에 작가가 개입을 했는지 안 했는지, 에디션 넘버가 무엇인지 등이 판화의 시장가치를 결정하게 된다. 아울러 판화는 같은 이미지의 작품이 여러 점 존재하지만 작품이 재거래되면서 유통 경로, 유통 시점에 따라 가격차가 난다.

　시장에 처음 출시되는 판화는 대개 에디션 넘버가 작품의 우열과는 관계가 없는 것처럼 보인다. 즉 1/100이나 99/100나 작품의 가치에는 전혀 차이가 없어 보인다는 뜻이다. 그러나 사실 에디션 넘버도 판화의 종류에 따라 작품가에 차별화를 줄 수도 있고 작품가에 전혀 영향을 미치지 않는 경우도 있다. 구체적으로 설명하면, 석판화는 에디션 넘버의 높고 낮음이 크게 중요치 않다. 아무리 많이 찍더라도 원판의 훼손 우려가 없기 때문이다. 하지만 목판화나 동판화는 에디션이 일정 한도를 넘어서면 원판의 상태가 훼손될 수 있기 때문에 넘버가 낮은 것이 좋다.

　판화의 수량도 작품가에 영향을 미친다. 오프셋(offset)판화라는 것이 있다. 석판화나 밑그림의 데생과 일단 인쇄된 종이의 화상을 원압(圓壓) 프레스를 통하여 다른 종이에 다시 박는 방법이다. 거의 복사기처럼 무한정 찍어낼 수 있는 인쇄물에 가까운 판화다. 실제 오프셋판화는 대부분 제작 수량이 많다. 이런 작품도 그림시장에서 빈번하게 거래되는 것을 볼 수 있으며, 무라카미 다카시를 비롯한 일부 작가의 오프셋판화는 가격대도 수백만 원에서 수천만 원대까지 형성되고 있다. 그러나 전문가들 중에는 오프셋으로 제작된 판화는 포스터나 단순 인쇄물이지 작품이라고 보지 않는 경우도 있다. 투자가 목적인 컬렉션이라면 판화 작품을 살 때 어떤 기법으로 제작됐는지, 수량이 얼마나 되는지 반드시 체크해야 한다. 작품의 희소성은 그림 가격이 상승하는 데 핵심 요소이기 때문이다.

에디션 작품을 구입할 때는 기본적으로 다음과 같은 사항을 꼭 체크하자.

- 어디서 제작된 판화인가? 판화업체가 명성이 있는 곳인가?
- 어떤 종류의 판화인가? 단순히 석판화인가, 아니면 오프셋 석판화인가?
- 목판화나 동판화라면 몇 번째 찍혀진 작품인가?
- 어디에 찍힌 판화인가? 종이인가, 캔버스인가?
- 에디션 수량이 몇 개인가?
- 작가가 직접 개입하여 찍은 판화인가? 작가의 개입 여부를 가장 쉽게 알아보는 방법은 작가의 사인이 있는지 없는지를 확인하는 것이다. 그리고 작가 생존 시 제작된 판화인지 작가 사후에 제작된 판화인지도 확인해봐야 한다.

 Tip A.P.(artist's proof)

판화 중에 넘버링(에디션 표시)과 다르게 'A.P.'라고 명시되어 있는 것들을 가끔 볼 수 있다. A.P.는 상업적 목적에 따라 제작된 것이 아닌 작가 소장용 판화라는 표시다. 작가가 기념으로 소장하기 위해 제작된 판화이거나 판화 제작 시 테스트를 위해 시범적으로 찍은 판화, 혹은 작가가 영리를 목적으로 하지 않고 지인들에게 선물하기 위해 찍은 작품이다. 주로 전체 에디션의 10% 미만으로 제작하며, A.P. 작품은 에디션 수량에 포함되지 않는다.

예를 들어, 판화를 50장 찍었다면 시장에서 거래되는 판화에는 1/50, 2/50, 3/50 … 50/50이라는 에디션이 붙게 된다. A.P. 작품은 이 에디션과 열외로 추가 제작된 작품이므로 번호가 매겨지지 않는다. 그러나 가끔 그림시장에서 A.P.라고 명시된 작품이 유통되기도 한다. 주로 작가로부터 선물 받은 작품들이 도는 경우다. 작가는 A.P. 작품이 유통되는 데 일절 개입하지 않는다. 그래서 그림시장에서는 A.P.가 명시된 작품보다 넘버링이 된 작품을 선호하지만, 통상적으로 작가 사후에는 A.P.라고 쓰인 작품이나 넘버링이 된 작품이나 큰 차이가 없다.

오윤 판화의 시장 가치

오윤은 1980년대 한국 민중미술의 중심에 있었던 대표적인 근현대 작가다. 조각칼의 거친 느낌과 1980년대 민중정신이 강렬하게 살아 있는 오윤 판화들은 40세에 그가 요절한 이후 미술계뿐만 아니라 그림시장에서도 큰 관심을 받고 있다. 유화작품도 있지만 주로 목판과 고무판을 이용한 판화 작업과 다수의 드로잉을 남겼다.

오윤의 판화는 크게 생존판화와 사후판화로 구분되며, 생존판화가 사후판화보다 월등히 비싸다. 그리고 사인, 낙관 에디션 표시가 있는 것과 없는 것, 천에 제작된 것, 종이에 제작된 것인지에 따라 가격차가 있다. 현재 화랑가에서 오윤 작가의 생존판화는 700만 원에서 4,700만 원, 드로잉은 500만 원에서 800만 원 사이, 그리고 사후판화는 100만 원~200만 원 정도로 거래되고 있다. 생존판화의 수도 적고, 사후판화도 더 이상 제작되지 않기 때문에 오윤의 판화는 생존판화, 사후판화

구분할 것 없이 희소성의 원칙에 따라 시간이 지날수록 상승할 가능성
이 높다.

 오리지널 판화의 정의 ─────────────────

화가 혹은 판화가는 오로지 자신의 판단 아래 판화 작품의 매수와 테크닉을 결정지을
권리를 갖는다. 모든 판화 작품에는 그것이 오리지널임을 나타내기 위하여 작가의 사인
뿐만 아니라 전체 에디션 매수와 함께 일련번호가 기재되어야 한다. 일단 에디션이 끝난
판은, 그 판이 목판이든 석판이든 그 밖에 어떤 판이든 간에 에디션이 끝났음을 알리는
뚜렷한 마크를 표시하거나 아니면 훼손하는 것이 바람직하다.

위의 원칙들은 오리지널 작품이라고 생각되는 판화 작품, 즉 작가 자신이 원래의 판을
제작하는 경우(나무판을 직접 깎거나 돌 위에서 실제로 작업을 하는 등)의 판화 작품에 적용되
며, 그렇지 않은 경우에는 복사품으로 간주해야 한다.

복사품은 오리지널 작품과 확연히 구별할 수 있도록 그것이 복사품임을 밝히는 것이 바
람직하다. 특히 찍혀 나온 정도가 오리지널에 상당히 흡사한 복사품인 경우에는 그것이
인쇄공에 의하여 찍혀 나온 것임을 알 수 있도록 작가의 이름과 인쇄소나 인쇄공의 이
름을 명기하는 것이 바람직하다.

– 국제 화가·조각가·판화가 협회

딜러들이
그림 투자를
적극 권유하지 않는 이유

많은 사람이 그림 투자가 가능하다고 말하지만, 정작 그림시장의 중심에 있는 딜러들은 그림 투자를 적극 권하지 않는다. 왜 그럴까? 떠도는 소문에 따르면 그림시장은 합법적인 내부자 거래 시장이라고도 하던데, 특권층이라 자부하는 그들이 자신들만의 리그에 일반인을 끼워주지 않으려는 속셈인 걸까?

딜러들이 그림 투자를 적극 권하지 못하는 첫 번째 이유는 그림시장의 유동성이 낮기 때문이다. 2005년 봄부터 2007년 여름까지 국내 그림시장은 무척이나 뜨거웠다. 그림 가격이 하루가 다르게 오르다 보니 당시 시장에서 인기 있는 그림을 살 만한 능력만 된다면 그림을 구매하고 하루 만에도 수백에서 수천만 원을 벌 수 있었다. 컬렉터나 딜러들 모두 흥분 상태였다. 딜러들은 그림을 팔면서도 컬렉터에게 생색을 낼 수 있었고, 그림을 손에 넣은 컬렉터들은 자신들이 시장의 VIP라고 생각했다. 이러한 시장 분위기는 영원할 것처럼 보였다. 그러나 2007년, 찬바람이 불어오는 계절보다 앞서 그림시장은 한순간에 차갑게 식어버렸다. 딜러들은 그림시장의 생리도 모른 채 고점에 뛰어든 초보 투자자들의 급매물들을 떠안아야 했다. 하지만 이미 열기가 가신 시장에서는 거래가 제대로 일어나지 않았기에 엄청난 판매 부담감에 시달려야 했다.

두 번째 이유는 컬렉터와 딜러의 관계 때문이다. 대다수 딜러는 당연지사 단골손님에게 좋은 작품을 권하기 마련이다. 딜러 처지에서는 시장이 호황이든 불황이든 꾸준히 그림을 사주는 단골손님에게 고마운 마음, 보답하고 싶은 마음이 생기는 것이 인지상정이다. 이렇게 딜러와 컬렉터 사이에 쌓인 신뢰가 그림시장의 질서를 유지하고 작가를 보호한다. 그런데 그림시장에 처음 들어선 사람들에게는 이런 풍토가 내부자 거래처럼 비치기도 한다. 그림 구매자가 처음부터 단골손님과 같은 대접을 받을 수는 없다. 하지만 꾸준한 시장 탐방을 통해 딜러들과 안면을 익혀나가면, 딜러들은 단골이 아니더라도 그림 구매에 유용한 조언을 해준다. 새로운 손님이 나중에 단골손님이 되고 VIP 고객이 된다는 것을 딜러들도 잘 알고 있기 때문이다.

세 번째 이유는 대부분 딜러가 과거에 열정적인 컬렉터였거나 기본적으로 예술가, 그림에 대한 열정이 있는 사람들이라는 점이다. 그림을 판매하는 것이 생계를 이어가는 수단임에도, 많은 딜러가 그림이 갖는 감성적·미학적 가치가 단순히 돈이라는 교환적 가치에 따라 결정되는 것을 경계한다. 그래서 그림 투자를 목적으로 시장에 입문한 컬렉터들에게 그림 투자가 가능하다고 말하면서도, 그림을 투자 대상으로 보기 전에 한 인간의 창의력과 열정이 집약된 예술로 보고 그것을 향유하라고 권유하는 딜러들이 많다. 그 말은 가식이 아닌 진심이다. 그림 컬렉션을 통해 정서적·물질적 풍요로움이라는 두 마리 토끼를 잡고 싶다면 딜러들의 진심 어린 조언을 간과하지 말아야 한다.

위작을
피해가는
방법

　과거 갤러리에서 일할 때 있었던 일이다. 가끔 갤러리에서 작품을 구입하던 H 씨가 연락을 해왔다. 그는 우리 갤러리에서 이대원 작품을 거래하는지 물었다. 두 달 전 인사동에서 친구들과 돈을 모아 20호 정도의 이대원 작품을 샀는데, 아무래도 위작으로 보인다는 것이다. 나한테 전화하기 전에 이대원 작품을 잘 아는 컬렉터에게 보여줬는데 위작 같다는 답변을 들었다고 한다. 문제는 위작이라는 말을 듣고는 구입한 화랑에 반품을 요청했는데, 진품이라며 반품을 받아주지 않는다는 것이었다. 더구나 작품을 구입할 때 감정서나 진품임을 보장하는 보증서도 받지 않았기에 더욱 난감하다고 했다. 2억이 넘는 고가의 작품을 구입하면서 감정서나 보증서를 받지 않았다는 사실에 나는 말문이 막혔다. H 씨는 내가 일하는 갤러리에서 공신력 있는 감정기관을 연계해줄 수 없을까 하고 연락했던 것이다.

하지만 갤러리 입장에서도 위작 시비는 매우 예민한 문제다. 갤러리에서 직접 거래된 작품이 아닌 타 갤러리에서 거래된 작품의 진위 의혹에 대해 조언을 해주는 것은 매우 조심스러울 수밖에 없다. 그래서 직접 도움을 드릴 순 없었고 한국미술품감정협회라는 곳에 감정을 의뢰해보는 것이 어떻겠냐는 말씀밖에 드리지 못했다. 몇 달 후 다시 갤러리를 찾은 H 씨는 결국 자신이 구입한 이대원 작품은 위작으로 판명이 났다고 했다. 문제는 그 갤러리에서는 여전히 진품이라고 주장하고 있어서 환불 문제로 소송 중에 있다고 했다.

위작과 그림시장

이 책을 탈고하는 시점에도 국내 그림시장에서 이우환 작가의 위작 문제가 터져 미술계 안팎이 시끄러웠다. 이우환은 박수근, 김환기와 더불어 한국 그림시장을 견인해온 대표 작가이자 해외 지명도가 높은 단색화 작가다. 이우환은 지난 10년 동안 그림 투자자들에게 가장 높은 수익을 안겨준 작가 중 한 사람이기도 하다. 이우환 작품은 2000년 이래 그림 가격이 200% 이상 상승한 것으로 알려졌다. 그림시장에서 이우환 작품으로 쏠쏠한 수익을 본 사람들의 이야기를 접하는 것은 어렵지 않다. 그중 공개적으로 알려진 사례가 소더비 뉴욕 경매에서 16억 3,000만 원에 낙찰된 1979년 작 〈선으로부터〉이다.

이 작품은 2007년 3월 K옥션 경매에 출품되어 5억 6,000만 원에 낙찰된 기록이 있다. 5년 동안 3배 이상 상승한 것이다. 2007년 가을 경매에서 16억 원에 팔린 이후환의 〈선으로부터〉를 출품한 소장자는 그 작품을 경매에 내놓기 3년 전 화랑에서 3억 5,000만 원에 구입한 것이다. 이우환은 일본에서도 오랫동안 작품 활동을 하면서 일본 현대 미술에도 큰 영향을 미쳤기 때문에 그의 작품은 국내 미술시장뿐만 아니라 일본 미술시장에서도 종종 볼 수 있다.

그러나 이우환은 2015년 12월 K옥션 경매에 출품되어 경매 수수료를 포함하여 6억 원에 가까이 낙찰된 1978년 작 〈점으로부터 No. 780217〉이 감정서가 날조된 위작이라는 것이 밝혀졌다. 이우환은 단색화 열풍을 선도한 주역임에도 불구하고, 여타 단색화 작가들처럼 극적인 작품가 상승에 편승하지 못했다.

사실 일본에서 위조된 이우환의 작품 100여 점이 인사동 화랑들을 중심으로 돌고 있다는 소문은 2013년 가을부터 그림시장에 암암리에 퍼져 있었다. 이우환의 작품 중 시장에서 가장 인기 있는 1970년대 후반 〈점으로부터〉, 〈선으로부터〉 시리즈가 주로 위조됐으니 그 작품들을 거래할 때 조심하라는 이야기를 심심찮게 들었다. 흉흉한 소문 때문인지 2005년 이후 작품 거래량, 작품가 총액, 작품 가격 면에서 1위를 하던 작가의 1970년대 작품 거래는 가격적인 면에서나 거래량 면에서 이전만 못해졌다.

2014년 11월 소더비 경매에서 1976년 작 〈선으로부터〉가 26억 원이라는 거액에 낙찰됐음에도 2차 시장에서는 이러한 분위기를 이어가지 못했다. 이우환의 작품을 사고 싶은 사람들은 이우환의 인기 주제였던 〈선으로부터〉와 〈점으로부터〉 시리즈 대신 〈동풍〉을 비롯한 〈바람〉 시리즈 혹은 〈조응〉 시리즈를 구입했다. 전시나 경매 기록 혹은 감정서가 없는 이우환 작품은 거래 자체가 어려워졌다.

위작 문제가 불거진 것은 이우환 작가가 처음이 아니다. 2014년에는 설악산 풍경을 그리는 김종학 작가의 위작설이 나돌았고, 2015년 작고한 천경자 작가는 1991년 〈미인도〉 위작 문제로 절필을 하기도 했다. 2007년 서울옥션에서 최고가에 팔린 박수근의 〈빨래터〉, 2005년에 거래된 이중섭의 〈물고기와 아이들〉도 위작 논란에 휩싸였었다. 위작 시비는 사실이 어떻든 간에 당사자의 작품 거래만이 아니라 그림시장 전체에 파문을 일으키는 대형 사건이다. 하지만 그림 위조범죄를 철저하게 차단하거나 예방한다는 것은 거의 불가능에 가깝다. 이러한 문제는 국내에만 국한된 것이 아니라 해외 그림시장에서도 종종 일어나는 일이다. 그렇다면 투자를 목적으로 한 컬렉터 입장에서는 위작 문제를 어떻게 바라보는 것이 좋을까?

위작을 피해가는 법

위작은 주로 그림시장에서 인기가 있는 작가의 대표작, 인기 작품 위주로 제작된다. 유명하고 시장 인지도가 높은 작품일수록, 고가에 거래되는 작품일수록, 작가의 대표작일수록 위작 제작률이 높다. 이우환 위작 사건처럼 드물게 생존 작가의 작품을 위조하기도 하지만, 대부분은 작고 작가의 작품이나 고미술 같은 오래전에 제작된 작품에서 주로 많이 발생한다.

2013년 한국미술품감정평가원의 발표에 따르면, 이중섭의 작품이 의뢰된 207점 가운데 120점(57.9%)이 가짜로 판명돼 위작 비율이 가장 높았다. 박수근 작품은 258점 중 101점(39.1%), 천경자 작품은 356점 중 110점(30.8%), 김환기 작품은 296점 가운데 67점(22.6%)이 위작으로 분류됐다. 장욱진(31.4%), 이상범(23.9%) 등의 가짜 작품 비율도 상대적으로 높았다. 이대원 작품은 175점 중 26점(14.8%), 김종학 작품은 189점 중 35점(18.5%)이 가짜로 판명돼 비교적 낮은 편이었다. 총론적으로 협회가 감정을 의뢰받는 작품 중 3분의 1은 가짜인 것으로 밝혀졌다.

그러므로 근현대 미술품을 구입할 때는 공신력 있는 기관의 책임감정으로 발행된 진품감정서를 반드시 받아야 한다. 만약 생존 작가의 작품이라면 작가나 판매 갤러리로부터 직접 진품임을 인정하는 보증서를 받아두어야 한다. 특히 구매하는 작품이 고가라면 구입 당시 진품감정서가 이미 첨부되어 있다 할지라도 진품감정을 다시 받아보는 것이 좋다.

그리고 작가의 전시도록에 기록된 작품을 구입하는 것이 좋다. 이때 작품이 실린 도록을 함께 보관하면 향후 작품을 재거래할 때 진품임을 입증하는 데 도움이 된다. 해외에서는 카탈로그 레조네(catalogue raisonné)라고 하여 유명 작가의 작품 리스트를 모두 모아 정리한 도록이 보편화되어 있어서 작가의 진품을 가리는 데 유용하게 쓰인다. 하지만 국내에서는 카탈로그 레조네가 잘 정리된 작가가 아직까지도 많지 않다. 국내에서 그나마 전작 도록이 정리된 작가는 김기창과 장욱진 두 사람뿐이다. 그 외에 1972년 현대화랑에서 발행한 《이중섭 작품집》, 1975년 문헌화랑에서 출판한 《박수근 작품집》, 1978년 전남매일신문사가 10주년 기념으로 만든 《오지호 작품집》이 각 작가의 진품 확인 참고자료로 이용되는 정도다.

아울러 위작 거래는 1차 시장보다 작품이 재거래되는 2차 시장에서 주로 이루어졌으며, 시세보다 저렴한 가격으로 사람들을 현혹하는 경우가 많았다. 그러므로 근현대 미술품은 꼭 신뢰할 만한 경로를 통해 구입하도록 하고, 시세보다 터무니없이 낮은 가격에 거래되는 작품이라면 위작이 아닌지 의심해봐야 한다.

그림을 컬렉션하기 전, 자신이 소장하고 싶은 작가를 연구하고 작가의 실제 작품들을 직접 보는 기회를 많이 갖는 것도 위작을 피해 가는 방법 중 하나이다.

캔버스를 지지하는 나무 프레임의 나무가 몇 년 된 것인지 확인하는 것도 중요하다. 작가들은 대부분 작품을 제작한 후 작품 앞면이나 뒷면에 낙인처럼 사인과 제작연도를 표기한다. 작가의 정확한 사인을 미리 숙지하고 있다가 작품에 새겨진 사인을 살펴보는 것도 진품을 구분하는 방법이다. 다만, 사인을 모방한 위작(모작)도 많으니 작가의 친필 사인이 확실한지 꼭 확인해야 한다.

그림 전문가들과 인적 네트워크를 형성하고 있다면 자신이 구입하는 작품에 대해서 크로스체킹을 하는 과정도 꼭 필요하다. 또한 구입하는 작품의 이전 거래 내역을 살펴볼 수 있다면 거래 내역도 꼭 살펴보도록 하자.

사실, 아무리 조심한다 해도 불상사를 완벽하게 피할 수는 없는 일이다. 자신이 구입한 작품이 위작임을 나중에 알게 됐다면, 작품을 중개한 중개인에게 책임을 묻거나 반품을 요구해야 한다.

위기는 기회다. 이우환 위작 파문으로 시장에서 그의 작품을 찾는 컬렉터의 수는 줄었지만, 이 위기가 그의 수작을 좋은 가격에 살 수 있는 절호의 기회라고 생각하는 사람들도 있다. 바로 오랫동안 이우환의 그림을 눈여겨봐왔던 그림 중개인들이다. 이 역시 상황을 거꾸로 생각해보는 역발상 투자의 한 방법이다. 이우환 위작 파문의 진실이 밝혀지고 시간이 좀 더 지나면 그의 '선', '점' 시리즈는 다시 시장에서 컬렉터의 사랑을 받을 것이며, 가격 역시 상승할 것이기 때문이다.

경매 가격을
결정하는
시스템

경매회사는 주로 한 번 거래됐던 그림이 재거래되는 대표적인 2차 시장이다. 그림시장에서 경매회사의 영향력이 점점 더 커지고 있기 때문에 그림 투자자라면 경매회사의 운영과 가격 시스템을 숙지하고 있어야 한다. 다음의 실례를 통해 경매 가격 시스템을 살펴보자.

S 씨는 며칠 전 경매에서 백남준의 판화를 낙찰받았다. 예산은 200만 원이었고, 그 작품은 감정평가에서 120~150만 원으로 평가됐다. 그런데 경매가 시작되자 다른 응찰자 2명과 경쟁이 붙으면서 금방 S 씨의 예산을 추월했다. S 씨는 끝까지 응찰하여 최종적으로 220만 원에 낙찰을 받았다. 예산을 20만 원이나 초과했지만, 작품도 마음에 들고 추가된 20만 원은 좋은 옷 한 벌 사 입었다 치기로 마음을 먹으니 작품을 차지한 것이 뿌듯하기만 하다.

그러나 며칠 후 S 씨는 경매회사에서 보내온 작품대금 지불 영수증을 보고 아차 싶었다. 낙찰가에 붙는 경매회사의 낙찰수수료 15%를 잊고 있었던 것이다. S 씨는 220만 원이 아니라 '220만 원+경매회사 수수료° 33만 원+수수료의 부가가치세 33,000원'으로 총 2,563,000원을 지불해야 했다.

미술품 경매회사의 수익구조는 기본적으로 위탁판매 수수료와 낙찰수수료로 이뤄진다. 판매를 위해 작품을 경매에 위탁하는 사람은 위탁수수료를, 경매에서 작품을 구매하는 사람은 낙찰수수료를 지불해야 한다. 이 수수료는 경매회사마다 차이가 있다. 그리고 같은 회사라 할지라도 작품 추정가(작품의 감정 가격 혹은 시세), 낙찰 가격에 따라 수수료의 비율을 달리 책정해놓고 있다. 해당 경매회사의 웹사이트에 올려놓은 경매수수료 약관을 참고하면 된다.

만약 경매에 낙찰받고 싶은 작품이 나왔다면, 경매회사로부터 담당 스페셜리스트를 지정받거나 지인에게 스페셜리스트를 소개받을 수 있다. 이 스페셜리스트에게 자신이 낙찰받고 싶은 작품에 대한 정보를 요청하면 경매장에서 경매가 이루어지는 순간까지 작품의 경합 상황을 보고받을 수 있다. 참여 방법은 직접 번호판을 들고 경매장에서 응찰하는 방법이 있고 그 외에 서면 응찰, 전화 응찰, 대리 응찰 등의 방법이 있다.

아울러 낙찰을 받았지만 작품을 포기하고 싶을 경우도 있을 것이다.

• 경매회사의 수수료 비율은 낙찰가의 크기에 따라서 달라진다.

이런 경우에도 낙찰자는 각 경매회사가 규정한 일정 금액의 낙찰 철회비를 지불해야 한다. 대부분 경매 낙찰가의 일정 비율을 낙찰 철회비로 받는다.

추정가

경매도록을 보면 작품마다 추정가가 명시되어 있다. 여기서 추정가란 경매회사에서 경매 참여자의 그림 가격에 대한 이해를 돕기 위해 경매에 출품된 작품의 시세 조사를 바탕으로 내놓은 작품 시세를 말한다. 경매회사에서는 해당 작품의 시장 가격을 추정해 작품의 구입과 경매에 참고하라는 뜻에서 낮은 추정가와 높은 추정가로 가격 범위를 제시한다. 경매도록에서 추정가가 명시되어야 할 자리에 '별도 문의'라고 적혀 있는 경우를 가끔 볼 수 있다. 이는 경매에 올릴 때까지 출품자와 가격에 대한 합의점을 찾지 못한 경우이거나 기존에 유사한 작품이 거래된 기록이 없어 시가를 매기지 못하는 경우다.

내정가

내정가는 그림을 경매에 내놓은 위탁자와 경매회사의 합의에 의해 정해진, 경매 전 위탁자가 경매회사에 최저로 요구한 판매가를 의미한다. 내정가는 도록에 명시되거나 공개적으로 드러내는 가격은 아니지만, 경매사는 실제 경매에서 이 내정가 이상으로 응찰 경쟁을 끌어내야 한다. 내정가는 경매 시작가와 일치하는 경우도 있고, 시작가가 내정가보다 낮을 때도 있다. 반면에, 내정가가 없는 경매도 있다. 위탁자가 낙찰가에 상관없이 작품을 팔기로 했다면 내정가 없이 경매가 되기도 한다.

시작가

경매사가 공개석상에서 경매를 시작할 때 처음 부르는 가격, 즉, 응찰 경쟁을 유도하기 위해 처음으로 제시하는 가격을 말한다. 내정가의 80%에서 호가를 시작한다는 방침에 따라 내정가에서 호가를 시작하는 경우도 많다. 경매를 진행하는 경매사는 낮은 추정가보다 낮은, 그리고 내정가보다도 낮은 가격에 호가를 시작할 수 있다. 이는 많은 사람의 응찰을 유도해 위탁자의 내정가를 보호하고 경매를 성사시키기 위한 경매회사의 고도의 전략 중 하나이다.

낙찰가

경매사의 지휘 아래 진행된 응찰 경쟁의 마무리를 알리는, 즉 작품이 누구에게 얼마에 팔렸음을 공식적으로 알리는 가격을 말한다. 경매사가 낙찰을 알리는 순간을 망치로 두드리기 때문에 '해머 프라이스'라고도 한다.

수수료

경매회사의 수익 부분이다. 경매에서 작품을 낙찰받은 사람은 낙찰가와 경매회사 수수료, 그리고 그 수수료의 10%인 부가가치세를 지불해야 낙찰받은 작품의 주인이 될 수 있다. 경매회사는 낙찰자뿐만 아니라 위탁자에게도 일정 비율의 수수료를 받는다. 따라서 위탁자는 경매에 위탁한 작품이 팔렸을 때 낙찰가를 받는 것이 아니라 낙찰가에서 경매회사 수수료를 제외한 금액을 수령하게 된다. 수수료는 경매회사마다 다르며, 거래되는 작품의 가격에 따라서도 다르게 책정된다. 경매회사의 이용약관을 보면 수수료가 자세히 명시되어 있다.

개런티(guarantee)

낙찰 여부와 상관없이 경매회사가 경매 전에 위탁자에게 보증하는 작품 판매가를 말한다. 주로 경매회사가 경매 이벤트를 주목시킬 수 있는 그림시장의 블루칩 작가나 구하기 힘든 인기 작가의 작품을 확보해야 할 때, 경매회사가 원하는 작품을 소장하고 있는 작품의 위탁자에게 하는 제안이다.

같은 작가,
같은 주제,
다른 가치

단순히 예술가의 명성만 믿고 그림을 컬렉션하는 우를 범하면 안 된다는 점은 앞서도 여러 번 강조했다. 동일한 작가의 작품이라 하더라도 작품에는 적게는 수만, 수십만 원에서 많게는 수십억, 수천억 원에 달하는 거래가의 차이를 만드는 놀라운 정보들이 함축되어 있다. 그림에 숨어 있는 이 정보들이란 과연 무엇일까? 실제 경매를 통해 거래된 앤디 워홀의 작품들을 분석하면서 각 작품이 담고 있는 정보들을 파헤쳐 보자.

앤디 워홀은 그 유명세만큼이나 전 세계 컬렉터들의 사랑을 받는, 시장에서 가장 활발한 거래를 보이는 작가 중 하나다. 그는 실크스크린이라는 제작 기법과 더불어 수년에 걸쳐 동일한 주제의 작품을 반복적으로 제작했던 것으로 유명하다. 그중에서도 무궁화꽃의 일종인 히비스

커스라는 꽃 이미지를 모티브로 수십 년에 걸쳐 제작한 〈플라워〉 시리즈는 미술사적으로나 상업적으로나 주목할 만한 성공을 거둔 대표 프로젝트 중 하나다. 2015년 전 세계 경매회사에서 거래된 앤디 워홀의 1964년 〈플라워〉 작품들을 통해 작품의 크기, 진품 유무, 제작연도, 제작 재료 등에 따라 작품 가격이 어떻게 달라지는지 숨어 있는 정보를 좀 더 자세하게 읽어보자.

앤디 워홀 1964년 '플라워' 시리즈

스케이츠 톱 10,000(Skate's top 10,000)은 전 세계에서 가장 비싸게 팔린 1만 점을 높은 거래가 순별로 정리한 것이다. 스케이츠 톱 10,000에 앤디 워홀의 작품이 384점이나 포함된 것만 봐도 그 인기를 짐작할 수 있다. 이 384점 중 59점이 '플라워'를 주제로 한 그림이다. 그중 최고로 꼽는 앤디 워홀의 플라워는 1964년에 제작한 캔버스에 린넨 작업으로 121.9×121.9(cm) 크기의 작품이다(거래 최고가는 23억 원, 거래 최저가는 16억 8,000만 원, 2014년 기준). 이 그림보다 더 높은 가격에 거래되는 것은 〈5피트 플라워〉 또는 〈10피트 플라워〉라는 제목이 붙은 그림이다.

2015년 11월 베를린에 있는 경매회사 그리제바흐에서 2점의 앤디 워홀 플라워 작품이 경매에 부쳐졌다. 경매회사가 제시한 추정가는 2억에서 2억 5,000만 원이었다. 12.6×12.6(cm)의 크기가 작은 작품이었지만, 앤디 워홀이 플라워를 테마로 한 작품을 제작한 여러 해 중 최고의 제작 시기라 꼽히는 1964년 작품이었다. 작가의 대표 재료인 캔버스에 주표현 기법인 실크스크린으로 제작됐으며, 액자 뒷면에 앤디 워홀 사인이 있는 것을 고려하면 추정가가 너무 궁색하게 매겨진 것이 아닐까 생각했다. 그러나 경매 결과는 두 작품 모두 유찰이었다.

이유가 무엇일까? 작가의 주재료인 캔버스에 제작된 작품이고, 〈플라워〉 시리즈 최고의 제작 시기라는 1964년에 제작된 작품인데 왜 유찰됐을까? 그 이유는 앤디 워홀의 진품이라는 확신이 부족했기 때문이다. 카탈로그 레조네에 실리지 않은 작품이고, 앤디 워홀 재단의 진품 인증서가 없었기 때문에 컬렉터들의 관심을 끌지 못한 것이다.

1964년에 제작된 앤디 워홀의 또 다른 플라워 작품이 2015년 11월 댈러스의 헤리티지옥션 경매에 나왔다. 크기는 55.88×55.88(cm)로 그리제바흐 경매에서 출품된 작품보다 컸다. 그러나 추정가는 900~1,400만원을 달았다. 작품이 3배 정도 큰데 왜 이렇게 차이가 나는 것일까? 우선 이 작품은 캔버스 작품이 아닌 종이에 제작된 석판화 작품이기 때문에 가격이 낮게 매겨진 것이다. 작가의 주재료 작품이냐 아니냐에 따라 같은 크기, 같은 테마, 같은 연도의 작품이라도 거래가가 달라진다는 점을 확인할 수 있다. 그렇다면 경매 결과는 어땠을까? 추정가를 훨씬 넘는 2,500만 원에 낙찰됐다.

어떻게 이처럼 높은 가격에 낙찰된 것일까? 그 이유는 레오 카스텔리라는 유명하고 공신력 있는 갤러리에서 제작했고, 작품의 상태가 아주 좋았기 때문이다. 비슷한 시기, 뉴욕의 스완 갤러리에서 거래된 앤디 워홀의 1964년 석판화는 2,650만 원을 기록했다. 같은 레오 카스텔리 갤러리에서 제작된 작품이고, 작품 상태도 유사했으며, 크기가 동일했기 때문에 비슷한 가격에 낙찰된 것이다.

11월 프리맨 필라델피아 경매에서도 90.96×90.96(cm) 크기의 앤디 워홀 플라워 2점이 출품됐다. 색깔을 달리 한 이 두 작품은 모두 1970

년대 작품으로 종이에 컬러 스크린프린트된 250점의 작품 중 71번이라는 에디션 넘버를 가졌다. 그러나 추정가도 달랐고, 낙찰가에서도 차이가 났다. 1점은 3,000~4,000만 원, 다른 1점은 2,000~3,000만 원이라는 추정가가 제시됐다. 경매 결과 각각 4,700만 원, 4,300만 원에 새로운 주인을 찾아갔다. 우선 이 작품들은 1970년대에 제작됐으며 종이에 인쇄된 판화이기 때문에 1964년에 캔버스에 제작된 작품과 가격 면에서 큰 차이를 보인다는 것을 확인할 수 있다. 그러나 같은 조건의 두 작품이 거래가에 차이를 보인 이유는 무엇일까? 그것은 바로 4,700만 원에 낙찰된 작품이 4,300만 원에 낙찰된 작품보다 좀 더 다양한 레이어의 프린트 과정을 거쳤기 때문이다.

1964년에 캔버스에 아크릴로 제작된 또 다른 플라워 작품 2점이 2015년 11월 크리스티 경매에 나왔다. 크기가 35.5×35.5(cm)인 1점은 추정가가 8억 1,000만 원에서 12억 원이었는데 10억 원 선에서 낙찰됐다. 그리고 크기가 12.70×12.70(cm)인 캔버스 2점이 세트로 나온 다른 1점은 추정가 3억 5,000만 원~4억 5,000만 원이었는데 시작가인 3억 5,000만 원 선에서 낙찰됐다. 두 작품 모두 앤디 워홀 재단으로부터 발행된 진품증명서는 없었다. 하지만 작가의 사인이 있고, 레조네에 등록된 작품이며, 전통 있는 화랑 소나벤드 컬렉션으로 소나벤드의 보증과 함께 가고시안 갤러리에서 전시된 경력이 있는 작품이었다.

반면에 2015년 6월 29일 런던의 필립스 경매에 출품됐던 35.5×35.5(cm)의 거의 같은 조건을 가진 플라워 작품은 13억 2,000만 원에 낙찰됐다. 11월 경매보다 무려 3억 2,000만 원이나 더 높은 가격에 낙찰된 것이다. 그 차이를 만든 건 무엇일까? 6월 경매 참여자의 응찰 경쟁이 치열했을 가능성이 크며, 작품의 상태가 좋고, 앤디 워홀 재단의 진품 보증서와 재단에서 찍은 스탬프가 있었기 때문일 것이다.

뉴욕 크리스티 11월 10일 경매에는 1967년에 제작된 후기 플라워 작품 〈5피트 플라워〉가 나왔다. 다양한 스크린프린트 과정을 거친 캔버스 작품으로 색감도 예쁘고 크기도 121.92×121.92(cm)로 큰 작품이었다. 경매회사의 추정가는 93~140억 원이었다. 경매 결과 유찰되긴 했지만, 경매회사는 왜 이 작품에 이토록 높은 가격을 매겼을까? 이 그림은 텍사스에 있는 미술관에서 전시된 이력도 있고, 소장자가 명성 높은 레오 카스텔리였기 때문이다. 그리고 앤디 워홀의 플라워 작품 중 〈5피트 플라워〉 또는 〈10피트 플라워〉라는 제목이 붙은 그림이 시장에서 높은 가격을 형성하기 때문이다.

실제로 〈플라워〉 진품을 구입하려면?

실제로 앤디 워홀의 작품 〈플라워〉(1964)를 직접 구입하고 싶다면 어떤 점을 주의해야 할까? 한 번 가정해보자.

작은 신생 경매회사에서 1964년에 제작된 앤디 워홀의 또 다른 〈플라워〉 작품을 내놓았다. 55.88×90.88(cm) 크기의 캔버스 작품이었다. 재단에서 2014년에 발행한 진품증명서도 있다. 아직 작가의 레조네에 등록되지 않은 작품이지만 경매회사에서는 조만간 레조네에 등록될 예정에 있는 작품이라고 소개했으며, 추정가는 1억~1억 5,000만 원이 매겨졌다. Y 씨는 앤디 워홀의 플라워 작품이 사고 싶어 수년 동안 알아봤지만 제안받았던 작품들이 1억에서 수십억 원을 호가하는 터라 살 엄두를 내지 못했다. 하지만 이 작품은 꼭 사고 싶어졌다.

경매가 있기 전 Y 씨는 프리뷰 경매 전시를 방문하여 작품을 직접 살펴봤다. 50년이 넘은 작품이지만 보관 상태도 좋았다. 위작인지 아닌지 확인하기 위해 액자도 꼼꼼히 살펴보았다. 액자가 바뀐 흔적도 없고, 상당히 낡은 것이 50년 이상 된 그림의 틀인 것처럼 보였다. Y 씨는 수익성 있는 오피스텔을 하나 장만하려고 수년간 모아놓은 돈으로 이 작품을 낙찰받기 위해 자신 있게 경매에 참여하여 이 작품을 낙찰받았다. 그런데 단독 입찰, 낙찰이다.

운이 따라줬다고 생각하기에 뭔가 찜찜해 Y 씨는 그림 컬렉션을 하는 친구에게 자신이 낙찰받은 앤디 워홀 〈플라워〉 작품에 대해 이야기했다. 그런데 이 친구가 Y 씨에게 청천벽력 같은 이야기를 했다. 이 작품이 가짜라는 것이다. 그는 믿을 수가 없었다. 서둘러 아는 딜러에게 이 작품의 감정을 의뢰해보니 그 딜러도 위작이라고 했다. 왜 위작이라는 것일까?

우선 앤디 워홀의 〈플라워〉 작품은 가로와 세로가 같은 정사각형 작품이다. 같은 이미지의 작품이 2점, 4점, 8점 등 세트 개념으로 같이 거래되기도 하는데, 이때 그림 크기는 가로와 세로가 동시에 배로 상승하게 된다. 또 한 가지, 2012년 이후로 앤디 워홀 재단은 진품감정서를 발행하지 않는다. 그러므로 2014년에 발행한 진품증명서도 위조된 것이다. 그리고 실제 시간이 흘러 바랜 것처럼 보였던 캔버스나 액자는 인위적으로 약품을 이용해 처리한 것이었다. 물론 마모된 모서리도 위조된 것이었다.

1964년에 제작된 앤디 워홀 〈플라워〉 진품을 구입하고 싶다면, 최소한 다음의 사항들을 체크해야 한다.

- 작품의 제작 방법과 재질이 무엇인가?

- 레조네에 등록된 작품인가?

- 앤디 워홀 재단의 보증서가 있는가? 있다면, 2012년 이전에 받은 보증서인가?

- 보증서에 명시된 등록번호와 레조네에 등록된 번호가 동일한가?

- 앤디 워홀 재단에 의뢰해서 레조네에 소장자 이름을 올릴 수 있는가?

- 프로비던스(과거 소장자 이력)가 확실한가?

- 가로세로 크기가 정확하게 동일한 정사각형의 캔버스인가?

- 뒷면에 제작연도가 명시된 작가 사인이 있는가?

- 작품 보관 상태가 좋은가?

앤디 워홀의 그림이라 하더라도 주제와 소재, 제작 기법, 크기, 이력, 보증서 유무에 따라서 작품 가격이 어떻게 달라지는지 살펴보았다. 그림 투자를 하려면 그림에 얽힌 다양한 정보를 읽을 수 있어야 한다. 그것이 수익과 직결되기 때문이다. 단순히 예술가의 명성만 믿고 투자해서는 안 된다.

정보는 작가마다 다를 수 있다. 또 작가마다 어떤 장르의 작업이냐에 따라서도 달라지기 때문에 여기서 모든 정보를 설명할 수는 없다. 앤디 워홀의 〈플라워〉(1964) 읽기를 통해 말하고자 하는 것은 같은 작가라 해도 작품마다 다양한 정보들이 숨어 있다는 것이고, 그림 투자에 성공하려면 그 정보들을 읽을 수 있어야 한다는 것이다.

앤디 워홀의 오리지널 〈플라워〉 시리즈 ─────────

앤디 워홀의 첫 번째 오리지널 〈플라워〉 시리즈는 1964~1965년에 제작됐다. 사진작가 패트리샤 콜필드가 잡지 〈모던 포토그래피〉에 게재한 사진을 기반으로 하여 종이에 스크린프린트, 린넨(캔버스)에 실크스크린과 아크릴이라는 두 종류로 제작됐다. 24인치부터 82인치 사이의 크기인 수십 점의 플라워 작품을 1964년 11월 레오 카스텔리 갤러리 전시에 선보였다. 그리고 1965년 파리 일레나 소나벤드의 전시를 위해 앤디 워홀은 5인치 이하의 작은 크기, 다양한 컬러의 플라워 작품을 제작했다.

1964~1965년 사이에 앤디 워홀의 오리지널 작품으로 기록되는 〈플라워〉는 900여 점이 제작된 것으로 추정된다. 그리고 앤디 워홀은 1970년에 존 F. 케네디의 사망을 애도하는 의미에서 그리고 미술사적으로 〈플라워〉 그림이 갖는 장식적인 의미를 탐구하기 위해서 다량의 〈플라워〉 시리즈를 다시 선보였다. 후반에 제작된 〈플라워〉 시리즈는 1964년도 작품에 비해 좀 더 화려하고 다양한 색이 사용됐다.

작품 제목의 의미는?

사진, 판화, 조각 같은 에디션 작업을 제외하면, 예술가의 작업 결과물은 모두 다르다. 그런데 자신의 표현양식이나 스타일에 특별한 변화가 없는 한, 다른 작품일지라도 동일한 제목을 고수하는 예술가들을 종종 볼 수 있다. 예를 들어 박서보는 수십 년 동안 〈묘법〉이라는 제목을 고수하면서 그림마다 자신이 정한 규칙에 따라 일련번호만 바꾸고 있다. 쿠사마 야요이의 〈호박〉 시리즈 혹은 그물망을 모티브로 한 〈인피니티 네츠〉 시리즈도 마찬가지다. 〈호박〉이나 〈인피니티 네츠〉는 오랫동안 중요한 주제로 삼고 있다. 그녀는 자신이 제작한 수천 점의 호박과 그물망 그림에 같은 '호박' '인피니티'라는 작품 제목을 붙였다. 각 그림의 구분은 제목 뒤에 알파벳과 숫자의 결합으로 부여된 고유번호이다. 이처럼 제목은 작가에게 트레이드마크와 같은 것이다. 작가 중에는 자신의 작품에 아예 제목도 붙이지 않는 이들도 많다. 작품명 자체를 〈무제〉라 명시하고 자신이 정한 고유번호만 부여하기도 한다.

7장

사기 전에
팔 것까지
생각하라

선택과 동시에
투자의 성패가
결정된다

그림시장에 대해 얘기 좀 들어봤다는 사람 중에는 "그림요? 사기는 쉬워도 팔기는 어렵다던데요?"라고 얘기하는 사람들이 있다. 왜 팔기가 어려울까? 다음의 여섯 가지 사항을 참조해보자. 작품 판매가 어려워지는 경우는 다음의 여섯 가지 정도 상황으로 요약해볼 수 있다.

- 아직 시장에서 검증이 덜 된 작가의 그림일 때
- 시장에서 수요가 없어진 작가의 그림일 때
- 판매자와 구매자 사이에 그림 가격에 대한 기대치가 다를 때
- 소장품이 대중적이지 못하고 지극히 개인적일 때
- 작가의 대표작이나 수작이 아닐 때
- 작가의 비슷한 형태의 작품이 시장에 많이 나와 있을 때

비싸게 팔 수 있는 그림인가

그러나 작품성 있는 작가의 작품을 소장하고 있고, 게다가 그 작품이 작가의 대표작이나 수작이라면 상황은 정반대가 된다. 내가 마음에 안 들어서 팔고자 하는 작품은 남도 사고 싶어 하지 않는다. 작품을 팔아야 할 때 컬렉터는 가장 마음에 안 드는 작품, 즉 가장 돈이 안 되는 것부터 처분하려 하고, 사는 사람은 가장 좋은 작품부터 사려고 한다. 좋은 작품이라면, 소장자 본인이 팔고 싶어 하지 않는데도 시장에서 먼저 그 작품을 탐내고 러브콜을 보낸다. 게다가 이런 경우에는 본인이 원하는 가격보다 더 높은 가격을 받고 팔 수도 있다. 이것이 바로 그림시장의 논리다. 그림은 구매와 동시에 투자 성공 여부가 결정된다고 흔히 말하는데, 바로 이 때문이다.

어떤 작품을 소유하고 있느냐 다음으로 중요한 것이 작품 판매의 타이밍이다. 그림 재테크 측면에서 잘 샀다는 의미는 싸게 샀다가 아니라 비싸게 팔 수 있는가다. 최적의 판매 타이밍은 소장자가 정할 수 있는 것이 아니다. 그림시장도 수요와 공급의 법칙에 따라 움직인다. 작품을 팔고 싶다면 시장에서 좀 더 수요가 많을 때 내놓아야 빨리 팔 수 있고, 가격도 더 높게 받을 수 있다. 그래서 노련한 그림 투자자들은 시장의 불황기 아니면 그림 가격이 상승곡선으로 방향을 트는 시작점에 좋은 작품들을 합리적인 가격에 사들인다. 그리고 나서는 소장한 작품을 감상하면서 호황기가 오길 느긋하게 기다린다. 그러다 호황기가 오면 소장한 작품을 시장에 하나씩 하나씩 내놓아 높은 수익을 거두며 그림시장의 붐을 즐긴다. 그들은 작품을 살 때만이 아니라 작품을 팔 때조차 그림시장에서 VIP 대우를 받는다. 이것이 바로 그림 투자는 꼭 여유 자금을 가지고 장기 투자를 해야 하는 이유다. 컬렉션은 단거리 경주가 아니라 마라톤이다.

그림 투자는 마라톤이다

2005년 국내 그림시장에 찾아온 호황기에 가장 큰 수혜자는 20~30대 젊은 작가들이었다. 당시 시장의 과열로 하룻밤 사이에도 그림 가격이 뛰는 젊은 작가들이 속속 출현했다. 그러자 그림시장에 입문한 지 얼마 되지 않은 초보 컬렉터들은 조금 손재주가 있다고 간주되는 대학을 갓 졸업한 젊은 작가들의 작품들까지 마구 사들였다. 머지않아 시장에서 주목받을 수 있는 작가를 직접 발굴해 한몫 잡아보겠다는 투기적 심리가 발동한 것이다. 그러나 이들의 그림 투기는 대부분 실패했다. 실패한 이들 중에 더러는 재기를 꿈꾸기도 한다. 2007년 국내 그림시장의 호황이 한풀 꺾이면서 젊은 작가의 작품 거래가 주춤해진 것이라며, 그림시장이 다시 좋아지면 2005년 같은 호황이 올 것이라 확신하는 것이다. 그러나 이것은 착각이다. 물론 그림시장도 주식이나 부동산시장처럼 불황과 호황이라는 주기를 반복하는 시장이다. 하지만 문제는 그들이 구입한 작품들이 미술계에서 검증이 불가능한, 아직까지 장래 진로도 불투명한 젊은 작가들의 그림이라는 점이다. 이때 작업했던 젊은 작가 중 열에 일곱은 개인 사정으로 이제 그림을 그리지 않는다.

결론적으로 미술사적 가치가 있는 작가를 선정하여 대중적 심미안을 만족시킬 수 있는 그의 대표 작품을 사라. 그리고 작품을 팔 타이밍을 기다려라.

개인적 취향을
안목이라
착각하지 말자

가끔은 쇼핑한 물건들이 맘에 들지 않을 때가 있다. 꼭 갖고 싶었던 물건이고 며칠 혹은 몇 달에 걸쳐 어렵게 돈을 모아 구입한 것임에도, 금방 싫증이 나 어딘가에 처박아놓은 물건들이 누구에게나 한두 개는 있을 것이다. 그림 컬렉션도 마찬가지다. 구입 당시 심사숙고하여 샀음에도 유행 지난 옷이나 신발처럼 싫증이 나거나 더는 보기 싫어질 때가 있다. 그 이유는 무엇일까?

처음 컬렉션에 입문하는 사람 중 열에 여덟은 색채가 아름답거나 화려한 꽃 그림, 사실적인 풍경화나 정물화, 작가의 노동력이 많이 들어간 그림, 혹은 요즘 시장에서 가장 잘 팔린다는 작가의 그림을 선호한다. 물론 꽃 그림이나 풍경화, 정물화가 좋은 그림이 아니라고 이야기하는 것은 절대 아니니 오해하지 말기 바란다. 처음부터 추상화나 단순해 보이는 그림, 고물을 모아놓은 듯 지저분하고 난해한 설치미술품, 똑 떨어지지 않는 개념미술에 마음을 주는 사람들은 많지 않다. 그림 컬렉션을 하겠다고 마음먹은 사람들은 대부분 추상화를 어렵게 생각하고, 현대미술을 혐오한다. 이들에게 그림은 시각적으로 아름답고 편안함을 줘야 하며, 주제가 어렵지 않아야 한다. 대부분의 사람이 외적으로 풍기는 그림 이미지를 그림에 함축된 작가의 철학이나 아이디어보다 더 중요하게 생각한다. 심지어는 작품을 벽지라든가 소파 같은 실내장식에 맞추기도 한다. 그림에 대한 지식이 아직 많지 않은 초보 컬렉터들에게 그림의 좋고 안 좋음을 판단할 수 있는 기준은 눈으로 보고, 귀로 듣는 정보가 전부이기 때문이다.

그러나 그림시장에 발을 내디딘 이후 많은 작가와 그림을 접하고, 경험과 지식을 쌓으면서 서서히 눈을 떠가는 사람들은 처음 가지고 있던 기호나 선호도에서 변화를 보이게 된다. 이는 당연한 변화다. 아는 만큼 보이는 것이기에 시야의 폭이 그만큼 달라진 것이다. 과거에 예쁘게만 보였던 꽃 그림이 유치하고 조악해 보이고, 어렵게만 느껴졌던 추상화나 설치미술품에 큰 매력을 느끼게 된다. 이렇게 취향이 변하더라도 다행히 자신이 소장한 그림의 가격이 샀을 때의 가격보다 올랐다면, 그 사실 자체로 위안이 되고 보상이 될 것이다. 그러나 그림도 싫어지고 그림 가격도 오르지 않는 반대의 상황에 직면한다면, 이제 그림은 애장품이 아닌 애물단지가 되어버린다. 이런 경우 빨리 처분하고 싶어 하는데, 쉽사리 팔리지 않는 경우가 많다.

참으로 신기한 것이, 내가 싫어하는 그림은 남들도 싫어한다는 것이다. 소모품이라면 빨리 써버리든지, 아니면 남에게 주기라도 할 텐데, 또 가격이 얼마 되지 않는 장식품이라면 손해 본다 치고 내다 버리기라도 할 텐데, 최소 수십만 원에서 수백만 원의 목돈이 들어간 작품을 그렇게 하기는 힘들다. 그러니 그림을 선택하는 기준이 자신의 취향과 귀로 주위들은 검증되지 않은 정보가 전부인 초보일수록, 또 아직 자신의 안목에 확신이 없는 경우 미술품을 사는 데 신중해야 한다. 특히 그림 재테크가 목적인 사람들은 그림을 구입할 때 더욱 신중에 신중을 거듭해야 한다. 나중에 팔아야 할 때를 생각하면 환금성이 있는 작품, 가치가 올라가는 작품을 사야 하기 때문이다. 시장의 흐름을 아직 이해하지 못하는 시점에서는 눈에 들어오는 사고 싶은 작품이 있더라도 사지 않고 지켜보는 것도 중요하다.

이런 이야기를 하면 이렇게 반문하는 사람도 있을 것이다. 아무리 투자를 목적으로 한 컬렉션이라도 내가 좋아하고, 내가 보고 즐길 수 있는 그림이어야 하는 것 아니냐고. 물론 맞는 말이다. 그러나 이 취향이 변한다는 것이 문제라는 얘기다. 그림시장에 아직 익숙지 않은 사람이 자신의 취향대로 그림을 컬렉션해야 감성적 풍요로움을 얻을 수 있다고 생각하면 엄청난 오산이다. 감성적 풍요로움을 얻기 위해 자신의 기호에 따라 컬렉션해야 한다는 건 맞지만, 취향이라는 것은 언제고 변하기 마련이다. 그러나 꾸준한 그림시장 분석과 작가 연구로 생긴 안목을 바탕으로 한 컬렉션은 두고 봐도 질리지가 않고, 보면 볼수록 새로운 영감으로 이끌어준다. 그럴 때 그림 컬렉션이 주는 기쁨은 말로 표현할 수 없다. 한 번 그림 컬렉션에 성공한 사람이 계속해서 컬렉션을 하는 이유다.

자기의 주관으로 판단하는 사람들

그림시장에서 초보자만큼 자신의 취향을 경계해야 하는 사람이 또 있다. 오래전부터 그림을 수집해와서 어느 정도 그림을 안다고 자부하면서 시장의 특성이나 움직임은 무시하고 자신의 주관대로만 밀고 나가는 이들이다. 고도의 감식안은 타고나는 것이 아니다. 작가나 그림시장을 오랜 기간 깊이 연구하고, 눈으로 많이 보면서, 꾸준히 작품을 구입하고 판매하는 과정에서 얻은 경험들이 축적됨으로써 만들어지는 것이다. 그림 보는 안목을 기르기 위해서는 그림시장을 탐구하고 익숙해지기 위해 어느 정도 공을 들이는 시간이 필요하다.

그리고 고도의 감식안을 연마하는 데 전문가의 의견, 다른 컬렉터들과의 의견 교환은 매우 중요하다. 그러나 어떤 사람들은 그림 공부에도 열심이고 시장 탐방에도 열정적이지만, 자신의 안목을 객관적으로 검토할 기회를 스스로 차단한 채 주관적 확신에만 의존해 그림을 수집한다. 이런 사람들은 작가 작업실도 열심히 다니고 전시장도 열심히 다닌다. 지방 산골에 있는 작가까지 찾아내서 작업실을 방문하는 사람도 있는데, 어떻게 그 정도의 열성을 발휘할 수 있는지 모르겠다. 내 주변에도 이런 사람들이 있다. 그런데 너무 자신의 주관적 확신만으로 컬렉션하는 것은 위험하다고 조심스럽게 말씀드려도, 절대 새겨듣지 않는다. 이런 사람들은 개인의 취향을 그림 보는 안목으로 착각하며, 언젠가 내가 옳았다는 것을 증명할 날이 올 것이라는 확신으로 그림 컬렉션에 열을 올린다.

늦은 나이에 영국 유학을 결심하고 출국일이 얼마 남지 않았을 때의 일이다. 레스토랑을 운영하는 손님에게 연락이 왔다. 출국 전에 차나 한

잔 하자는 전화였다. 출국 전 인사도 드릴 겸 평일 오후 그가 운영하는 레스토랑으로 찾아갔다. 점심시간이 지난 터라 레스토랑은 한가했다. 반갑게 날 맞이해준 사장님은 공부도 좋지만 타지에서 건강 해치지 말고 많이 보고 오라는 당부의 말을 잊지 않았다. 그러고는 선물이라며 상자를 하나 건네주셨다. 작은 백자 항아리였다. 도자기 작가가 선물용으로 만든 것이니 부담 없이 받으라고 했다. 자신이 직접 작가의 작업실도 방문했는데, 작가의 작품세계도 뚜렷하고 도자기 빛깔도 좋다고 했다. 다만 재야에서 작업만 하는 스타일이라 조금 아쉽다는 것이다. 하지만 그 사장님이 보기에 앞으로 빛을 발할 작가라면서 이 작가의 작품을 계속 구입하고 있다고 했다. 내가 공부하고 돌아와 이 작가를 띄워주면 좋겠다는 너스레도 떠셨다. 그는 자신의 취향을 안목으로 믿는 대표적인 사람 중 하나였다. 경매장이든 전시장이든 갤러리든, 시장에서 자주 목격되는 열성적인 분이다. 그러나 그렇게 열심히 다니면서도 다른 컬렉터들이나 중개인들과 소통을 전혀 하지 않았는데, 그 점이 너무나 안타까웠다. 그때 선물로 받은 도자기는 지금도 우리집 장식장에 고이 보관되어 있다.

사실 취향은 좋은 것이다. 그 사람의 개성으로 발전할 수 있고, 여러 사람과 공감대를 형성할 수 있으면 미술 전문가 못지않은 전문성을 가진 안목 높은 컬렉터로 평가받기도 한다. 그러나 이러한 컬렉터들은 극히 드물다. 개인의 취향이 객관성을 담보해준다는 보장이 없는 상황에서, 게다가 언제건 변할 수 있는 게 취향이라는 점에서, 그것을 안목이라 착각하며 컬렉션을 하면 대부분 나중에 후회하게 된다. 컬렉터들이 찬사를 보내는 좋은 작품에 대해 살펴보면 이상할 만큼 일치하는 부분이 많다. 좋은 작품은 모두의 공감을 얻어낸다. 그러므로 그림 컬렉션에서는 주관적인 기호와 객관적인 선호도가 조화를 이루는 것이 가장 좋다. 소장하고자 하는 작품의 작가가 어떤 작가이며 앞으로 어떻게 성장할 것인가를 평가하고 전망하는 것은, 누가 됐든 혼자서 할 수 있는 일이 아니다. 그러므로 전문가들이나 동료 컬렉터들과 크로스체킹하는 것은 필수 중의 필수다. 더욱이 재테크가 목적이라면 내가 컬렉션하는 그림이 나만의 그림이어서는 절대 안 된다.

발품으로 기른
안목이
곧 자산이다

그림 투자는 안목이 있어야 성공할 수 있다. 태어날 때부터 감각이 있는 사람들도 있긴 하지만, 내 주변의 컬렉션 고수들은 모두 선천적인 감각이 아닌 후천적인 노력으로 안목을 기른 사람들이다. 그들은 이구동성으로 안목이란 작가에 대한 끊임없는 연구와 발품으로 길러진다고 말한다. 성공하는 그림 투자를 위한 실행 1단계는 그림시장의 특징과 생리를 파악하고 시장 분위기에 익숙해지는 일이다. 전문가의 조언도 주체적으로 판단하려면 그림시장을 어느 정도 알고 있어야 가능하다.

가벼운 마음으로 전시장을 가보자
시간이 날 때마다 미술관, 화랑 같은 전시장이나 그림 경매장을 꾸준히 방문해보자. 가족, 연인과 함께 야외 나들이를 한다고 생각하며 가벼운 마음으로 전시장과 경매장을 찾아가보자. 처음부터 그림 수집에 대한 조바심을 내거나 부담감을 가질 필요는 없다. 어떤 사람들은 그림시장을 제대로 알려면 무조건 그림부터 매매해봐야 한다고 조언한다. 물론 틀린 말은 아니다. 그림을 직접 거래하는 과정에서 배우는 것이 많기 때문이다. 처음 구입한 그림이 계속 보고 있어도 싫증이 나지 않고 가격 또한 꾸준히 상승한다면 참 행복한 일이다. 하지만 현실에서는 더 이상 매력이 느껴지지도 않고 팔리지도 않는 그림을 안고 후회하는 경우가 많다. 이를 두고 그림시장을 배우는 대가로 지불하는 일종의 수강료라고 말하는 사람들도 있다. 그러나 수강료라고 치부하기에는 적지 않은 돈이다. 최소 몇십만 원에서 수천만 원이라는 거금이 투자되지 않는가. 무엇보다도 어떤 그림을 소장하느냐에 따라 그림 투자의 성패가 좌우되는 만큼 그림 구매는 신중에 신중을 기할 필요가 있다. 우선 시장 답사를 통해 그림시장의 기본적인 메커니즘을 이해하고, 그림의 가치와 매력을 주체적으로 판단할 수 있는 능력을 기르자.

경매회사의 기획 경매를 관람해보자

그림 중개는 주로 화랑, 경매회사, 아트 딜러에 의해 이루어진다. 화랑은 작가와 그림이 처음 소개되는 1차 시장이고, 경매회사와 아트 딜러는 한 번 거래됐던 그림의 재판매를 주도하는 2차 시장이다. 화랑이나 아트 딜러를 통한 그림 거래는 대부분 비공개로 이루어지기 때문에 거래 당사자들이 아닌 이상 어떤 그림이 얼마에 거래됐는지 알 수 없다. 반면에 경매회사의 거래는 대부분 '경매'라는 공개 이벤트를 통해 이루어지기 때문에, 당사자가 아니더라도 그림이 얼마에 거래되는지를 알 수 있다. 사실 그림을 구매하지 않으면서 그림 거래가 이루어지는 현장을 목격하는 방법으로는 경매가 거의 유일하다. 그러므로 그림시장에 처음 입문하는 사람이라면 우선 경매회사가 정기적으로 진행하는 기획 경매를 관람하길 추천한다.

직접 경매에 참여할 수 있는 자격을 부여받기 위해서는 각 경매회사에 회원으로 가입해야 한다. 전 세계 모든 경매회사의 경매 이벤트는 대부분 무료 관람을 원칙으로 하고 있다. 즉, 경매 관람은 어떤 절차나 예약 없이 경매 당일 경매장으로 가기만 하면 된다. 경매는 그림시장의 지표 역할을 하기 때문에 몇 번의 경매 참관만으로도 현재 그림시장을 이끄는 작가들이 누구인지 알 수 있으며, 각 작가의 작품 거래 가격이 어느 정도인지도 대략 파악할 수 있다.

경매가 진행되는 순서를 보면 초반에는 경매의 리듬과 분위기를 고려하여 비교적 낮은 가격대이면서도 확실하게 팔릴 작품들을 진행한다. 처음부터 유찰이 되면 경매 분위기가 가라앉고, 처음부터 지나치게 고가의 작품이 등장하면 분위기가 무거워지기 때문이다. 중요한 작품들은 대개 앞쪽 3분의 1쯤이나 중간쯤에 올리므로, 경매 시작부터 중간까지를 눈여겨보는 것도 경매 관람에서 하나의 팁이다. 경매 참관은 그림을 구매하지 않고도 그림 가격에 대한 감각을 익힐 수 있는 거의 유일한 방법이다.

국내에서는 서울옥션과 K옥션을 중심으로 10개 정도의 중소 경매회사가 운영되고 있다. 세계적으로는 크리스티, 소더비를 비롯한 3,000여 개의 경매회사가 정기 혹은 비정기로 경매를 진행한다. 경매에 출품되는 작품의 리스트와 일정은 경매가 진행되기 전에 각 경매회사 홈페이지에 올라온다. 경매 약 일주일 전부터는 경매에 부쳐지는 작품들을 공개하는 프리뷰 전시가 열린다. 프리뷰 전시 또한 무료로 관람할 수 있다. 경매에 출품되는 작품을 가까이에서 직접 살펴보고 싶다면 프리뷰 전시를 가보면 된다. 경매 프리뷰는 꼭 컬렉션을 염두에 두지 않더라도 유익한 기회다. 이때가 아니면 우리 고미술이나 근현대 작품부터 말로만 듣던 해외 유명 작가의 작품에 이르기까지 엄선된 작품들을 한자리에서 볼 기회가 없기 때문이다.

아트페어에 가보자

그림시장의 분위기를 익히는 데 경매와 더불어 주목해야 하는 것이 아트페어다. 아트페어는 화랑들이 같은 공간에 정기적으로 모여 작품을 파는 그림 장터이자 그림시장의 정보를 교류하는 플랫폼이다. 아트페어를 방문하면 각 화랑이 프로모션하는 작가들이 누구인지 한눈에 살펴볼 수 있다. 각 작가의 그림 가격 정보도 알 수 있으며, 요즘 잘 팔리는 그림이 무엇인지 그림시장의 트렌드도 읽을 수 있다. 수많은 작가의 작품을 비교·관찰해볼 기회이기도 하다. 게다가 개방된 공간이라 약간의 적극성만 있다면 자연스럽게 그림 중개인들과 안면을 틀 수 있는 계기도 된다. 그림 중개인들과 좋은 관계를 유지하면 향후 좋은 작품을 추천받는 행운으로 이어질 수 있다.

전 세계적으로 수많은 아트페어가 열린다. 국내에서 열리는 아트페어 중 가장 대표적인 것은 하반기(9월 혹은 10월)에 코엑스에서 열리는 한국국제아트페어(KIAF)다. 세계적으로 가장 큰 명성을 얻고 있는 아트페어로는 바젤 아트페어(스위스와 홍콩), 프리즈 아트페어(영국 런던), 마스트리히

아트페어(네덜란드 마스트리히)가 있다. 국내 그림에 관심 있다면 KIAF를, 해외 그림에 관심 있다면 바젤 아트페어나 프리즈 아트페어의 동향을 주시해야 한다.

대표 미술관의 기획 전시를 눈여겨보자

그림 보는 안목을 높이고 싶다면 각 나라를 대표하는 미술관의 소장품과 미술관이 선보이는 기획 전시도 눈여겨봐야 한다. 미술관은 그림의 가치를 평가하는 대표적인 공식기관이다. 국가나 지자체에서 설립한 곳도 있고, 기업이나 개인 부호가 운영하는 문화재단에서 설립한 곳도 있으며, 작가의 이름을 건 미술관으로 작가나 작가의 측근이 운영하는 곳도 있다.

한국의 대표 미술관이라 하면 국가에서 직접 운영하는 국립중앙박물관, 국립현대미술관, 삼성에서 운영하는 호암·리움미술관 그리고 간송 전형필의 소장품을 모아놓은 간송미술관 정도를 들 수 있다.

미술관 안에서는 큐레이터(혹은 학예사)라고 불리는 미술 전문가가 학술적 가치가 있는 작가와 작품을 발굴, 연구, 전시, 소장한다. 미학적 가치가 그림 가격을 결정하는 주요 요인 중 하나인 만큼, 미술관의 소장품을 검색하고 미술관에서 진행하는 전시를 관람하는 것은 좋은 작가를 선별할 힘을 키우는 가장 쉬운 방법이다. 전문가들에 의해 객관적으로 검증된 작가들의 작품을 살펴보면서 그림 보는 안목도 키우고, 마음에 드는 작가도 점찍어 보자.

미술관에서 기획전이 열리고 있는 작가의 작품 가격이 전시 전후에 어떻게 변동하는지, 시장 유통량이 어떤지를 경매를 통해 살펴보는 것도 그림시장의 메커니즘을 이해하는 데 도움이 된다. 미술관에 걸려 있는 그림은 그림의 떡이 아니다. 특히 동시대 작가의 그림 대다수는 마음만 먹으면 나도 소유할 수 있는, 시장에서 거래되는 그림들이다. 얼마나 신나는 일인가!

화랑의 개인전을 면밀히 살펴보자

경매와 아트페어, 미술관 답사를 하다 보면 멀게만 느껴졌던 그림시장이 친숙해지고 개인적으로 주목하는 작가들도 생길 것이다. 그렇다면 그다음에는 작가를 프로모션하는 화랑의 개인전을 눈여겨볼 차례다. 화랑이 기획하는 작가의 개인전은 개별 작가의 작품세계를 좀 더 면밀히 살펴보는 데 도움이 된다. 한 작가의 여러 작품을 한 공간에서 볼 수 있기 때문에 같은 작가의 작품이라도 어떤 작품이 더 완성도가 높고, 어떤 작품은 완성도가 떨어지는지 비교해볼 수 있다. 국내 화랑들은 주로 서울의 삼청동, 인사동, 평창동, 청담동에 모여 있다. 화랑 전시는 약 1주에서 4주 간격으로 바뀌는데, 몇몇 특별 기획전을 제외하고 거의 무료로 진행된다. 웬만한 전시정보는 달진닷컴(김달진미술연구소)과 네오룩닷컴이라는 온라인 미술정보 사이트를 통해 얻을 수 있으니, 이 사이트들에서 전시 소개란을 보면서 관심 있는 작가를 찾아보는 것도 좋다. 마음에 드는 작가가 이미 있다면 그 작가의 전시 일정을 체크해두었다가 방문하는 것도 시간과 에너지를 절약하는 방법이다.

미술 강의를 들어보자

그림시장의 메커니즘을 단기간에 이해하고 싶다면 그림시장이나 미술 이론과 관련한 강의를 듣는 것도 유용하다. 전문가의 노하우가 집적된 강의를 들음으로써 그림시장의 메커니즘을 짧은 시간에 더 깊이 이해할 수 있다. 게다가 강의에 참여하는 것만으로도 관심사가 같은 사람들, 전문가들과 네트워크를 형성할 기회가 주어진다. 공통된 관심사를 가진 사람들과 그림시장을 같이 답사하고 정보를 공유하는 활동들은 그림 투자에 자신감을 불어 넣어준다. 그뿐 아니라 실제 그림 투자를 할 때 범할 수 있는 실수와 그로 인한 투자 실패율도 줄일 수 있다. 관심을 갖고 찾아보면 우리 주변에 있는 금융기관, 프라이빗 클럽, 백화점 문화센터에서 고객 서비스 차원에서 마련한 그림시장 강의들이 꽤 많다. 이들 강의는 대부분 무료 혹은 소정의 수강료로 참여할 수 있는 것들이다. 일부 교육기관과 관련 기관에서는 아예 그림시장 입문을 위한 강좌를 아카데미로 편성하여 운영하기도 한다. 대표적인 곳으로 서울옥션, 한국화랑협회, 홍익대학교 평생교육원, 동국대학교 평생교육원, 에이트 인스티튜트 등이 있다.

시장 탐방만큼 작가 연구도 중요하다

그림 투자는 미래의 가치보다 과거에 작가가 쌓아온 명성과 행적, 그리고 작가와 그림을 둘러싼 극적인 스토리를 기초로 한다. 따라서 본격적으로 그림 투자를 하기로 마음먹었다면 시장 탐방만큼 중요한 것이 시장과 작가에 대한 자료를 수집하는 일이다. 우리가 일상적으로 이용하는 네이버나 구글 같은 포털 사이트 검색창에서 그림 투자, 경매, 미술시장 등 몇 가지 키워드만 입력해도 디지털 매체들이 쏟아낸 수많은 뉴스와 정보를 볼 수 있다. 각 언론매체 소속 미술 전문기자들이 실시간으로 전해주는 뉴스나 미술 관계자들의 인터뷰와 칼럼들, 그리고 정기적으로 출판되는 미술 잡지의 특집기사들은 미술계의 이슈를 파악하고 그림시장의 동향을 살피는 데 도움이 될 뿐만 아니라, 작가를 연구하는 데도 아주 유용하다. 이러한 기사와 정보들은 발행 당시에만 유효한 일회성 정보가 아니라 스크랩해서 지속적으로 활용하면 투자 시 훌륭한 참고자료가 된다. 포털 사이트에서 자료를 검색하는 일이 너무 광범위할 때는 미술정보 포털 서비스를 제공하는 온라인 웹사이트를 방문하는 것도 좋다. 국내 사이트로는 달진닷컴과 네오룩닷컴, 해외 사이트로는 아트넷·아트프라이스·아트택틱이 유용하다.

그림에 담겨 있는 정보를 스스로 읽고 해석해낼 수 있는 능력을 키우고 싶다면, 그림을 많이 보는 것과 더불어 독서만큼 좋은 것이 없다. 서점이나 도서관에 가면 미술과 관련한 수천 권의 책을 접할 수 있다. 학술적 연구를 기반으로 쓴 미술사나 미술 이론과 관련된 책은 모든 사람이 동일한 기준으로 그림의 미적 가치를 해석할 수 있도록 객관적 방법론을 제시해준다. 아울러 미술을 주제로 한 책 중에는 그림시장 전문가가 쓴 책도 있고, 실제 오랫동안 그림 컬렉션을 해온 컬렉터가 그림시장에서 겪은 자신의 경험담을 담은 책도 있다. 현장 경험을 기반으로 쓴 책에는 저자들의 노하우가 함축되어 있다. 책을 통한 간접 경험으로 실전 투자에서 활용할 수 있는 유용한 팁을 얻을 수 있고, 실전 투자에서 발생할 수 있는 위험을 줄이는 데 도움이 많이 된다. 자신에게 맞는 책을 찾아 여러 번 정독한다면, 그림 보는 안목을 넓히는 데 큰 도움이 될 것이다.

Tip 미술 아카데미를 진행하는 곳

국립중앙박물관, 국립현대미술관, 예술의 전당, 토탈미술관, 리움미술관, 서울옥션, 한미사진미술관, 에이트 인스티튜트, 상상마당, 그리고 각 백화점 문화센터에서 미술 강좌를 꾸준히 진행하고 있다. 그 외 금융권에서 단발적, 비정기적으로 진행하는 미술 아카데미도 많다. 무료 강좌, 유료 강좌 모두 있다. 미술관, 문화센터, 경매회사에서 주최하는 미술 아카데미에 대한 공고는 달진닷컴이나 해당 기관의 사이트에 들어가면 확인할 수 있다. 금융기관에서 진행되는 아카데미는 주로 고객을 대상으로 하기 때문에 자신이 주로 이용하는 금융기관이나 지점에 문의해보는 것이 좋다.

8장

모든 준비를
끝냈다면
그림을
사보자

내게 맞는
작가와 그림을
찾아라

그림시장의 흐름을 어느 정도 이해했다면, 이제 본격적으로 나에게 맞는 작가와 그림을 찾을 차례다. 자신에게 맞는 작가와 그림을 찾을 때, 그 기준은 무엇일까? 우선 그림에 투자할 수 있는 예산의 규모를 정하고, 컬렉션 방향을 잡아야 한다. 모든 투자가 그러하듯이 투자금이 많으면 많을수록 선택의 기회가 많은 건 사실이다. 하지만 그렇다고 해서 그림 투자가 투자 금액과 그림 수에 비례해 수익률을 보장하는 것은 아니다. 비싼 그림만 돈이 되는 것도 아니고, 그림 컬렉션이 많다고 수익이 더 좋은 것도 아니다.

지금 박수근, 김환기, 이중섭 같은 대가들의 주옥같은 작품들을 소장하고 있는 컬렉터 중에서도 적은 예산으로 소박하게 컬렉션을 시작한 분들이 의외로 많다. 1960~70년대 아무도 미술품을 거들떠보지 않고 값도 쌀 때 진정으로 작품이 좋아서 사 모은 사람들이다. 그때는 그림시장이 성숙하지 않았던 시기라 그런 일이 가능했다고 생각하겠지만, 꼭 그렇지만도 않다. 지금도 미술시장에는 앞으로 고수익의 기회를 줄 수 있는 좋은 작가들의 작품을 적은 예산으로 살 기회가 많이 있다. 그림에 투자할 돈이 많지 않더라도 컬렉션 방향만 잘 세운다면 성공할 수 있다.

자신에게 맞는 투자 예산으로 계획을 세운다

사실 그림시장에 입문하자마자 단독적으로 자신만의 투자 원칙과 투자 방향을 갖는다는 건 무리가 있다. 그렇지만 고미술·근현대 작품·블루칩 작품·해외 미술품 등 어떤 장르의 작품을 수집할 것인가에 따라 작품 구입 경로가 달라지고, 조사하고 연구할 부분도 달라진다. 그렇기 때문에 그림 투자를 시작할 때는 구매에 앞서 자신의 투자 예산으로 구입 가능한 모든 작가군을 떠올려보고, 각 컬렉션 방향이 갖는 장단점과 자신의 관심 분야를 고민해봐야 한다.

서울옥션의 발표에 따르면 경매에서 거래되는 작품의 가격대는 1,000만 원 미만이 약 40%, 1,000~5,000만 원이 30%, 5,000만~1억 원이 20%, 1억 원 이상이 10%를 차지한다. 앞서도 언급했지만, 2015년 9월 기준 국내에서 거래되는 그림의 약 90%는 작품 가격이 5,000만 원 미만이었다. 그리고 이 90%에 해당하는 작품 중 약 90%가 1,000만 원 이하에서 거래됐으며, 가장 많이 거래되는 가격대는 200~500만 원이었다. 30~40대 유망 작가의 작품 대다수는 100~1,500만 원 정도의 예산이면 살 수 있고, 차세대 블루칩으로 들어갈 가능성이 큰 주요 근현대 중견 작가나 원로 작가의 작품은 대부분 500~3,000만 원 정도의 예산으로 살 수 있다. 같은 작가의 작품이라도 유화냐, 드로잉이냐, 판화냐, 조각이냐 또는 10호냐 100호냐 등의 다양한 이유로 가격 차이가 난다. 지난 20년간 저평가되어온 고미술 작품은 300만 원 미만에서도 좋은 작품들을 구입할 수 있다. 그리고 현재 수억 원, 수십억 원을 호가하는 국내 블루칩 작가들 중에서도 여전히 1,000만 원 미만으로 살 수 있는 작품들이 남아 있다. 바로 블루칩 작가의 드로잉, 종이 작품, 판화다.

국내에서 공개 거래된 그림시장 거래자료를 바탕으로 예산별로 투자 가능한 작가군을 분류해보자.

한 달 월급을 투자할 수 있다면

만일 200~500만 원의 예산이 있다면 어떤 작품을 사야 할까? 미술 사적으로 가치가 인정된 작가이지만 작품 가격이 여전히 크게 상승하지 않은 주요 근현대 작가의 소품이나 에디션이 있는 유명 사진작가의 작품, 1970년대 그림시장에서 고미술과 한국화 붐을 주도했던 작가의 작품 중 현재 과도하게 하락하거나 저평가된 고미술품과 한국화에 주목하자. 미술 전문잡지나 미술 평론가들이 자주 언급하는 30~40대 작가, 주요 화랑이나 미술관 기획전을 통해 소개된 젊은 신진 작가 중 앞으로 옐로칩, 블루칩으로 성장할 잠재력을 지닌 작가를 발굴하는 것도 그림 투자의 한 방법이다. 투자 위험성이 가장 높아 초보 컬렉터들에게는 적극 권하지 않지만, 투자 금액 대비 가장 높은 수익을 얻을 수 있다는 매력이 있다.

단, 젊은 작가는 작가의 과거 작품 활동에 대한 평가보다 앞으로 성

■ 예산 규모에 따라 구입할 수 있는 작품

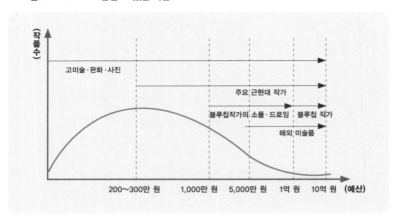

장할 수 있는 잠재력에 더 큰 가치를 둘 수밖에 없다. 따라서 젊은 작가의 작품을 수집할 때는, 작가의 개성과 독창성만큼 작업 활동에 대한 성실성도 눈여겨봐야 한다. 아무리 재능 있는 작가라 하더라도 경제적인 사정을 비롯하여 이런저런 이유로 작품 활동을 끝까지 이어가지 못하고 중도에 포기하거나 업종을 전환하게 되면 투자 가치도 사라지기 때문이다. 작고나 요절 같이 어쩔 수 없는 상황 때문에 작업을 더는 할수 없는 경우가 아니라면, 작가가 죽을 때까지 작업을 지속할 수 있어야 투자 가치가 있다. 아울러 신진 작가의 작품을 수집할 때는 꼭 작가의 수작, 대표작을 사야 한다.

보통 월급쟁이의 한 달 월급 정도 예산이면 일부 국내외 유명 작가의 판화도 구입할 수 있다. 단, 판화의 종류, 에디션의 수량에 따라서 돈이 되는 것도 있고 돈이 안 되는 것도 있으니 판화의 가치를 구분할 수 있어야 한다. 서울옥션이나 K옥션의 온라인 경매에 출품되는 작품 다수가 500만 원 미만의 작품들이다.

온라인 경매를 통해 시장 인지도가 높은 작가의 작품을 경합 없이 시작가에 저렴하게 낙찰받은 후 1~2년 동안 소장했다가 팔면 높은 수익은 아니더라도 70~80% 정도의 수익을 낼 수 있다.

50세가 넘어 뒤늦게 미술계와 시장의 주목을 받는 작가들도 있긴 하지만, 제도권의 선택을 받는 대부분은 30~40대 때부터 주목을 받는다. 대표적인 예외 사례가 강형구 작가인데, 그는 60세가 넘어서야 시장의 주목을 받기 시작했다. 하지만 대부분 유망 작가들은 30~40대에 이미 미술계의 주목을 받거나 시장에서 꾸준히 회자된다.

작품 가격에 아직 큰 변동은 없더라도 시장에서 지속적으로 소개되는 작가의 작품 가격은 언젠가 한 번은 크게 튀어 오르게 마련이다. 아무리 위대한 예술가라 해도 당대 미술계와 시장이라는 제도권의 주목을 받지 못한다면, 미래에 재조명되고 주목받을 가능성은 거의 없다고 봐야 한다. 이러한 사실이 그림 투자자에게는 오히려 투자 위험을 줄여주는 장치가 된다. 조금만 관심을 갖고 미술사와 그림시장을 공부한다면, 누구나 투자하기 좋은 작가의 리스트를 뽑을 수 있고 직접 투자할 수 있는 작가 리스트를 정리해낼 수 있다.

500~1,000만 원을 투자할 수 있다면

예산이 500만 원이 넘어가면 젊은 신진 작가처럼 리스크가 큰 작가의 작품을 컬렉션하는 것보다는 시장 인지도가 있는 좀 더 안전한 작가의 작품을 컬렉션하길 권한다. 저평가된 주요 근현대 작가의 신작이나 구작 소품, 고미술품, 한국화는 물론이거니와 국내 일부 블루칩 작가의 드로잉, 스케치, 수채화도 살 수 있다. 작가의 자연스러운 필력이 돋보이거나 작가의 아이디어가 잘 드러나는 작품, 혹은 작가의 위트와 여유가 돋보이는 드로잉이나 스케치는 유화만큼 미학적 가치를 가지며, 작가의 수작이나 대표작만큼 희소가치가 있다. 이 정도 예산이면 국내 유명 작가의 사진이나 조각 같은 에디션 작품, 국내외 유명 작가의 판화 중에서도 에디션이 적게 발행된 고품질의 판화도 구입할 수 있다.

1,000~5,000만 원을 투자할 수 있다면

1,000만 원에서 5,000만 원 미만의 예산이면 사실 국내 대부분 옐로칩 작가의 작품 2~3점, 불황기에 하락한 생존 중인 블루칩 작가의 신작 소품, 드로잉, 수채화 대다수를 살 수 있다. 이 정도 예산이라면 전문가의 조언에 따라 완성도 높은 옐로칩, 블루칩 작가의 수작 한두 점을 사는 것이 바람직하다. 이때 관건은 어떤 작가의 작품을 살 수 있느냐가 아니라 작가의 어떤 작품을 사느냐다. 작가마다 아이디어를 가장 잘 표현할 수 있는 그림 크기가 있다. 구상화는 작은 크기의 작품이라도 작가의 아이디어가 잘 반영될 수 있지만, 추상화는 대개 크기가 클수록 작품이 주는 깊이감이나 감동도 크다.

호당 가격제를 적용하는 1차 시장에서는 예산이 적을 경우 10호 미만의 소품밖에는 살 수 없을 것이다. 하지만 1,000~5,000만 원 정도 예산이라면 50호에서 100호 혹은 그 이상 크기의 작품도 살 수 있다. 작품이 비싸더라도 작가의 아이디어가 가장 잘 반영되는 크기의 작품을 구입하는 것이 좋다. 경매 최고가를 갈아치우는 작품들을 보면 작가의 아이디어를 가장 잘 표현한 크기의 작품들이다.

5,000만~1억 원을 투자할 수 있다면

5,000만 원이 넘는 예산이면 이제 몇몇 최상위 블루칩 작가를 제외하고는 대다수 블루칩 작가의 소품을 구입할 수 있다. 아트페어나 개인 딜러를 통해 한국에 들어와 있는 해외 유망 작가의 작품까지도 컬렉션 대상으로 눈여겨볼 수 있다. 다양한 작가, 다양한 작품에 분산 투자를 고려해보는 것도 방법이다. 단, 6,000만 원 이상의 고가 미술품을 거래할 때는 시세차익의 20% 정도에 해당하는 금액을 과세하기 때문에 세금 문제도 함께 고려해야 한다.

1억 원 이상을 투자할 수 있다면

저평가된 근현대 작가들의 작품부터 블루칩 작가와 해외 유명 작가의 작품, 주요한 고미술품까지 구입할 수 있다. 예산 때문에 생기는 컬렉션 제약은 거의 없다고 보면 된다. 예산이 1억 원 이상이라면 리스크 관리를 위해 1,000~3,000만 원의 작품들에 분산 투자할 수 있다. 또한 앞으로 더 가격이 상승할 수 있는 블루칩 작가의 수작을 살 수도 있으며, 이제 전 세계를 무대로 활동하는 작가의 그림(이후 해외 작품이라고 칭한다)도 눈여겨볼 수 있다.

국내 작가의 최고가는 지금까지 박수근이 기록한 45억 2,000만 원이지만 전 세계 그림시장 최고가 작품은 고갱의 그림으로 3,000억 원을 넘어섰다. 국내를 주무대로 활동하는 작가의 그림 거래는 아직까지 주로 국내 그림시장에 국한되어 있지만, 세계적으로 활동하는 작가의 그림은 뉴욕·런던·상하이·중동·러시아 구분 없이 전 세계 그림시장에서 통한다. 따라서 그림 구매층이 광범위할 뿐만 아니라 그림 가격 상승폭도 국내에 비해 훨씬 크다. 내가 구입한 해외 작가의 그림이 앤디 워홀이나 피카소만큼의 인기를 얻는 일이 일어난다면 투자수익은 상상을 초월할 것이다. 이런 점에서 해외 작품 투자는 매력적이다.

물론, 적은 예산으로 구입할 수 있는 해외 작가의 작품도 많다. 메이-모제스 지수와 아트프라이스의 연구 결과를 보면 해외 그림시장에서 가장 큰 그림 가격 상승을 보이고, 보편적으로 가장 많이 거래되는 작품 가격이 100~1,000만 원 선의 작품들이었다. 그러나 해외 작품이 국내로 유통되거나 해외로 나가려면 작품 가격과 거래수수료 외에도 운반비, 보험료, 보관 박스 제작비, 작품보관 창고료 등 다양한 부대비용이 든다. 해외 작품을 거래할 때 부대비용은 작품의 가격, 그림의 크기나 무게, 이동 경로에 따라 산출하는데 최소 몇백만 원에서 1,000만 원이 넘는 경우도 있다. 해외에서 저가의 작품을 구입할 경우에는 작품 가격보다 수수료나 운송, 보관 비용이 더 많이 들 수 있다는 사실도 염두에 둬야 한다. 그러므로 해외 작가의 그림을 구입하려면 국내 작가의 그림을 구입하는 예산보다 좀 더 많이 잡고 시작해야 한다.

앞서도 언급했듯이 각 나라 지역 시장에서만 통하는 작가들도 있다. 따라서 해외 작가의 저가 작품을 구입해 국내로 들여온다 하더라도 그 작가가 전 세계적으로 유명해지지 않는 이상, 되팔려면 구입한 지역 시장을 통해 팔 수밖에 없는 경우가 생긴다. 그러면 작품을 판매하기 위한 부대비용이 다시 발생한다. 그래서 해외 작품을 구입할 때는 전 세계 어디에서든 통할 수 있는, 시장에서 높은 거래가의 반열에 오른 유명 작가의 작품을 구입하는 것이 바람직하다.

장기적인 관점에서 여유 자금으로 시작하는 것이 좋다

그림시장은 유동성이 낮지만 그림 가격은 계단식으로 차근차근 오르기보다 급등하는 경우가 많다. 그 때문에 투자자가 투자 기간을 계획할 수가 없다. 게다가 그림시장의 움직임은 주식시장처럼 즉각적이지 않다. 그림 투자는 몇 년에서 몇십 년의 장기 투자가 될 수도 있지만, 구입하고 나서 하루 또는 한 달 사이에 가격이 폭등하는 경우도 있다.

박서보의 작품 가격 추이를 예로 들어보자. 박서보는 2015년 국내 그림시장에서 스타로 떠올랐지만, 3년 전만 해도 작품 가격에 큰 변동이 없었다. 즉, 5년 전에 구입했든 3년 전에 구입했든 작품 가격에 별반 차이가 없었다는 뜻이다. 5년 전에 박서보의 작품을 구입한 사람은 2년 동안 작품 가격 상승을 거의 보지 못했다. 그러나 작품 가격이 급등한 지난 2년 동안 박서보의 〈묘법〉 시리즈 중 구작을 구입한 사람들은 어땠을까? 작품을 컬렉션한 이후에 하루, 한 달이 다르게 가격이 상승했다. 한두 달 사이에 구입가의 몇 배에 해당하는 웃돈을 주고서라도 작품을 구입하려는 사람들이 줄을 섰다. 이처럼 그림 투자는 투자 기간을 정하기 힘들고 투자 기간에 비례하는 것도 아니기 때문에 여유 자금을 갖고 시작하는 것이 좋다.

미술품은 가격이 올라가기 시작하면 매수 희망자가 급증하지만 매물은 금세 자취를 감춘다. 반면 떨어지기 시작하면 매물만 쌓이고 매수세는 실종된다. 이런 흐름의 초기에 기민하게 대처해야만 손실을 최소화하고 수익을 극대화할 수 있다.

그림에 따라
구입 장소를
결정하라

이제 그림을 직접 구매해보자. 크게 볼 때 화랑, 경매, 아트페어, 개인 딜러를 통해서 구입하는 방법이 있다. 화랑과 아트페어에서는 주로 작가의 첫 거래 작품을 살 수 있고, 경매와 개인 딜러를 통해서는 주로 과거에 한 번 이상 거래된 이력이 있는 소장자의 작품들을 구입할 수 있다. 1차 시장에서 살지, 2차 시장에서 살지는 어떤 그림을 살 것인지에 따라 달라진다. 경제 상황에 따라 달라지기도 하고, 작가의 신작을 살 것인지 구작을 살 것인지에 따라서도 달라진다. 또 인기 작가인지, 아니면 작고 작가, 원로 작가, 왕성한 활동을 하고 있는 동시대 작가인지에 따라 다른 선택을 해야 한다. 작가가 국내에서 활동하는지, 해외에서 활동하는지도 변수가 된다. 또 회화 작가인지, 아니면 조각이나 사진처럼 여러 점을 생산할 수 있는 에디션 작가인지에 따라서도 달라진다.

1차 시장에서 구입할 그림

일반적으로 현재 왕성한 활동을 펼치고 있는 동시대 작가의 작품은 1차 시장을 통해 구입하는 것이 좋다. 특히 30~40대의 젊은 유망 작가일수록 공신력 있는 화랑에서 기획한 작가의 개인전을 통해 구입하는 것이 좋다. 대부분 작가는 자신의 이름을 내건 개인전을 위해 수년 동안 심혈을 기울여 작업을 한다. 그래서 다른 이벤트성 전시를 위해 제작한 작품보다 개인전에 선보이는 작품들이 작가의 철학이나 독창적 표현력을 잘 드러낸다. 아울러 개인전을 통해 한 작가가 창작한 다수의 작품을 한자리에서 비교해볼 수 있기 때문에 구매자 입장에서는 선택의 폭이 넓다. 여러 작품 중에서 완성도가 높은 작품, 대표작, 수작을 좀 더 쉽게 골라 살 수 있다.

그러나 동시대 작가의 작품이라고 해서 항상 1차 시장에서 유리한 거래를 할 수 있는 것은 아니다. 동시대 작가의 그림 가격이 갖는 특징을 살펴보면 화랑 전시, 즉 1차 시장의 가격은 시장의 경기와 크게 상관없이 유지된다. 이에 비해 2차 시장의 가격은 시장의 불황과 호황에 따라 큰 변동을 보인다. 시장 선호도가 높은 작가의 경우 시장이 과열된 호황기에는 유사한 그림이라도 1차 시장보다 2차 시장에서 더 높은 가격에 거래되는 게 일반적이다. 이러한 상황을 잘 아는 구매자들은 호황기에도 인기 있는 작가의 작품을 쉽게 구입하기 위해 화랑주와 관계를 돈독히 유지하여 전시가 오픈하기도 전에 발 빠르게 좋은 작품을 선점한다. 이럴 때는 작품 구입의 우선권이 기존에 작품을 구입해온 구매자, 혹은 중개인과 안면이 있거나 오랫동안 관계를 쌓아온 사람에게 돌아간다. 그러나 불황일 때는 동시대 작가의 좋은 작품을 2차 시장에서 화랑가보다 낮은 가격에 살 기회가 생기기도 한다.

동시대 작가의 작품을 구매할 때 아트페어를 이용하는 것도 좋다. 아트페어에 가면 같은 작가의 작품을 여러 갤러리에서 선보일 때가 있다. 어떤 화랑은 작가와 함께 나오는가 하면 어떤 화랑은 소장하고 있던 작품을 가지고 나오기도 하기 때문이다. 이때 같은 작가의 작품일지라도 갤러리마다 작품 가격은 다를 수 있다. 작품 가격이 낮다고 좋은 것은 아니지만, 개인전 외에 같은 작가의 여러 작품을 비교해보고 살 수 있는 좋은 기회가 된다. 아울러 동시대 작가라 해도 경매나 아트 딜러를 통해 작품을 구매해야 할 때가 있다. 작가의 신작이 아닌 구작을 살 때, 특히 작가의 신작보다 구작이 미술계와 전문가들의 높은 평가를 받을 때다.

2차 시장에서 구입할 그림

작고한 블루칩 작가들이나 근대 작가들의 작품 그리고 고미술품을 구입하고자 한다면, 공신력 있는 경매나 믿을 수 있는 아트 딜러를 통해 구입하는 것이 바람직하다. 고미술품이나 작고한 작가의 작품을 구입할 때는 작품의 진위는 물론이고 완성도, 작품의 상태, 제작연도, 대표작인지 여부 등을 주의 깊게 살펴야 하기 때문이다. 지난 10년 동안 한국미술품감정평가원에서 가장 많이 감정한 작가들은 천경자, 김환기, 박수근, 이중섭, 이대원, 이우환, 김종학, 이응노, 김기창, 장욱진 등이다. 대다수가 블루칩으로 분류되는 작가들이다. 감정을 통해 위작임이 드러난 경우가 50%를 넘는 작가들도 있었다. 즉, 시장에는 유명 작가의 위조품 거래가 생각보다 많다는 이야기다. 유명 작가의 작품이 터무니없이 쌀 때는 당연히 위작임을 의심할 수 있다. 하지만 나름대로 작가 연구도 한 상황에서 고액을 지불하고 살 때는 위작일 것이라는 의심을 그다지 하지 않는 경향이 있다.

그런 이유 때문에 작고 작가의 작품이나 고미술품은 정기적으로 경매를 진행하는 믿을 만한 경매회사나 전문적인 지식이 풍부한 아트 딜러를 통해 구입해야 한다고 얘기하는 것이다. 그래야만 작품이 진품임을 보장받을 수 있을 뿐만 아니라 컬렉션에 대한 조언을 비롯하여 작가의 대표작, 수작, 작품의 완성도에 대한 전문적인 의견과 정보도 얻을 수 있다. 하지만 비정기적으로 경매를 진행하는 회사는 위험하다. 경매진행 위원들이 신뢰할 수 있는 사람인지 아닌지를 확인하기가 쉽지 않기 때문이다. 정기적으로 경매를 진행했으며, 최소 10년 이상 운영해온 경매회사를 이용하자.

단, 1차 시장에서 정말 사고 싶은 작품을 발견했다면, 구입하기 전 그 작품의 진위나 시가에 대해 한국미술품감정평가원의 공식적인 감정평가서를 요구하는 것이 좋다. 아직 왕성한 작업 활동을 하고 있는 작가라면 작가한테 진품을 인정받으면 되지만, 작고했거나 작업 활동을 하지 않는 원로 작가이거나 국내에 없는 작가의 작품이라면 공신력 있는 기관으로부터 검증을 받아두어야 한다.

경매를 통해 작품을 살 때에는 경매 일주일 전에 열리는 프리뷰 전시에서 꼭 실물을 확인해야 한다. 도록에서 사진으로 보던 것과 실물 간에 차이는 없는지, 액자에 변화는 없는지 등을 살펴야 한다. 작품 상태도 꼼꼼히 체크해야 한다. 출품된 모든 작품은 있는 그대로 판매되는 것이며, 스크래치가 있다고 해서 낙찰받은 뒤 이를 복원해달라고 요청할 수 없기 때문이다. 출품자나 경매회사 누구도 복원해줄 의무를 지지 않는다. 또 전시장에 가면 여러 사람과 어울려 작품을 보는 가운데 귀중한 정보도 얻을 수 있고, 경매 직원한테 관심 있는 작품에 얼마나 경합이 붙을 것인지도 물어볼 수 있다. 경매 전에 경매 경쟁률에 대한 윤곽이 대략 나오기 때문이다. 경매에서 동일한 가격으로 경합할 때 경매회사는 서면 응찰자, 현장 응찰자, 전화 응찰자 순으로 우선순위를 준다. 동일한 가격의 서면 응찰자가 여럿일 때는 경매회사에 응찰서를 먼저 제출한 사람에게 우선권이 있다.

에디션 작품의 구입 경로

사진, 조각, 판화처럼 에디션 넘버가 여러 개인 작품은 동일한 이미지의 작품일지라도 작품 가격이 달라질 수 있다. 이때는 작가와 그 작가를 프로모션하는 화랑이 에디션 넘버에 따라 정해놓은 규율 혹은 유통 경로에 따라 가격이 정해진다. 여러 개의 작품이 시장에서 동시에 유통될 때, 일반적으로 처음 1차 시장에서 나온 에디션이 저렴한 편이고 에디션 넘버가 높거나 2차 시장에서 수차례 거래가 이루어진 작품은 가격이 높다. 그러므로 에디션이 있는 작품은 1차 시장에서 처음 이루어지는 거래를 통해 에디션 넘버가 낮은 작품을 사는 것이 조금 더 낮은 가격에 작품을 구입하는 방법이다. 참고로, 10개를 넘는 사진이나 조각 그리고 수백 장에서 수천 장의 넘버가 붙은 판화는 아무리 유명한 작가의 작품일지라도 수요·공급의 원리와 희소성의 가치 면에서 투자 매력도가 떨어진다. 판화를 구입할 때는 소량으로 제작된 판화를 구입해야 한다.

좀 더 저렴한 온라인 경매

미술품 경매는 크게 오프라인 경매와 온라인 경매로 이루어진다. 오프라인 경매는 실제 참관할 수 있는 경매장에서 이루어지는 경매를 말하고, 온라인 경매는 인터넷상에서 이루어지는 경매를 말한다. 오프라인 경매보다 온라인 경매에 좀 더 저렴한 작품들이 많이 출품된다.

그래서 투자 예산이 적은 사람 중에는 오프라인 경매에서 인기 있는 작가의 작품 중 온라인 경매에 나온 작품들을 공략해서 소소한 수익을 얻기도 한다. 이들은 시장 인지도가 높은 작가의 작품을 온라인 경매 시작가에 사거나, 유찰 후 경매회사에서 시세보다 10~20% 정도 저렴한 가격에 구입한다. 그렇게 1~2년 정도 소장하고 있다가 자신이 구입한 가격에 20~50% 정도를 더해 경매나 2차 화랑을 통해 되팔곤 한다. 과거에는 오프라인에 비해 온라인 경매에 대한 관심이 덜한 편이었지만 요즘은 온라인 경매에 대한 관심이 점점 더 높아지고 있다.

작가의 작품을 좀 더 저렴하게 사고 싶다면 온라인 경매나 경매회사의 애프터 프라이빗 세일을 활용하는 것도 좋은 방법이다. 온라인 경매에서 낙찰되는 작품의 70~80%가 500만 원 미만이다. 게다가 오프라인 경매는 경매회사가 정한 일정 금액의 연회비를 지불해야만 입찰 자격을 얻을 수 있다. 이에 비해 온라인 경매는 연회비 부담 없이 회원 가입만으로도 응찰할 수 있다. 온라인 경매에 출품되는 작품은 주로 가격대가 낮은 작가의 소품, 판화, 드로잉이다. 유찰에 대한 부담이 오프라인 경매보다 적기 때문에 보수적인 오프라인 경매에서 소개하지 못했던 새로운 작가의 작품, 다양한 장르의 작품 그리고 작품을 빨리 처분하고 싶어 하는 위탁자로부터 급매로 나온 미술품이 나온다.

오프라인 경매에 유찰된 작품

온라인 경매와 더불어 주목할 것이 오프라인 경매에서 유찰된 작품들이다. 유찰된 작품이라고 모두 질이 떨어지거나 시장에서 인기가 없는 작가의 작품인 것은 아니다. 경매하는 날의 상황과 분위기가 그날 경매 결과를 좌우하기도 한다. 경매에 나온 작품 중 유찰된 작품들은 경매 종료 후에 위탁자와의 협의하에 애프터 프라이빗 판매를 진행하기도 한다. 이 프라이빗 판매에서는 파격적인 가격 협상도 가능하기 때문에 자신이 원하는 작품을 좋은 가격에 구입하는 행운을 얻을 수 있다. 유찰된 작품 중 구매하고 싶은 작품이 있다면 경매회사에 구입 문의를 하는 것도 좋은 방법이다.

구입하길 원하는 작품이 있는데 공개시장에서 찾기 힘들다면 개인 딜러에게 의뢰할 수도 있다. 개인 딜러들은 고객의 의뢰 내용에 맞춰 시장에서 작품을 물색해줄 수 있다. 특히 해외 작품이나 해외에서 활동하는 국내 작가의 작품은 그 작가를 국내에서 프로모션하는 화랑이 딱히 없다면 신뢰할 만하고 전문지식이 있는 개인 딜러에게 의뢰해 작품을 제안받는 것도 좋다. 이때는 의뢰를 받은 개인 딜러의 역량이 중요하다.

더 높은 가격을
받을 수 있는
곳에 팔아라

    소장하고 있던 그림을 팔고자 하는 사람이라면 판매 경로 선택, 판매가 결정, 판매 타이밍, 그리고 중개수수료와 세금이 가장 큰 관심거리이자 고민거리일 것이다. 어떤 경로를 통해 그림을 팔아야 더 높은 가격을 받을 수 있을까? 작품 가격으로 얼마를 제시해야 적당할까? 언제 파는 게 좋을까? 중개인이 수수료를 비싸게 부르면 어떡하지? 세금이 많이 나오면 어쩌지? 이런 수많은 고민이 꼬리에 꼬리를 물고 이어진다.

    작품 판매는 구매한 화랑이나 작가의 전속 화랑, 신뢰할 만한 개인 딜러에게 의뢰할 수도 있고 경매를 통한 공개 경합으로 판매할 수도 있다. 각 경로의 장단점을 비교하여 자신에게 맞는 판매 방법을 선택하면 된다. 판매를 위탁받은 화랑이나 딜러는 작가의 작품 시세와 위탁자의 판매 희망가를 절충한 가격 기준선을 가지고 새로운 구매자를 찾게 된다. 그림 중개인에게 판매 의뢰를 하기에 앞서 자신이 소장한 작품의 시가를 알고 싶다면 한국미술시가감정협회나 한국미술품감정협회에 비용을 내고 감정을 받는 방법도 있다.

그림 중개인은 직접 위탁받은 작품의 새로운 구매자를 개별적으로 물색한다. 따라서 작품 거래가 빨리 이루어질 수도 있고 오랜 시간이 걸리기도 한다. 부동산 거래와 유사하다고 보면 된다. 위탁판매에는 특별히 위탁수수료가 부과되지 않으며, 작품 거래 시 중개수수료만 있기 때문에 수수료 부담이 적은 편이다. 여기에 판매자가 원하는 가격선에서 구매처를 찾아볼 수 있다는 장점이 있다. 통상적으로 위탁판매의 중개수수료는 10% 안팎에서 정해진다. 다만, 수수료의 비율은 거래되는 작품의 가격대에 따라 판매자와 중개인 간에 협의하여 조율할 수 있다. 위탁판매의 가장 큰 장점은 작품을 비공개적으로 팔 수 있어 판매자가 시장에 공개됐을 때 발생하는 잡음이나 문제들에서 벗어날 수 있다는 점이다. 반면에 공개 경합을 원칙으로 하는 경매에서는 경매가 끝나기 전까지 작품이 얼마에 팔릴지 알 수 없다. 경매회사에서는 경매를 시작하기 전 추정가를 매길 때 가능한 한 낮추려고 한다. 추정가를 낮춰야 경매 손님을 끌어들일 수 있기 때문이다.

실제로 거의 예외 없이 추정가가 높을 때 응찰률이 낮아지고, 추정가가 낮을 때 경합이 많아지고 작품도 비싸게 팔린다. 추정가가 낮아지면 위탁자 입장에서는 자신의 작품이 낮은 가격에 팔리는 것이 아닌가, 너무 저평가하는 것이 아닌가 하는 생각을 하게 된다. 그러나 이것은 경매회사가 그림을 더 높은 가격에 팔려는 전략이다.

경매에서는 응찰자들 사이에 경쟁이 치열해지면 출품자가 기대했던 것 이상으로 높은 가격에 작품이 팔리기도 하지만, 반대로 입찰 경쟁률이 낮거나 입찰자가 없으면 작품이 시세보다 낮은 가격에 팔리거나 유찰될 수 있다. 좋은 작품일지라도 경매 당일 그 작품에 응찰하는 사람이 없을 수도 있다. 사정이야 어떻든, 공개 경매에서 유찰된 기록이 있는 작품은 추후 시장에서 한동안 거래가 어려워질 수 있다. 아울러 경매회사는 작품이 경매에서 낙찰되든 유찰되든 작품 위탁자로부터 위탁수수료를 받는다. 위탁수수료는 경매회사마다 차이가 나며 부가가치세도 지불해야 한다. 경매를 통한 거래는 최소 한 달 이상이 소요된다.

화랑이든 개인 딜러든 경매든 작품을 위탁받는 과정은 유사하다. 우선 서면으로 판매하고자 하는 작품의 작가 이름과 작품 이미지, 제목, 크기, 작품의 재질, 제작연도를 받는다. 때에 따라서는 소장 경위와 보증서, 감정서, 작품이 게재된 도록 등 위탁하고자 하는 작품과 관련하여 보유하고 있는 자료들을 더 요구할 수도 있다. 이들은 소장자로부터 받은 자료를 토대로 판매 의뢰를 받은 작품의 시가, 진위, 시장성 등을 심의한 후 판매 가능 여부를 소장자에게 알린다. 작품을 판매해줄 수 없다는 피드백을 받을 수도 있다. 만약 그런 피드백을 받았을 때는 왜 그런지 이유를 물어봐야 한다. 경매회사에서 감정을 했는데 작품이 위작인지 의심스럽다는 결과가 나왔다 하더라도 경매회사는 위탁자에게 곧이곧대로 얘기해주지 않는다. 돌려 말하는 경우가 많다. 경매에서 제외되는 이유는 위작 이외에도 여러 가지가 있다. 유난히 그 시기에 한 작가의 작품이 몰린 경우, 아직 시장에서 검증이 덜 된 작가인 경우, 작품의 상태가 좋지 않은 경우 등이다. 경매회사의 목표는 좋은 작품을 비싸게 파는 것이기에 이런 상황에 대한 평가를 하는 것이다.

그림으로 대출을
받을 수 있을까?

씨티은행이나 UBS처럼 발 빠른 일부 은행권은 1970년대 후반부터 고액 예금자와 아트 딜러들을 대상으로 미술품 담보대출 서비스와 미술품 투자 컨설팅 서비스를 제공해왔다. 오늘날에는 아트 캐피탈 그룹, 아트 파이낸스 파트너, 모건 스탠리, 도이치뱅크, 제이피모건, 뱅크오브아메리카, ABN암로 등을 비롯하여 수많은 금융기관과 사모펀드가 미술품 담보금융 서비스를 제공하고 있다. 그 규모도 점점 더 커지고 있다.

최근에는 미술품 개인 투자자들을 돕기 위해서 예술 담보대출 서비스만을 제공하는 예술금융 전문 기업도 늘어나고 있다. 대표적인 예가 애셔 에델만이 창업한 미국 기반의 아트어슈어, 제임스 헤지가 설립한 모기지 파이낸스, 얄 레비가 창립한 유럽 기반의 플래티넘 아트, 칼라일 그룹과 자산은행 방크 픽테가 손을 잡고 출시한 아테네 아트 파이낸스 등이다. 이 회사들은 경매 기록이 있거나 자체적으로 시장 선호도가 높다고 판단한 작가의 작품들을 담보로 컬렉터, 갤러리 소유자, 경매회사에 대출 서비스를 제공하고 있다. 대출 미술품의 조형적 기준은 회화, 조각 그리고 드로잉이며 전형적으로 대출자가 그 작품의 소유권을 가진다. 대출 규모는 작품 시장 가치의 30~50%에 해당하는 금액으로, 대출 금액은 각 그림당 수천 달러에서 수십억 달러에 이른다. 주로 단기대출이며, 상환기한은 대부분 2개월에서 5년이다.

현재 국내 금융기관에서는 공식적으로 이런 서비스를 제공하는 곳이 없다. 단, 서울옥션, K옥션에서는 회사의 판단하에 시장 가치가 높다고 판단하는 그림의 경우나 회사의 VIP 고객 서비스 차원에서 사례별로 그림 담보대출 서비스를 제공하고 있다.

그림을 사고팔 때
주의해야 할
세금

컬렉터 입장에서 세금과 관련하여 주의해야 할 것은 그림 판매 시 부과되는 양도소득세 한 가지다. 부동산은 보유하는 동안 해마다 재산세나 종합부동산세 같은 보유세를 내야 하지만, 그림은 취득하는 과정이나 소장하고 있는 동안에는 부과되는 세금이 없다.

그러나 작품 판매 시 개(점, 조)당 양도가액이 6,000만 원 이상인, 작고 작가와 해외 작가가 제작한 미술품에 대해서는 소장 기간에 소요된 필요경비를 제외하고 거래 차익의 20%를 양도소득세로 부과한다. 이 양도소득세는 기존 그림 소장자의 차익에 직접 과세하는 것이 아니라 기존 그림 소장자와 새로운 그림 구매자 사이에서 중개하는 시장 중개인에게 일임, 원천징수한다. 원천징수란 소득금액 또는 수입금액을 지급할 때, 지급받는 자가 부담할 세액을 지급자가 국가를 대신하여 미리 징수하는 것을 말한다. 단, 생존하는 국내 작가이거나 제작 후 100년이 넘지 않은 골동품에 대해서는 거래가가 6,000만 원이 넘더라도 과세하지 않는다.

- 양도소득세 = {새로운 소장자의 매입가 − (기존 소장자의 매입가+작품 보유 기간 소요비용)}×20%
- 주민세 = 양도소득세×10%

양도소득세를 부과할 때는 작품 보유 기간에 발생한 필요경비 부분을 인정해준다. 여기서 작품 보유 기간의 소요비용 산출은 소장 기간 10년을 기점으로 달라진다. 10년 미만 소장할 경우 필요경비는 양도가액의 80%를 최저한으로 하고, 실제 소요된 필요경비가 80% 이상인 경우에는 실제 소요된 금액을 필요경비로 인정한다. 다만 보유 기간이 10년 이상인 경우에는 90%를 필요경비 최저한으로 인정한다.

예컨대 5년 전에 7,000만 원을 주고 산 그림을 1억 원에 팔았다면 1억 원에서 필요경비인 취득가액 7,000만 원을 뺀 3,000만 원이 기타소득이 된다. 그런데 필요경비의 최저 금액은 양도가액의 80%인 8,000만 원을 뺀 2,000만 원을 기타소득으로 보고 이에 대해 양도소득세를 부과하는 것이다. 만약 보유 기간이 10년을 넘었다면 필요경비가 9,000만 원이 되기 때문에 기타소득은 1,000만 원이 되고, 이 금액에 대해 양도소득세가 부과된다. 그러나 중개수수료는 작품 보유 기간의 소요비용에 포함되지 않는 별도의 비용이다.

반면에 기존 소장자가 작품의 매입가보다 낮은 가격에 되팔 경우, 작품 매입계약서나 거래대금 확인서로 그 사실이 증명된다면 작고 작가와 해외 작가의 작품이 6,000만 원 이상에서 거래돼도 양도소득세를 부과하지 않으며 원천징수 신고만 한다. 그림시장에서 양도소득세가 적용된 지 얼마 되지 않았고 작품 거래가 주로 비공개로 이루어지기 때문에 작품 구매를 증명하거나 작품 보관경비를 입증할 수 있는 공인된 정식 자료는 아직 없다. 현재까지는 거래 상대방, 매입 금액, 거래 시기가 기입된 작품 매입계약서와 거래대금을 입증할 수 있는 통장사본 혹은 거래대금 확인서가 양도소득세 산출의 공식적인 자료가 된다. 양도소득세는 중개자가 매달 원천징수 신고를 할 때 신고하게 된다.

대부분의 작품 소장자들이 소장 기간에 소요된 비용을 증명할 자료를 갖고 있지 않다. 그래서 K옥션은 작품 보유 기간이 10년 미만일 때는 필요경비를 80% 인정하고 주민세를 포함하여 작품 판매가의 4.4%를 양도소득세로 원천징수하고 있다. 그리고 10년 이상 보유한 작품에 대해서는 주민세 포함 작품 판매가의 2.2%를 양도소득세로 원천징수하고 있다. 또한 10년 이상 보유했지만 작품 매입 금액을 증명할 만한 자료를 갖고 있지 않다면, 10년 미만 작품 보유로 규정하고 작품 판매가의 4.4%를 양도소득세로 부과한다.

- 원천징수세율
  - 10년 미만 보유 시 필요경비 80% 인정: 4.4%(주민세 포함)
  - 10년 이상 보유 시 필요경비 90% 인정: 2.2%(주민세 포함)

미술품도 자산이다. 그렇다면 소장하고 있던 미술품을 상속하는 과정에서 부과되는 세금은 없을까? 형식적으로 미술품 상속에도 세금을 부여한다. 국세청은 그림 상속 혹은 증여 시 증여 사실을 국세청에 자진 신고하도록 권하고 있고, 신고된 작품에 대해서 국세청은 1년 안에 세금을 부과할 수 있다. 과세 기준은 해당 분야 전문가 2인 이상이 감정한 가액의 평균액을 그 가액으로 한다. 하지만 감정가액이 국세청장이 위촉한 3인 이상의 전문가로 구성된 감정평가심의회에서 감정한 가액보다 낮을 경우에는 국세청장이 위촉한 감정평가위원회에서 감정한 가액으로 한다. 그러나 그림을 상속받고도 신고하지 않으면 국세청은 그 사실을 알 수가 없다. 그림 거래는 대부분 비공개로 이루어지기 때문에 그림이 어디에 있고, 어디로 이동하는지 추정이 불가능하다.

상속받거나 증여받은 날로부터 15년이 지나면 세금을 부과할 수 없다. 단, 15년이 지났어도 국세청에서 알았다면 언제든지 과세할 수 있다. 상속 또는 증여한 미술품의 가액이 50억 원을 초과하는 경우다.

그러나 실제로 상속세나 증여세가 적용되는 사례는 거의 없다. 그림 거래는 필수적인 공개 거래가 아니기 때문에 제도적으로 누가 어떤 작품을 소장하고 있는지 확인할 방법이 없다. 소장자가 보유하던 그림을 배우자나 자식에게 그대로 물려줘도 알 수 없는 것이다. 예를 들어 김환기 작품을 수십 년 동안 소장해온 컬렉터가 딸에게 그림을 그대로 물려주고 신고하지 않으면 그뿐인 것이다. 아울러 그림 가격은 상시 변할 수 있기 때문에 시세가 얼마인지 정확히 알 수 없어 상속세와 증여세 선정 기준과 부과 방법이 명확하지 않다. 따라서 그림 재테크를 할 때는 양도소득세만 잘 숙지하고 있으면 된다.

2013년부터 시행된
미술품 양도 관련 소득세법

〈소득세법〉

제21조(기타소득) ① 기타소득은 이자소득·배당소득·사업소득·근로소득·연금소득·
퇴직소득 및 양도소득 외의 소득으로서 다음 각호에서 규정하는 것으로 한다. 〈개정
2010.12.27, 2012.1.1, 2013.1.1〉

25. 대통령령으로 정하는 서화(書畵)·골동품의 양도로 발생하는 소득

〈소득세법 시행령〉

제41조(기타소득의 범위 등)

⑫ 법 제21조 제1항 제25호에서 "대통령령으로 정하는 서화(書畵)·골동품"이란 다음 각
호의 어느 하나에 해당하는 것으로서 개당·점당 또는 조(2개 이상이 함께 사용되는 물품
으로서 통상 짝을 이루어 거래되는 것을 말한다)당 양도가액이 6,000만 원 이상인 것을 말한
다. 다만, 양도일 현재 생존해 있는 국내 원작자의 작품은 제외한다. 〈신설 2009.2.4,
2010.2.18, 2010.12.30〉

1. 서화·골동품 중 다음 각목의 어느 하나에 해당하는 것

가. 회화, 데생, 파스텔(손으로 그린 것에 한정하며, 도안과 장식한 가공품은 제외한다) 및 콜라주와
이와 유사한 장식판

나. 오리지널 판화·인쇄화 및 석판화

다. 골동품(제작 후 100년을 넘은 것에 한정한다)

2. 제1호의 서화·골동품 외에 역사상·예술상 가치가 있는 서화·골동품으로서 기획재정부 장관이 문화체육관광부 장관과 협의하여 기획재정부령으로 정하는 것

[제목개정 2007.2.28]

제87조(기타소득의 필요경비계산) 법 제37조 제2항 제2호에서 "대통령령으로 정하는 경우"란 다음 각호의 어느 하나를 말한다.

2. 법 제21조 제1항 제25호의 기타소득에 대해서는 거주자가 받은 금액의 100분의 80(서화·골동품의 보유 기간이 10년 이상인 경우에는 100분의 90)에 상당하는 금액을 필요경비로 한다. 다만, 실제 소요된 필요경비가 100분의 80(서화·골동품의 보유 기간이 10년 이상인 경우에는 100분의 90)에 상당하는 금액을 초과하면 그 초과하는 금액도 필요경비에 산입한다.

[전문개정 2010.12.30]

구매 결정 후
최종
체크리스트

　구매하고 싶은 작가, 구매하고 싶은 그림을 찾았다면 최종 구매 결정을 내리기에 앞서 다음과 같은 질문들을 해보자. 물론 작품에 따라서 모든 질문에 명확한 답을 얻기 힘들 수도 있다. 그림은 작가마다 그림마다 개별적인 분석이 필요하기 때문이다. 그러나 피 같은 돈을 투자하는 만큼 내가 구매하려고 하는 작품이 어떤 작품인지, 어떤 스토리가 있는 작품인지는 알고 있어야 하지 않겠는가. 다음 질문들은 작품을 감상할 때마다 떠올려봐도 좋은 질문들이다. 질문을 떠올리고 답을 찾아가는 과정을 반복함으로써 작품에 대한 안목을 키울 수 있다.

작가의 A급 작품인가?
　같은 작가 그림일지라도 작품의 완성도, 작가의 대표작 여부에 따라 향후 작품을 재판매할 때 시장에서 평가되는 그림 가격이 달라진다. 따라서 그림을 구입하기 전에 가능한 한 A급 작품인지를 다시 한 번 확인해야 한다. A급 작품은 작가의 주 작업 재료로 제작된 작품, 시장이 선호하는 이미지·주제·시기의 작품, 미술계에서 작가로서 인정받는 계기가 된 작가의 상징적인 화풍이 정립된 시기의 작품, 특별한 사연이 있는 작품, 역사적 사건과 연관된 작품, 유명 소장자의 소장 이력이 있는 작품, 전체적으로 작품 구성이 조화를 이루는 작품이다. 개인적으로 작가의 대표작인지 아닌지를 판단하기 어렵다면 믿을 만한 그림 중개인들에게 조언을 구하는 것이 좋다.

작가의 총 작품 수가 대략 얼마나 되는가?

작품 수는 시장 가치를 결정하는 주요 요소인 희소가치, 유통량과 연관된다. 아직 왕성한 작품 활동을 전개하는 젊은 작가라면 작품 수를 세는 것이 큰 의미가 없다. 하지만 원로 작가나 작고 작가라면 제작된 작품 수 대략 어느 정도인지 알아두기를 권한다. 작가의 미래 시장 가치를 전망하는 데 도움이 된다.

예를 들어 박수근의 유화는 정확하게 밝혀진 바는 없지만 300~400여 점에 불과한 것으로 추정된다. 작품 대부분을 국립현대미술관, 호암미술관, 박수근미술관 등 잘 알려진 주요 컬렉터들이 소장하고 있다. 이는 박수근의 작품이 시장에 나올 가능성이 거의 없다는 말이다. 최근 몇 년 동안 경매회사에서 거래된 그의 유화 작품은 50점 안팎에 불과하다. 이 중 절반은 해외에서 들어온 작품이다. 시장에 나올 작품들이 거의 다 나왔기 때문에 앞으로는 그마저도 위탁받기 힘들다는 것이 전문가의 견해다. 국내에선 시장에 나올 작품이 별로 없으며 유통물량이 바닥을 드러내고 있다는 얘기다. 그만큼 시장에서 희소성이 있는 작품이므로, 장기적으로 볼 때 앞으로도 하락보다는 상승곡선을 띨 가능성이 크다고 판단할 수 있다.

그림뿐만 아니라 판화, 사진, 조각처럼 에디션 개념이 있는 작품을 살 때도 에디션의 개수를 정확하게 파악하고 구입해야 한다.

작품이 최상의 컨디션을 유지하고 있는가?

유화 작품에는 재료의 특성상 금, 즉 크랙(crack)이 많이 있다. 그러나 이 금이 시간이 지나면서 자연스럽게 생긴 것인지 인위적인 외부 압력, 즉 파손에 의해 생긴 것인지 점검해야 한다. 캔버스에 작가의 터치가 아닌 외부 먼지나 외부인에 의한 낙서가 있는지도 잘 살펴야 하며, 캔버스 옆면을 통해 캔버스의 마모 정도도 꼭 확인해야 한다. 구작인 경우 옆면에서 본 캔버스의 마모 정도에 따라 복원이 필요할 수도 있다.

본인이 직접 작품의 상태를 일일이 체크하기 힘들고 고가의 작품이라면, 구입 시 그림 중개인이나 기존 소장자와 의논해서 제3의 전문가에게 점검을 맡기는 것이 좋다. 작품의 상태를 체크한 전문가나 공신력 있는 기관으로부터 컨디션 리포트를 받아 작품과 함께 보관한다.

작품의 재료가 변질할 위험은 없는가?

장욱진은 유화, 매직화, 색연필화, 수묵화 등 다양한 소재의 작업을 했다. 그중 매직화는 작품성에 비해 작가의 다른 소재 작품보다 책정가가 낮다. 그 이유는 매직이라는 소재가 갖는 휘발성 때문이다.

내가 알고 지내는 한 손님은 바닥시공에 자주 쓰이는 에폭식이라는 재료를 사용한 작가의 작품을 구입한 후, 안전하게 보관한다고 꽁꽁 포장해서 사용하지 않는 방에 보관했다. 2년 후 포장을 풀어보니 에폭식이 녹아 흘러내려 낭패를 봤다. 천연 재료를 이용해 작업하는 작가의 작품을 구입했는데 시간이 흐르자 작품에 곰팡이가 생겨 난감했다는 사람도 있다. 그러므로 작품을 구매할 때는 어떤 재료로 제작한 작품인지를 체크해야 하고, 변질될 가능성이나 자연상태에서 손상의 우려가 있는지를 꼭 확인해야 한다.

아울러 그림 구매 후에도 작품이 손상되지 않도록 잘 보관해야 한다. 일반적으로 할 수 있는 최선의 그림 보관 방법은 햇볕이 들지 않은 벽면에 걸어놓는 것이다. 조각은 보관 시 스크래치나 모서리에 마모가 생기지 않도록 유의해야 한다. 그리고 사진은 어떤 방식으로 출력했느냐에 따라서 자연스럽게 화색이 변질될 수도 있다. 다시 말해 존속 기간에 차이가 있을 수 있으므로 화색이 변질됐을 때 작가의 애프터 서비스가 가능한지를 확인해야 한다. 특히 디아섹(diasec)이라는 액자 처리가 된 사진 작품은 스크래치가 나면 원상복귀가 힘드니, 작품 구입 시 심사숙고해야 한다.

작가의 진짜 사인이 맞는가?

작가의 정확한 사인을 반드시 확인해야 한다. 어떤 작가는 작품이 변할 때마다 사인을 바꾸기도 하고, 어떤 작가는 다양한 스타일의 사인을 갖고 있기도 하다. 그러므로 작품 구매 전에 작가별로 어떤 사인을 사용하는지 확인해두는 것이 좋다. 구입하고자 하는 작품에 작가의 사인이 있는지도 반드시 확인해야 한다. 물론 작가에 따라 혹은 작품에 따라 의도적으로 사인을 하지 않은 작품도 있다. 오윤 같은 경우 진품이라도 사인한 작품보다 사인을 하지 않은 작품이 더 많다. 작가의 사인이 없다고 모두 가품은 아니다. 작가별로 그에 맞게 진품임을 확인하는 절차를 가져야 한다는 뜻이다. 주로 낙관을 찍는 고서화나 한국화의 경우에는 낙관이 있느냐 없느냐도 확인할 필요가 있다.

서명이나 낙관이 있는 작품은 그렇지 않은 작품에 비해 값이 더 나간다. 낙관이 있더라도 그것이 후대에 추가된 것, 즉 후낙이라면 좀 더 따져봐야 한다. 낙관이 없다 해서 꼭 가짜 그림으로 단정할 수 있는 것은 아니다. 안목이 상당히 높은 컬렉터들은 작품이 뛰어나거나 작가에 대한 확신이 들면 낙관이 없더라도 산다. 나중에 전문가에 의해 그 작품의 가치가 밝혀질 경우 값이 더 나갈 것이 틀림없기 때문이다. 다만 초보자라면 낙관 없는 작품을 사고 나서 맘고생 하지 말고 안전하게 낙관이 있는 작품을 사길 권한다.

출처가 확실한 작품인가?

누가 소장했던 작품인지, 어디서 나온 작품인지, 어떤 전시 경력이 있는 작품인지 확인하라. 소장하고 있는 작품 이미지가 실린 도록, 잡지, 기사라든지 작품의 과거 이력을 증빙할 수 있는 자료가 있다면 수집해 놓는 것이 좋다. 주요한 미술관 전시 경력이 있거나 과거 소장자가 유명인일수록 고가에 거래할 수 있다.

그림 가격이 합당한가?

앞서도 말했지만 비싼 그림을 사는 것과 그림을 비싸게 사는 것은 엄연히 다르다. 고가에 거래되는 작품인데 나한테 터무니없이 싼 가격에 제안을 해왔다면 위작을 의심해봐야 한다. 아울러 경매 기록도 살펴본다. 경매에 출품된 이력이 있는 작품인데 유찰된 경우라면 그 이유를 알아보는 것도 좋다. 그러나 유찰된 이력이 있다고 모두 안 좋은 작품으로 단정 지을 수는 없다. 좋은 작품일지라도 경매 당시 그 작품에 경쟁이 붙지 않으면 어처구니없게 유찰로 이어지기도 하기 때문이다. 이때는 좋은 작품을 좀 더 좋은 가격에 살 기회가 될 수 있다.

작가 혹은 전속 화랑이 발행한 진품증명서 혹은 보증서가 있는가?

감정협회의 감정평가서가 첨부되어 있는가? 위작 시비에 휘말리지 않으려면, 작품 구입 시 진품임을 인정하는 보증서를 꼭 챙겨야 한다. 특히 고미술에 위작이 많기 때문에 공신력 있는 기관에서 구입하기를 권한다. 공신력 있는 기관에서 진품임을 인정하는 증명서가 있는 그림을 구입하거나 공식적인 기관에 직접 진품 의뢰를 하여 확인받은 후 구입하자.

경매도록에서 고미술 섹션을 다룬 부분 중 작가의 이름 앞에 '전 단원', '전 겸재'처럼 '전'이 붙는다면 이것은 단원, 겸재의 작품으로 추정된다는 의미다. 다시 말해 확실히 단원, 겸재의 작품이라는 보장은 못 하겠다는 뜻이다. 또 고미술 작품은 전문 감정요원도 잘못된 감정을 할 수 있다. 실제로 도상봉의 〈라일락〉 작품을 놓고 공식적인 감정기구인 한국화랑협회와 한국감정가협회가 의견을 달리한 적이 있다. 작가의 유족과 전문가들의 견해가 다를 수도 있고, 드물기는 하지만 살아 있는 작가의 작품을 두고도 작가 본인과 전문가들 사이에 진위 문제에 대한 의견이 갈릴 때도 있다. 심지어 천경자 작품은 작가와 미술관, 협회 사이에 감정에 불일치를 보인 적도 있다.

고미술을 살 때는 도난품(장물)이나 도굴품이 아닌지 살펴야 한다. 1999년 조계종에서 낸 《도난문화재백서》를 살펴보면 좋다. 최근에는 도난당한 《삼국유사》가 경매에 출품된 일도 있다. 당연히 그 경매는 취소됐다.

진품보증서가 위조되는 경우가 있으니 생존 작가라면 작가에게 직접 감정을 의뢰하는 것도 좋다. 작고 작가의 작품이라면 공신력 있는 갤러리, 경매, 딜러를 통해서 구입하자. 이것도 실효성이 있는 것인지에 대해서는 의견이 분분하지만, 그래도 구입처의 진품증명서와 보증서는 아주 중요한 작품보증서가 되므로 꼭 챙겨서 보관하도록 한다.

작품 구매 내역서를 챙겼는가?

2013년부터 6,000만 원 이상의 유고 작가 작품을 거래할 때는 거래차익에 따라 미술품 양도소득세를 부과하고 있다. 그러므로 손해 보지 않고 양도소득세를 제대로 내려면 작품 구입비용을 증명할 수 있는 증빙자료를 잘 챙겨야 한다. 바로 작품 매입계약서와 거래대금 확인서다. 만약 작품 매입계약서를 주지 않는다면, 구매자가 직접 중개인에게 요구할 수 있다.

액자나 프레임이 바뀐 흔적이 있는가?

그림은 작가가 처음 작품을 제작할 때 짜놓은 프레임이나 액자를 원래 그대로 유지하고 있는 것이 가장 좋다. 그렇지만 작품이 거래되면서 소장자의 취향이나 그 외 다양한 이유로 액자가 바뀌기도 한다. 가끔 작품 제작연도와 액자 제작연도가 맞지 않는 경우가 있다. 이럴 때는 위작인지 의심해봐야 할 정도로, 그림에서 액자가 갖는 의미는 크다. 그러므로 작품의 액자나 프레임이 작가가 처음 제작하던 당시의 것인지, 아니면 후에 새로 바뀐 액자인지를 확인하라. 작가가 처음 제작할 때 사용한 액자가 아니라면, 액자가 바뀐 이유를 확인해놓아야 한다.

카탈로그 레조네가 있는 작가라면?

카탈로그 레조네란 위작이 시장에 나도는 것을 방지하기 위해 혹은 작가의 진품을 확인하기 위해 작가의 모든 작품을 기록한 작품 총서를 말한다. 해외 유명 작가 중에는 레조네가 있는 경우가 많다. 그러므로 해외 유명 작가의 작품을 구입할 때는 카탈로그 레조네가 있는지 확인하고, 구입하려는 작품이 레조네에 정확하게 등록되어 있는지 확인해야 한다. 이미지가 같다 하더라도 사고자 하는 그림에 명시된 작품 제목, 연도, 재료, 크기, 프로비던스, 레조네 번호 등이 실제로 레조네와 일치하는지 꼼꼼하게 살펴봐야 한다. 그러나 레조네 제작도 사람이 하는 일이라 종종 오타나 잘못 기입된 내용이 나올 경우가 있다. 그러므로 진품이 확실한 경우라면, 스튜디오나 레조네를 발행한 기관에 레조네에 등록된 내용의 정정을 요구할 수도 있다.

레조네가 없는 작가들도 많다. 왕성하게 활동하고 있는 젊은 작가들은 레조네가 거의 없다. 한국 작가들은 대다수가 여전히 레조네를 가지고 있지 않다. 국내 작가 중에 레조네를 가지고 있는 작가는 김기창, 장욱진 두 사람뿐이다. 김기창이나 장욱진의 작품을 사려면 작가의 레조네를 통해 내가 구입하는 작품이 레조네에 등록된 작품인지 아닌지를 확인해보는 것이 좋다.

한편 레조네가 없는 작가의 작품을 구입하고자 할 때는 공신력 있는 갤러리나 기관에서 정품임을 인증한다면, 또는 작가가 생존해 있고 그 작가가 자신의 진품임을 인증한다면 믿고 사도 된다.

작품의 옆면이나 뒷면도 살펴보았는가?

작가에 따라서 작품 뒷면에 그림에 대한 정보나 사인 등의 기록을 남기는 경우가 있다. 그리고 때로는 작품 뒷면에 소장 기록들을 명시해놓아 그림이 유통된 역사를 읽을 수 있기도 하다. 작가의 작품을 관리하는 재단이나 작가 스튜디오에서 명시한 진품을 인정하는 일련번호와 도장이 찍혀 있는 경우도 있다. 그러므로 작품의 앞면만큼 뒷면도 꼼꼼하게 살펴봐야 한다.

마지막으로, 그림을 구입하려면 기왕이면 가족 모두가 좋아하고 즐기면서 감상할 수 있는 그림을 구입하는 것이 좋다. 통계로 보면 가족의 동의 없이 그림 컬렉션을 하는 사람보다 가족, 특히 배우자와 함께 컬렉션하는 사람들이 더 오랫동안 그림 재테크를 할 수 있었고, 투자에도 성공했다. 그림은 자신의 취향이나 기호에 맞추기보다 대중적인 선호도에 일정 부분 맞춰야 되파는 데 유리하다는 것을 잊지 말자.

그림 투자를 시작하고자 하는 분들에게 당부하고 싶은 몇 가지 이야기로 이 책을 마무리하려 한다. 이미 본문에서 언급한 내용도 있지만, 성공적인 그림 컬렉션을 위해 다시 한 번 강조하고 싶은 것들이다.

그림 투자는 때로 다른 어떤 투자 상품보다 높은 수익을 안겨준다. 그러나 모든 사람이 그림 투자에 성공할 수 있는 것은 아니다. 그림 투자에 성공하려면 투자자는 두 가지 요건을 갖춰야 한다. 하나는 좋은 작품을 볼 수 있는 안목, 다른 하나는 예술에 대한 애정을 갖고 진득하게 기다릴 줄 알아야 한다.

안목은 어떻게 키울 수 있을까? 타고난 안목이라는 것도 있다. 하지만 그림 투자에 필요한 안목은 좋은 작품을 많이 보고, 그림시장에 눈과 귀를 열어놓고 예술가의 작품세계를 끊임없이 관심을 갖는 것만으로도 얻을 수 있다. 그림 투자는 아는 만큼 성공할 수 있는 분야이며, 이 세계에 운이란 절대 존재하지 않는다.

투자자에게 요구되는 또 다른 자격 요건, 즉 진득한 기다림이란 무엇일까? 컬렉터마다 취향이나 컬렉션의 목적이 다를 수는 있지만, 중요한 작가와 좋은 작품은 이미 정해져 있다. 그리고 좋은 작가의 좋은 그림은 시간이 지나면 언젠가는 가격이 오르게 되어 있다. 그러나 그때가 언제가 될지를 예측할 수 없는 것이 그림시장이다. 사실 그림시장뿐만 아니라 모든 재테크시장이 언제 오를지 예상만 할 수 있지, 정확하게는 알 수 없다. 대다수의 미술 전문가들은 미술시장은 유동성이 낮기 때문에 통계적으로 최소한 5년에서 10년은 작품을 소장해야 수익을 낼 수 있다고 말한다.

과연 그럴까? 그들의 말처럼 실제 그림시장은 유동성이 낮아서 트렌드나 시장의 변화가 주식시장처럼 빠르게 일어나지는 않는다. 하지만 내가 경험한 그림시장에서는 작품을 구입한 지 며칠 만에 웃돈을 얹어줄 테니 자신에게 그 그림을 팔지 않겠냐는 제안을 받는 컬렉터도 있고, 1년을 생각하고 구입한 작품인데 10년이 지나서도 그림을 팔지 못해 골머리를 앓는 컬렉터도 있었다. 미술시장에서 거론되는 투자 기간이라는 것은 별 의미가 없으며 작가, 그리고 작품마다 개별적인 성격을 띤다.

내가 소장한 그림이 언제 오를까 하며 기다리는 시간이 지루하고, 불안할 수 있다. 그렇기 때문에 컬렉션한 그림은 자산으로 보기에 앞서 스스로에게 감성적인 충만함을 가져다주는, 자신이 좋아하는 예술품으로 볼 수 있어야 한다. 그래야 이 기다림이 지루하지 않고 불안하지 않으며, 즐거워진다. 예술은 태생 자체가 이성이 아닌 감성으로 잉태된 것이다. 따라서 소유한 그림을 경제적 자산으로만 바라본다면, 금전적 수익은 물론이거니와 컬렉션이 주는 감성적 풍요로움을 만끽하지도 못하고 지쳐 나가떨어지기 십상이다. 애정이 있어야 기다릴 수 있다. 그 애정은 그림시장에 대한 끊임없는 관심, 예술가의 작업 활동과 작업 세계에 대해 지속적인 주의를 기울일 때 커나갈 수 있다. 분명 안목과 기다림이 당신에게 그림 투자의 성공을 가져다줄 것이다.

사실 예술가들, 현재 작업 활동을 하고 있는 예술가들 처지에서는 그림 투자가 거론되는 오늘날의 미술시장 풍경이 달갑지만은 않을 것이다. 용기를 내서 세상에 수줍게 선보인 자신의 분신과도 같은 작품이 '얼마짜리'라는 금전적 가치로 환원되고, 그 상업적 가치가 곧 그 작가의 미적 가치로 간주되는 풍토가 되어버렸기 때문이다. 예술가들의 섬세하고 기민한 성격은 창작의 근원이 되지만 단순히 돈이 되고 안 되고 하는 투자 대상으로 취급되는 차가운 시장의 평가에 상처를 입기도 한다. 현재 활동 중인 작가의 작품을 컬렉션하는 행위는 한 예술가의 작품세계, 나아가 그의 꿈과 미래를 사는 것이기도 하다.

그림 투자를 할 때 자신이 컬렉션하려는 작가가 현재 활동 중인 청년 작가이고 장래가 유망하다고 확신한다면, 단기 투자로 차익을 남기겠다는 생각을 버리고 작가와 함께 자신의 컬렉션 가치를 키워나가길 바란다. 컬렉션을 시작으로 작가에 대해서 더 연구하고 그의 작품 활동을 격려하는 지지자와 홍보자로서 본인도 미술계의 일원이 된다는 생각으로 미술계에 적극적으로 참여하면 좋겠다. 작가가 잘돼야 컬렉터인 나도 원하는 수익을 얻을 수 있고 자산 가치를 높일 수 있다. 곧 컬렉터와 예술가는 동반자 관계다.

이 책은 예술가의 입장에선 참으로 불편할 수 있는 책이다. 그럼에도 결국 쓰기로 마음먹은 까닭은 그림시장에 대한 편견을 바로잡고, 그림 투자에 관심이 많은 독자들에게 올바른 정보를 드리고 싶었기 때문이다. 그리고 재테크 방법이 주식과 부동산이 전부인 것처럼 모두 천편일률적일 필요는 없지 않을까 하는 생각도 들었다. 그리고 어렵게만 느껴지던 그림 투자가 그림시장의 메커니즘만 이해한다면 꼭 그렇지만도 않다는 것을 알려주고 싶었다. 그림 컬렉션은 돈에 고귀한 가치를 부여하는, 인류가 발명한 최고의 투자 방법이며 가장 아름다운 투자 방법이다.

이번 주말에는 전시장 나들이를 시작으로 그림 투자에 입문해보시기를 바래본다.

작은 돈으로 시작하는 **그림 재테크**

초판 1쇄 인쇄 2016년 11월 1일 초판 1쇄 발행 2016년 11월 8일

지은이 이지영
펴낸이 연준혁

출판 2분사
편집 박경순
디자인 조은덕

펴낸곳 (주)위즈덤하우스 출판등록 2000년 5월 23일 제13-1071호
주소 경기도 고양시 일산동구 정발산로 43-20 센트럴프라자 6층
전화 031)936-4000 팩스 031)903-3893 홈페이지 www.wisdomhouse.co.kr

값 15,000원
ISBN 978-89-6086-290-6 [03320]

국립중앙도서관 출판시도서목록(CIP)

작은 돈으로 시작하는 그림 재테크 / 지은이: 이지영. --
고양 : 위즈덤하우스, 2016
  p. ; cm

ISBN 978-89-6086-290-6 03320 : ₩15000

미술 경제학[美術經濟學]
미술품 수집[美術品蒐集]

601.3-KDC6
700.103-DDC23   CIP2016025491

죄책감
임경섭 시집

문학동네시인선 061 임경섭
죄책감

시인의 말

　멀어져야 비로소 보이는 것들. 헤어짐은 다른 의미의 마주침이다. 13년을 새로운 당신과 살았다.

　첫 시집을 묶고 나서야 모든 말은 오해로 존재한다는 걸 알았다. 13년 동안 당신을 오역했다. 이것이 내 죄책감의 근원이다.

　무한의 방향에 서서 나를 바라보는 엄마들이 있다. 꿈이다. 꿈만큼 정직한 해석이 있을까?

　지금은 생시이므로, 내 기록이 철저히 오해되길 바란다.

2014년 9월
임경섭

차례

우두커니

출근길에 생각했다
나는 왜 저 사내가 되지 못할까
선로는 나가지도 들어가지도 못하는 문
그 위에 서서 나는 왜 저 사내가 되지 못할까
생각했다

그러니까 등이 아주 작게 말린
가난한 아비 하나가 선로 위에 누워 있던 거다
잠이 오지 않을 때마다
외할머니는 그의 등을 긁어주었던 거다
좁게 파인 등골을 손바닥으로 쓰다듬으며
등이 작으면 저 긴 잠 일렁이는 물결에도
별자리들이 출렁이지
출렁이기 마련이지,
혀를 찼던 거다

외할머니 연곡 뒷산에 묻고 오던 날
어린 그에게 감을 따주었다는 셋째 외삼촌과
그날 따먹은 건 감이 아니라 밤이었다는 첫째 외삼촌,
그는 그 중간쯤에 서 있는 담이었던 거다
혹은 이듬해 연곡천에서 끓여먹던 개장국 안에
흰둥이의 눈깔이 들어 있었다는 사촌누이와
처음부터 대가리는 넣지도 않았었다는 막내의 실랑이,

그는 그 사이에 끼여 들리지 않는 발음이었던 거다

있거나 말거나 있었거나 없었거나

그러니까 선로 밖으로 휩쓸려나가
처음 보는 동네 정류장에서
노선도 모르는 버스를 기다리며 생각했다
나는 왜 달려오는 전동차 밑으로 몸을 눕히지 못할까
그리하여 수십 수백의 출근길을 몇십 분이라도
훼방 놓지 못할까
생각했다

김은, 검은

김은 상가에 간다 친구의 빙모상이다
김은 장가도 못 갔는데 친구는 장모를 보냈다
내심 부럽다는 생각

김은 빈소에 들어가기 전
가장 빳빳한 봉투를 골라 이름 석 자를 반듯이 적어넣는다

김은 조의 봉투를 내밀며 생각한다
이 봉투의 주인은 누구일까
얼굴 부어 있는 상주일까, 냉동고에 안치된 송장일까, 저
마다 상기된 표정으로 흩어져 앉은 수족들일까,
아님 바지런한 척 서 있는 저기 저 빈병 같은 상조 회사
아주머니들일까,
그것도 아님 반 계단 높은 곳에서 문상객들을 내려다보며
헛헛하게 웃음 짓고 있는 영정, 혹은
사진 찍을 당시 실재했던 죽은 이의 시간, 순간으로 각인
된 그녀의 과거가 봉투의 주인일까?

아니야 아니야 김은 고개를 흔든다
내 조의금을 누가 가지면 어떤가
김은 친구 장모의 이름도 모르는 자신을 탓하기로 한다
김은 영안실 안내데스크 전광판에 뜬 친구의 이름만 확인한 채 빈소
에 찾아든 것이다

한 생을 살고 가는 여인의 이름 한번 불러주지는 못할망정,
그녀의 죽음 앞에 고통을 분담하며 2박 3일 주야로 식음을 전폐할
자손들의 이름 하나하나 어루만져주지는 못할망정,
그 고매하고 순결한 여인의 생을 기리는 이 행사의 본뜻을
편가르기 일색으로 매도하려 들다니
김은 그가 할 수 있는 가장 엄중한 자세로 빈소에 들어간다

김은 이름 모를 이에게 인사를 건네려 한다 크게 두 번 절
을 올리려 한다
처음 보자마자 하는 작별 인사
김은 절하려다 말고 머뭇거린다
김은 친구의 장모를 본 적이 없다 김은 오늘 처음 친구
의 장모를 보았지만 김은 결코 친구의 장모를 본 적은 없
는 것이다
김이 본 것은 친구 장모의 영정뿐이다 사진 한 번 보고 그
녀를 만났다고 할 수는 없지 본 적도 없는 이와 하는 작별이
가당키나 한 일인가? 그러나
처음 본 친구의 장모는 웃고 있다 친구의 처는 울음을 그
치지 않지만 친구의 장모는 줄곧 웃고 있다
김은 어지럽다 김은 망설인다

아, 아니란 말이다! 김은 뉘우친다
영정은 주검의 마지막 현신이다 발가벗은 주검을 빈소에 데려다놓

— 을 순 없는 일 아닌가

주검을 당면한 사람들은 그의 이생을 추억하기보다 저승의 추악과 불결, 곧이어 봉착할 스스로의 미래에 대한 공포를 느끼게 될 뿐이다

그리움의 눈물과 두려움의 눈물은 온도가 다르다

사람들은 차갑게 차갑게 흐느낄 것이다 그렇다

곁에 두지 않았을 때 비로소 죽음은 아름답다

한 발짝 물러선 채로 김은 최대한 겸허하게 두 손을 모아 절한다

김은 상조 회사 아주머니가 갖다준 육개장에 밥을 말고 있다

옆에 앉은 이들도 뒤에 앉은 이들도 밥을 말고 있다

김은 생각한다 하나의 죽음과 마주하는 수많은 생에 관해

수많은 존재가 하나의 비존재를 애도하는 자리에서

없음의 남아 있음에게,

결국 진정한 조문은 없다는 말인가? 주검에 대한 가장 숭고한 위로는 함께 사라진다는 말인가?

아아, 마지막과 끝은 다른 거야

김은 자책한다

마지막이 종료되는 순간 끝은 발현되는 것

김은 친구의 장모와 함께 있다

김은 연신 밥을 떠먹고 있고 친구의 장모는 주야장천 웃고 있다

친구의 장모는 마지막에 있다 김은 마지막에 동참하고 있다

—

이 장례가 끝이 나면 눈 녹듯 그녀는 김의 기억 속에 어떤 흔적도 남기지 않을 거란 걸 안다

여기 있는 한, 자신이 할 수 있는 최고의 위로는 흔적을 남기지 않는 일이라

김은 믿는다 김은 경건하게

밥알 한 톨 남김없이

그릇을 비운다

김은 탁자에 앉아 있다 검은 양복을 입은 김은 탁자에 앉아 있다

김은 검은 그들 중 하나다

심시티

아름답다의 다른 말을 생각해보자
허물다
짓다
허물고 짓다

추억하다의 같은 말을 생각해보자
무너지다
세워지다
무너지고 세워지다

아프다의 다른 말을 생각해봐
추악하다와 같은 말을 생각해봐
떠오르지 않을 거야
있지도 않았으니까

처음부터 이 도시계획에
네 방 같은 건 있지도 않았던 것처럼

시뮬레이션 1

학생들은 나에게 패기가 없다고 말했다
나는 너희를 팰 순 있단다
학생들은 어이없음에 혀를 찼다
두려움에 떠는 것 떠는 척해주는 것
이것이 학습의 방식

매일 자던 애가 오늘은 자지 않았다
너는 잠을 자지 않아도 용서가 안 된단다
왜요?
너는 매일 자니까
생각은 눈을 감고 하는 거라고 아빠가 말했어요
분명 나는 떠들지 말라고 말했단다
진정한 침묵은 입을 닫는 게 아니라
눈을 감는 게 아닐까요?
부쩍 시가 싫어죽겠다는 여자애가 일어나며 말했다
너는 깨자마자 떠드는구나
분명 나는 눈을 감으라고 말하지 않았단다

우리의 수업은 잠을 자는 것
계속해서 깨기 위해 계속해서 자는 것
오늘의 침묵은 거역의 방식

노래는 메아리치지 않았네

무릎을 베고 잠이 들었네

나의 꿈은 갈증이었네

입을 맞출 때마다 눈썹을 쓰다듬었네

흔들리는 숲은 네 눈썹 속에 숨어 있던 졸음이었는지 모
르네

창틀엔 눈이 쌓이고
눈의 그림자는 내 얼굴을 덮고

내 잠의 일과는 너의 무릎에 배김을 남기는 일

해가 지날수록 하나씩 늘어나는 물음들
일렁이는 질문 속에서 물러지는 주름들

내가 궁금한 건 무릎의 안부였네

창밖으로 지는 해를 바라보며 낮을 닦아내고 있었네

네 입술 주름이 묻은 유리잔
뒤집어놓은 것들은 아무런 빛도 담지 못했네

창틈으로 새어들어와 살랑대는 이야기
바닥은 허공에 떠 있었네

읽지도 않은 죽음을 얘기하며
나는 손잡았네
뜨거워 흔들 수 없는 청혼이여

구부러져 팽팽하게 피어 있던 너의 무릎에
잠의 지도가 새겨지고 있었네

노래는 도무지 메아리치지 않았네

휘날린

여름성경학교에 갔던 밤이었다
수련원은 적막했으나
그만큼 벌레들은 크게 울었다
큰 소리로 기도하는 사람일수록
죄가 없는 사람
누나는 그보다 고요하게 기도했다
누나의 죄는
돌기 돋은 송곳니 사이로 삐져나온
짐승의 끈적한 언어와도 같은 것이었으니,

휴지가 필요한 밤이었다
난 늘 닦아내는 꿈을 꾸니까
우리는 늘 휴지를 가지고 다녔다
세상엔 닦아낼 것들이 너무도 많았으니까

휴지를 가지고 다닌다는 건
언제나 더럽다는 이야기
그러니까 나의 유년은
쌓여 있는 시간들 사이에
숨은,
뽑으면 더러워지고 뽑지 않아도
더러워지는,
한없이 순서를 기다리거나 한순간 구겨져

사라질,
얇은 고백들인 것

그날 밤 누나의 간증을 엿들으며 생각했다
엄마에게 한 번도 휴지를 사달라고 조른 적 없는 나는
깨끗한 사람일까
잠을 자지 않는 이상 이 천막 예배당엔 아침이 오지 않
을 테니
꿈은 더럽고 미래는 깨끗한 사람이
우리라는 걸까

무성한

여자가 울었다
껌벅이는 세탁소 간판 뒤에서
해진 소매를 한 땀씩 옭아매는 목소리로 울었다
동네를 떠도는 증언들에 의하면
오래전 아이를 잃은 날처럼 푸른 달이 사라지는 밤마다
조용히 재봉질을 한다는 여자는
팽팽하게 다림질할 때마다
딸꾹질을 한다고 했다

어젯밤 애인은 내 목소리 위로
버들낫 같은 짧은 달을 박아놓고 갔다
목줄에 매인 주인과 개처럼
천천히 기다리자고 했다
긴긴 시간을 헐떡이면서
오래도록 헤어지자고 했다
서로에게 벗어나기 위해 잡아당기는 목줄 같은
질긴 것들만이 큰 소리를 뽑아낼 수 있다는 여자의 울음,
볼록 솟은 여자의 울림통 같은

전깃줄 사이로 보이는 낡은 간판이
골목을 내려다보고 있었다
아무도 누설하지 못한 골목의 냄새를
오래도록 맡아왔다는 얼굴로

내내 좁은 계절을 기록하면서

여자가 울었다
소문처럼 오랫동안 사라지지 않고 울었다
내 입술은 아무런 질감을 가진 적 없어
나는 끝끝내 여자의 표정을 알지 못했다

마카를 알아

마카는 하늘을 날아다니기 시작했어

발기부전, 불임, 갱년기 장애를 품고
마카가 도심 한복판을 떠돈다는 사실에
아무도 놀라지 않는다는 것이 놀라울 따름이야
잃어버린 남성의 힘을 되찾아준다는 마카는
전파이거든 전단지로나 끼여 오던 것이
이제는 날개를 달고 공중을 배회하거든

나는 떠들썩한 적막들을 데리고
레인보우 모텔 너머로 날아갈 거야
우리의 음절이 허공을 발음하기
시작했거든 모두가 지닌 유리창마다
하루살이처럼 덕지덕지 유언들이 달라붙기
시작했거든 그리하여 지친 무지개는 간판처럼
빛나야 했거든

고귀한 성조들은 뭉텅이로 날아다니기 시작했어
인쇄되지 못한 노래는
역사가 되지 않거든

건축학개론

병원 앞 간이화장실이 새로 놓였을 때 나는 유독 방광이 약하던 여자를 생각했습니다 배설은 털어버린 기억, 그래도 지나간 유행들에게선 냄새가 나지 않았습니다 무색무취의 오후 거점병원의 옥상처럼 아무도 찾을 수 없는 모서리에다 가 치장한 너를 풀어놓고 싶었습니다

나는 손등이 거칠던 다른 여자의 이름을 기억하지 못하는 대신 위험집단에 속해 있다는 할머니를 떠올렸습니다 코막 힘 증세가 나타나면 고추전에 겨자를 잔뜩 찍어먹는다는 할 머니를 떠올렸습니다 그러곤 겨자는 입속에서만 향이 난다 던 향정신성 할머니의 이야기를 중얼거렸습니다 맛과 냄새 의 간극처럼 내가 가진 유행이 곧 너를 결정한다는 것을 알 아차리지 못한 채,

새로 페인트칠을 한 병원 앞으로 해가 지고 있습니다 아 무도 상상하지 않는 건물 뒷면의 그림자처럼 앞으로 지는 해는 하늘에 자국을 남기지 않습니다 저곳을 냄새의 근원지 로 의심하는 사이 약삭빠르게 전자식 광고판 뒤로 와 숨는 역사, 여기 광고성 이벤트로 내걸린 항바이러스제의 약효가 지독합니다 기침과 발열이 지속되는 나는 모니터 속으로 빨 갛게 걸어들어가겠습니다

레크리에이션

강사는
레크리에이션을
레크레이션으로 썼다는 이유로
체벌을 받았고
그뒤로
레크리에이션 강사가 되기로 다짐했다

강사는
레크리에이션에 대해
영어 선생님보다도
국어사전보다도
더 잘 아는 사람이 되기 위해
레크리에이션 강사가 되기로 다짐했다

도시에서 태어났으나
시골에서 자라난 강사는
눈을 뜨고 지하철 기다리던 가족의 코가
잘려나간 뒤로
레크리에이션 강사가 되기로 다짐했다

강사는
중세 때부터 잘라온 아비들의 목이나
밤에서 낮으로 움직이는 태엽 안에서

어머니들의 손가락 한 마디쯤은
간단히 잘려나갈 수 있다는 걸 깨달은 뒤로
레크리에이션 강사가 되기로 다짐했다

강사는
태어날 때부터
레크리에이션 강사가 되기로 다짐했다

내부순환도로

어쩌면 잘된 일인지 몰라

시든 구름에서 찬연한 울음이 비쳐 나오는데

안락의 시점은 매번 길가에 버려지는 건지 몰라

겨울은
죽음이 잉태를 추월하는 도로
눌어붙은 껌딱지
밟는 순간 지나쳐버리는,

길은 늘 되돌아오지 못하는 건지 몰라

기억은 오롯이 기록된 여풍
농밀한 이야기를 흘리며 네 이름을 스쳐가버리고

반복해서 지나치는 순간을 반목으로 읽고 싶었는지 몰라

짝을 잃은 불특정 다수의 동공들이 여기를 너의 막다른 길
이라 회고하기 시작할 때

도로 위에 떨어져 있는 신발을 쳐다보며 나는
아무도 걷지 않은 길 위에 놓인 너의 소식이

해연과 헤어지는 어미라 상상도 해보는 것이다

애와 인

떨어지면서 사람들은 괴성을 질렀고
나는 애인의 이름을 불렀다

그런 상황에서 왜 이름을 불러? 애인이 물었고,
떨어질 때의 소름이
널 처음 만났을 때와 닮았다는
거짓말을 해버렸다

롤러코스터에서 내릴 때 생기는 거리감

초점이 흐려야 볼 수 있는 것들이 있다
너와 내 시선이 마주친 부분에서 입체는 생겨났고
난 그것이 일종의 기시감이라 믿었다

아름다운 입체는 늘 순식간에 지나갔다

떨어지는 꿈을 꿀 때마다 뼈가 자란대
모든 꿈을 기억한다면 우리는 얼마나 클 수 있었을까
난 기억력이 모자라 키가 작은 거라고 애인이 말할 때,

다시 롤러코스터가 올라갔고
우리는 벼랑만 쳐다보고 있었다

떨어지기 위해 올라갔으므로

호수 위의 새들이 지구를 잡아당겼다가 밀어내는 모습을
우리는 보지 못했다

롤러코스터가 떨어지자
애인의 이름을 불렀다

애인이 옆에 있었기 때문이었다

이, 야기

― 빛의 반대편으로 길게 드러누운 골목
우지끈, 누군가 입 여는 소리 들리고
절뚝거리던 사내는 주저앉는다

이것은 단단히 봉합된 절기 속에서 새어나온 검고 끈끈
한 이야기

불사신이어야 했던 아킬레우스는 이제야
몸속 깊숙이 처박아놓은 희뿌연 시간들을 털어낸다
굳게 잠겨 있던 조류 속으로
살점이 떨어져나가자 연거푸 터져나오는 신음들
되는 대로 쌓인 채 곪아 짓이겨진 상형들이 들춰진다

이것은 농축된 기단 속을 이동하던 투명하고 건조한 이
야기

암 선고받은 아내가 보름 만에 죽었을 때도
딱딱하게 굳은 아내의 몸을 낯선 사내들이 닦아낼 때도
그의 동공은 차갑게 식어 있어야 했다

이것은 바닥에 놓인 창문 밖으로 걸쭉하게 불어오는 북서
풍의 은밀한 이야기

―

어둠 속에서야 드러나는 급소
유리창을 밟고 찢어진 사내의 뒤꿈치 사이로
터져나오는 상처들
함께 가던 길인데도 여태껏 나는 그와 걷지 않았다
그의 길에만 창이 나 있었으므로

이것은 배신한 회의의 무던 날에 찢긴 살점을 오물거리며
비밀을 털어놓는 아버지의 이, 야기

그렇게 어머니를 만나야 했다

허리 굽은 노인이 깊은 꿈속으로
고이고 있는 새벽
선잠에 돛을 달아 물결을 따라가보려 했지만
꿈은 몸을 뒤척여 자취를 감추고
노인은 오랫동안 나타나지 않았다
잠을 설치고 일어나보니
갈현동 이 좁은 골목으로도 계절이 꺾여 들어오고 있었다
길 위로 시간은 무수히 흘러갔지만
모퉁이 담벼락 앞에 다시 피는 산수유,
시간은 흐르는 것이 아니라
다시 돌아오는 것인지도 몰랐다
새벽 창의 중심에 붙은 산수유를 따라
다닥다닥 눌어붙는 생각들, 순간
한 노인이 창의 가장자리에서 가장자리로
빠르게 지나갔다
노인의 종적에 대해 질문하지만 대답해줄 이는 없다
그렇게 어머니를 만나야 했다
잠을 설치고 부스럭댈 때마다
말없이 깨어 있던 어머니는 없다 살아 있다면
백발이 성성했을 어머니는
젊은 그대로의 모습만 보여주었다
늙은 어머니를 슬퍼하지 않아서 다행이다 하지만
젊은 어머니는 드물게 다시 찾아와

골목 위의 배 한 척 띄울 수 없는 연못처럼   —
밤 속에 고였다, 간다

밑 빠진 독에

물을 붓고 계시네 아버지
잔물결에 젖어 떨고 있는 별들
옹기 깊숙이 빠져드네

니 엄마가 많이 춥구나

아버지 슬픔을 홀짝홀짝 들이붓고 계시네
난 흠집 하나 없는 옹기처럼 장독대에 서서
아버지 동공만치 뻥 뚫린 하늘 쳐다보며
그믐달은 왜 저 무성한 별들
벌초하지 않을까 생각하고,

밑 빠진 독인데 자꾸만
물 부으시네 조각들은
별이 되고 난 후였네
손을 떠난 물수제비마냥
밤을 튀어다니는

후유증

　문을 열면 밖은 안으로 들어오고 안은 밖으로 나가지 못했다 나는 이미 안이기 때문이었다

　쏟아져들어온 밖이 잔뜩 묻은 채로 안인 내가 형식에게 물으면 이 세상 모든 대답의 목소리로 바람이 불었다

　불어오는 바람 안에서 나는 나도 되었다가 나무도 되었다가 이파리도 되었다가 잎 떨어진 허공도 되었다가 그림자도 되었다가 물결도 되었다가 울음도 되었다가 지는 해도 되었다가 온도도 되었다가 딸기꽃도 되었다가 딸기밭 두렁도 되었다가 행군도 되었다가 워커도 되었다가 고름도 되었다가 누런 편지도 되었다가 앓는 어미도 되었다가 애인도 되었다가 외도도 되었다가 부서진 카메라도 되었다가 종이도 되었다가 라이터도 되었다가 학생도 되었다가 선생도 되었다가 독재도 되었다가 분쟁도 되었다가 국가도 되었다가 최면도 되었다가 자백도 되었다가 이월도 되었다가 염도 되었다가 굴뚝도 되었다가 가루도 되었다가 공허도 되었다가 바람이 되었다

　불어오는 내 안에서

척, 한

꼭 자정 넘어서야 애인은
잠도 안 자고
자라지도 않은 발톱을 깎았다

이만큼이 내 어제야

창밖으로
애인의 눈곱만한 시간들이 던져질 때마다
발톱 먹은 쥐가 둔갑해 나타날 거라는
해묵은 아버지의 이야기를 떠올렸지만
나는 한 번도 말하지 않았다

어둠 속에 이미 아버지가 많았다

발톱이 버려질 때마다
쥐보다 내가 더 싫다며
애인은 꼭 비명을 지르고
나는 사랑해야 할 것들이 너무 많다는 핀잔이
오늘을 잉태한다고도 믿었지만
한 번도 말하지는 않았다

고백하자면 애인은
발톱 깎는 시늉에 바쁜 날이 잦긴 했었다

창밖으로
시늉을 던지면
그 하얗던 어제가 밤보다 더 까맣게

어둠 속으로 사라져버리던

너의 장례

나는 노을을 잔뜩 불러다놓고
노을의 바깥을 생각한다

나리 나리 개나리

개나리 반 아이들이 걸어온다
아이들은
개나리보다 노랗고
개나리보다 시끄럽다
교사의 구령은
개나리 반을 송두리째 끌고 오지만
아이들은 구령을 길 위에 놓고 온다
버려진 말씀 사이에서
몸을 터는 꽃가지들이 요란하다
개나리 반 아이들이 걸어온다
개나리 반 아이들이 봄을 끌고 걸어온다
같은 방향으로 열린 꽃자루는 없다
개나리 밭 옆으로 개나리 밭이 걸어온다
구령 잃은 봄이 산 밑으로 내려온다

불온한 탄성

아무 말도 하지 않았지
다만 나는 여고생들의 귀를 뚫어주었지
하루에도 수십 명씩 찾아와 사연들을 꺼내놓으면
솜털이 송송 난 귓불을 한참이고 쥐고 있다가
사선으로 자른 철심을 쑤욱 쑤셔넣었지
그럴 때마다 손가락 한 마디만큼씩 너희는 진화하고 계절
은 밀려난다고 생각했지
골이 깊은 애일수록 선홍빛 작은 구멍 하나씩 더 내줬지만
피 한 방울 흘리지 않고 돌아서는 너희들
나의 안식이 봉곳 솟은 너희의 구조 속에서 완성되는 것
이라면
너희를 발음하는 일이 몇 개의 순간들을 조립하는 일이
라면
아무 말도 하지 않겠지 이것은
모음과 자음 사이를 빠져나온 기나긴 볕
기이하지 이다지도 긴 혀를 몸속에 담아두었다니
걱정할 것 없지 너희의 꿈틀거리는 비밀들은 버리지 않
았으니
아까운 행간들이 줄줄이 찾아오는 날들이었지
나는 가슴팍을 조여 터지기 직전의 너희들 단추의 개수
를 헤아려주었지

제자리뛰기

누구도 대답하지 않은 날들이 잦아졌다 구태여 너 때문이
라는 말은 하지 않겠다 아무도 들여쓰지 않았으므로 나는
허공에 대해 말할 수 있을 뿐이다

빼곡한 책장 속 문장들같이 길게 뻗은 행간에 맞춰 움츠
려야 했다 꺼내어 펼칠 때마다 누렇게 변색된 문틈 사이로
삐져나오는 골목들 골목의 빛들 다시 읽은 책을 갖다 꽂으
며 새로 이사할 방을 상상했었다 들어가면 밀려나는 너의
고귀한 이동을 생각했었다 무수한 방들이 들어찬 골목을 돌
고 돌 때마다 벽과 벽 사이의 그늘진 틈, 그 속에 비집고 앉
아 잠시 늙고 싶었다 문을 열 때마다 너와 나 사이에 스며들
던 질서들 결국 나는 너희들 사이에 들어선 균열이다, 라고
드릴로 새겨놓고 싶은 밤이 바로 나일까

들여쓰기 없는 빼곡한 물음, 울창한 숲, 거칠게 뻗은 산맥
같은, 아버지는 들여쓰지 않았으므로 나는 부모에 대해 말
할 수 있을 뿐이다 구태여 내력 때문이라는 말은 하지 않겠
다 경적 소리들로 채워지는 빈자리, 세시와 네시 사이에 나
는 기록되었다 겨울에서 여름으로 불어오는 말들을, 결국
제자리에 묻힐 말들을

클래식

형은 기타를 연습하네
엄마는 습관처럼 아프고
형은 습관처럼 기타를 연습하네

음악 선생인 아버지는 형이 딴따라가 될까봐 장롱 위에 기타를 올려놓았지 엄마가 입원을 하는 동안 형의 키가 자란다는 걸 몰랐던 모양이야

부모가 집을 비울 때마다
숨겨둔 음악이 빈집을 채우네

누나는 피아노를 시키면서 왜 형은 기타를 못 치게 할까?

피아노는 장롱 위로 올라갈 수 없으니까,
엄마는 앰불런스를 타고 서울로 올라가네

똑같이 의대 나온 사람들인데 왜 여기 의사들은 엄마의 병을 못 고칠까?
서울엔 의사들이 흰건반처럼 많으니까
누나가 서울에서 레슨 받는 이유를 진짜 모르겠니?

좋은 건 많은 거라고 형에게 배웠지
엄마의 병이 깊어지자

기타 연습할 시간이 많아져 형은 좋았네
엄마의 부재가 깊어지자
집 곳곳에 공의 검은 그림자처럼 굴러다니는 머리카락들

이게 도대체 사람 사는 집구석이야? 이놈의 여편네는 왜
청소도 안 하고 누워 있는 거지?

엄마가 죽을병에 걸린 걸 알면서도 형이 지껄이자
아버지의 목소리가 걸어나오네

아버지가 있지도 않은 집안에서

졸린

아무도 찾지 못했네

졸린

어디선가

알 수 없는 고장에서 온

출국하지 않았으나 입국도 하지 않은

그녀가 즐겨 찾던 스트리트

그녀가 활보하던 애비뉴에서도

더이상 졸린을 본 사람은 없었네

이태원로 27가에서도

인사동 쌈지길에서도

졸린은 더이상 사람들의 입에 오르내리지 않았네

졸린은 한국인이 아니니까

한국인이 아니면 애국자도 아니니까

그러나

많이 배운 사람일수록 졸린에 대한 목격담을 많이 갖고
있었네

몽타주

우리는 우산을 들고 사자 우리 앞에 서 있었다

유치원생들이 노란색 우비를 입고 돌아다녔고
우리는 우리 앞에 서 있었다

우리는 모두가 엄마를 엄마라 부르는 것과
사자는 하난데
사자를 부르는 이름이 모두 다르다는 게
싫었다

어쩜 우리를 쳐다보는 방향이 동시에 다를 수가 있지?

비교할 수 없을 때 구분을 시작하는 우리

너희와 우리, 우리와 우리 안의 사자가
영원히 마주볼 수 없는 이유를 알 수 있을까?

지붕으로 비가 내렸고
벽으로 바람이 불었다

우리가 아닌 우리는
우리가 아닌 곳에 한참을 서 있었다

시뮬레이션 2

애인은 가끔 밑반찬을 들고 찾아와 숨쉬는 걸 확인하곤 돌아가서 나를 죽였다 아무도 찾을 수 없는 곳, 그래 나는 태어나지도 못한 채 자주 죽곤 했다

떠내려간 물고기는 돌아오지 않았다 썩지 않고 어느 강 하구쯤에 퇴적되었을 몸부림 너의 방생을 애도해야 할까 고민하는 날들이 잦았다 페트병에 담아둔 너를 놓친 순간 나는 거듭되는 주변의 임종에 대해 태연해졌는지 모른다

떠날 때야 비로소 요동치는 목숨들 살아 있다는 건 몸부림치는 것이 아니라 고요히 새겨지는 것인지도…… 죽음의 얇은 막에 싸여 미처 발굴되지 못한 얼굴들이 방안을 둥둥 떠다닌다

움직이는 화석에 대해 묵념하는 시간, 다시 태어난다 어제는 태어나보지도 못하고 아팠다 귀기울이면 고요했던 탄생들은 요란하게 떠나가고, 자정 지나 둥근 울음으로 태어났다가 금세 새큰새큰 옆집이 또 한번 죽어나간다

패인

구슬에 대한 이야기가 언제나 투명할 거라곤 생각하지 말
아요
지금 생각하고 있는 건 흰빛의 작고 흐릿한 알맹이니까

잠든 조카 몰래 열어본 그림일기 오늘은 한쪽 구석에 까
맣게 덧칠해놓은 손톱만한 자국만 선명해요
무슨 말들을 그렇게 한 자 한 자 꾹꾹 눌러썼는지 움푹 파
인 자국은 바글거리는 조카의 구슬 상자처럼 요란하지요
흰색 구슬만 만지작거리던 조카는 꿈속에서도 흰 구슬을
찾는지 요리조리 눈알을 움직이며 몸을 뒤척여요
좁은 거실을 운동장인 양 굴러다니는, 언제 또 상자 속으
로 들어가 숨죽일지 모르는 한 움큼의 소리가
때구루루 소파 밑으로 굴러가고 있어요 열망은 늘 찾을 수
없는 밀실 속으로 숨어들지요

매형을 기다리던 누나는 그 위에서 잠을 자요
시장에서 장만 보다 늙어버린 엄마들 같은 자세로 잠을
자요
하나둘 쌓여서 언젠가 빽빽해질 제 자식의 꿈결 위에 잠
드는 것은 피곤한 일인가봐요
누나의 파마한 머리카락에 새치가 많아졌어요
일기에 흰 구슬을 머리에 달고 누나는 점점 투명하게 늙
어갔다고 적는 일은 한참을 오그린 그녀의 자세만큼이나 처

량한 일이지요   —

　조카의 흰 구슬을 없애면 오늘의 일기가 끝날 거예요 하
지만
　오밤중 조카의 구슬 상자 깊숙이 숨어 있는 흰 구슬을 찾
는 것은 여름내 베란다 밖에서 몸집을 키운 벌집을 들쑤시
는 일이나 마찬가지

　성난 벌들이 일제히 제 몸들을 비비며 요란하게 날아올라
요 막 소리를 질러가며 밤의 바닥을 마구 들이받아요
　잠결에 벌떼를 피하려는지 조카가 몸을 자꾸 뒤척거려요
　구슬이 붕붕 날아다니는 소리에도 깨지 않는 조카는 천천
히 늙어가는 중이다, 라고 쓰고
　조카의 그림일기보다 얇은 일기장에 마침표를 찍어야 해요

　구슬 같은 이야기는 너무 생명력이 짧아서 심장이 두근
거려요
　친구네 집에서 훔쳐온 내 반짝이는 문장을 누가 좀 찾아
주세요

무분별한 애도

우리들의 일요일은 41번 버스에 있다

41번 버스는 느리고 자주 멈춘다

41번 버스가 멈추는 곳엔 의료원이 있고 화장실이 있고

국립공원이 있다

국립공원엔 구룡사가 있고

부모들의 일요일은 교회에 있으므로

우리들의 일요일은 위태롭다

국립공원 입구엔 아저씨가 있고

아저씨의 일요일엔 호루라기가 있어서

우리들은 일요일을 팬티 속에 감춘다

나는 팬티를 검사하지 않는 아저씨를 볼 때마다

할머니를 생각하고,

할머니는 죽어서도 내 고추를 좋아할 거라 믿는다

우리들은 절 앞 계곡에서 생가지를 꺾고

숨겨온 낚싯줄을 묶는다

묶으면서 생각한다

고기들은 왜 41번 버스만 타면 죽을까

우리들의 일요일은 왜 버스에서 죽어서

학교 뒤에 묻힐까

왜 우리들의 애도는 부모의 방식으로 돌아와

결국 그들만의

기도로 끝이 나는 걸까

탄성잔효

구름을 생각할 때마다 들리는 음악이 있다

너를 녹음한 입자들이 잠들어 있는

기슭의 돌들을 모조리 던져넣는다 해도

이 시간은 범람하지 않는다

정체성

한 공간의 이동이 정지한다
한 공간의 규모가 조각난다

충돌은 야간에 이루어지지
관측도 야간에 이루어진다

관측되지 않은 별은 별이 아니다
어떤 형편과 형편이 충돌하면
때론 거대함만이 살아남는다

아무도 위반한 적 없다
아무도 침범하지 않았다

누구도 버린 적이 없어서
버림받지 않았다 했다
스스로 선택한 길이 길이 아닌 길이어서
타살이 아니라 했다

정체성은 작아지지 않는다
정체성은 다져지고 흩어져 넓어진다

꿈이 꿈을 대신한다

찬물로 머리를 감고 거품을 발라 수염을 깎는 일을
꿈이 대신한다
변기에 앉아 스마트폰을 들여다보는 일을 꿈이 대신한다
꿈이 물을 대신 내리고 꿈이 물을 대신 튼다
하루 중 눈이 가장 커지는 순간이
삐져나온 코털 한 가닥 뽑아낼 때라는 걸 깨닫는 순간
나는 깨어난다

그러나 꿈이 쌀을 씻고 있다
꿈이 기름을 두르고 꿈이 달걀을 터뜨리고 있다
꿈이 뜸을 들이고 꿈이 밥을 푼다
꿈이 가스불을 줄이고 꿈이 파를 썬다
엄마다
모든 일상이 엄마로부터 비롯됐다는 걸 깨닫는 순간
나는 분명 깨어난다

그러나 꿈이다
꿈은 더이상 졸립지 않다
꿈은 슬퍼도 슬퍼하지 않는다
꿈은 집이다
꿈은 내가 사는 집인데 우리집은 아니다
꿈은 경계를 구획하지 않아서 벽지를 바르지 않는다
꿈은 깨끗하지도 더럽지도 않다

꿈은 아프지 않다
꿈속에서 우리가 결코 싸우지 않았다는 걸 깨닫는 순간
꿈은 깨어난다

꿈에서 깨어나는 꿈을 꾼다

이를테면 똥 같은 거

지금은 개똥을 치우는 시간

네가 놓였던 자리
선명한 자국

이걸 너라 해야 할까
너의 흔적이라 해야 할까?

나는 조심스럽게 질문을 주워담고
화장실로 간다

휴지에서 묻어나온 네가 손에 약간 묻는다
내 일부가 너에게 살짝 묻는다

지문이랄지 발자국이랄지
창에 서리는 입김 같은 거

언제부턴가 흔적을 지우는 습관이 생겼고
나는 그것을 공생이라 불렀다

우리 사랑이 끝날 때쯤이면 더이상
너의 습관 안으로 내가 걸어들어갈 일은 없겠지

다음 똥은 둥글게 몇 번 찍어봐야지
너는 환하게 꽃으로 피어날 테니까

물을 내리고 화장실 문을 열자
큰 소리를 내며
내가 변기 속으로 빨려들어간다

나무 아래 보복

보복을 꿈꾸는 것들이 앙상하다
벼랑에 서 있는 나무
바람에도 몸을 벼리는 나무

가지를 비틀고 있다
바닥을 벗어나기 위해
다른 바닥을 핥기 위해

보복(報復)을 보복(報服)으로 잘못 읽은 아이들은
안부가 가장 잔인한 고백이란 걸 배운다

낮은 자를 기리기 위해
보복을 입는 이가 있었고
높은 자에게 보복하기 위해
영원히 사라지는 이가 있었다

어째서
모든 바람은 꼭대기로 솟구치고
모든 처음은 앞을 향해 놓일까

하나의 직립이 되기 이전부터
엉덩이 먼저 들이밀고 태어나기 위해
모든 잠은 웅크리고 있다

안부를 묻는 순간마다
너는 너른 뜰로 가 뿌리박길 바란다

그러니 나무야 나무야
누워서 자거라

점멸

죽은 안개들이 모든 점멸을 모퉁이로 몰아내고 있었다

휘어진 길 위에서 모든 별자리는 원심의 바깥으로 튕겨져 나가고 있었고

단 한 번의 소음으로 모든 정서는 궤도를 이탈하고 있었다

충돌이 있었고 남자는 피를 흘렸다

레커차 세 대가 줄줄이 도착해 있었다

귀를 타고 흘러내리는 음악이 있었고

통점을 하나하나 짚으며 새어나오는 붉은 음절들은 바닥을 적시고 있었다

헐떡이는 남자의 노래는 반짝이는 레커차 사이로 사라져 갔다

멀리서 안개를 뚫고 구급차의 사이렌 소리가 걸어오고 있었고

우리는 이곳에 살고 있었다

가을

친구의 결혼을 앞에 두고
비어가는 잔고를 걱정했다

우리는 춤추고 노래 불러줄 수고를
몇 장의 지폐와 교환하고 있다

들어선

형이
현관을 열고 들어와
신발을 벗자
모래 몇 알이 소리를 내며
떨어졌다

길도 소리를 갖고 있다면
저렇지 않을까

형에게 인사도 안 하고
동생이
채널을 돌렸다

그러고 보니

태초에 조물주께서는 우리를 외부와 내부로 창조하셨다
하였으나

오래돼 갈라지기 시작한 담벼락을 보면 안다 바닥에 떨어
지자 볕을 피해 곧장 몸을 굴려 엎드리는 콘크리트 조각을
보면 안다 아무리 뚫어놓아도 빛이 가닿을 수 없는 표면의
안쪽으로 한 움큼씩 그늘을 쌓아올리며 서 있는

길을 내기 위해 잘려나간 나무둥치들, 낮에는 텅 비어 있
다가 밤이 되면 견고하게 일어서는 기둥들, 바람결에 떠는
것을 보았노라 그저께 너는 말하였다 지나간 너는 외부이다
보이는 것은 표피뿐이어서 잘려나간 속은 이미 증발하고 어
두운 내부의 흔적만 하얀 등걸로 남아 있을

회칠이 벗겨진 벽면이나 녹슨 가로등 혹은 닳고 있는 이
시간과 너의 낯빛은 닮아가고 있다

우리는 외부로만 서 있다
우리는 서 있을지도 모른다고 생각하며 서 있다

사이렌

누나는
사랑니를 앓고 있어서 밤새 뒤척였고
그사이 신축 아파트 단지 너머로
앰뷸런스가 지나가는 소리를
여러 번 들었다 했다

누나는
어금니에 힘을 꼭 주고 있었지만
자기보다 아픈 사람들의 신음이
희미하게 자꾸 들려오는 것 같아서
응급실에 갈까 잠깐 고민한 게
미안했다고도 했다

누나는 그런 사람이었다
조금밖에 아프지 않아 사과하는 사람
잘못도 하지 않은 채 용서를 비는 사람

학교에서 배운대로 실천하는 사람
그래서 모든 신호를 지키는 사람
법을 믿는 사람
아주 도덕적인 사람

재건축에 묶인 누나네 집 앞은

보도블록도 깔지 않아서
온통 잿빛이었다

베일

너의 무릎과 나의 무릎의 사이를 시간이라 해두고
너의 무릎과 나의 무릎의 떨림을 생각하자

등받이에 등을 붙이고 안간힘을 쓰는 여자가 궁금했다
앉아 있는 내 무릎에 폭삭 엎어지기라도 할까

군중 속에 끼여 있는,
하얀 베일에 싸여 오랫동안 조여졌을 여자
수도복을 차려입은 그 여자의 무릎이 궁금했을 뿐이다
내 앞에 버티고 선 베일의 안쪽이 궁금했을 뿐이다
베일에 싸인 것들은 늘 의심스럽지
안 그래?

헐벗은 동생조차 의심스러울 때

믿음은 금기를 깨고 덜컹거렸다, 해서
여자는 뻣뻣한 치마 속에 무릎을 숨기고 있는지 모른다

관성적으로 젖혀지는 고개들, 출렁이는 저 외면들이
널 완성하고 있다 촘촘히 쌓인 외면,
그 동음이의어들 사이로
오롯이 떨고 있는 너의 무릎이 보일 때쯤
여자의 무릎이 나의 무릎에 닿았다가 떨어진다

사라진다

다시 무릎과 무릎의 사이를 시간이라 해두자
저기 무수한 간격 사이로 사라진 너를 두고
정차하면 흩어지는 시간 속에서
나는 이제껏 떠밀려왔다

새들은 지하를 날지 않는다

바람이 불면 너를 만나는 길은 언제나 지하로 귀결되고 바람이 불면 종착역까지 따라 걸어온 발언은 떠나지 못한 시간의 찌꺼기처럼 아무도 만질 수 없는 곳으로 스며들고 바람이 불면 선로를 버티고 있는 콘크리트 갈라진 틈으로 쏟아냈던 단어들 뽀얗게 일어나고 바람이 불면 지하에는 침목으로 나무가 쓰이지 않는단 사실을 간과한 메아리 메아리 이것은 너를 상징하는 메마른 정수리

머리를 꼬라박고 잠든 거인들에게 지하란?

바람 불어 잠이 오지 않는 밤
새들은 지하를 날지 않는다

안개

뿌옇게 김 서린 안경을 불어봤댔자
하얀 증오는 더욱 진해질 뿐이다
너를 이해하기엔 세상은 너무 건조했으므로
차라리 내가 만진 곳마다 서리가 내려앉길 바란다

몸 기댄 차창에 다시 안개가 달라붙는다
태양은 자신을 보여주기 위해 안개로 몸을 가리고 있다
너에게 보이기 위해 무엇으로 나를 가렸던가
나를 벗겨 보일수록 너의 눈은 멀어만 가고

성난 기차는 안개를 뚫어버린다 하지만
기차가 달릴수록 안개는 기차에 휘감겨버린다

김대리는 살구를 고른다

누르면 툭- 하고 떨어지는 아침
샴푸 통 마지막 남은 몇 방울의 졸음마저 있는 힘껏 짜낸
김대리는 네모반듯하게 건물 속으로 들어가
차곡차곡 쌓인다 날마다 김대리의 자리는 한 블록씩 깊
어진다
아래층 이과장은 한 박스 서류 뭉치로 처분되었다지
누군가 음료수를 뽑아 마실 때마다 덜컹 내려앉는 일과,
버려질 것을 아는 이들도 사방으로 설계된 빌딩 속으로
차례대로 몸을 누인다
모든 가게의 비밀은 진열장에 숨어 있다
이리저리 굴러다녀야 할 것들을 가득 담아놓은 과일바구니
모인 것들은 축축한 바닥에 한번 튕겨보지도 못하고
뿌연 먼지로 내려지는 셔터를 기다려
어둠 속으로 무른 멍자국을 감춘다
바닥에 떨어지거나 모서리에 부딪쳐 생긴 것보다
서로에게 짓이겨 생긴 멍자국에서 과일은
더 지독한 향기를 뿜는다
곯은 사람들로 붐비는 퇴근길은 진한 매연 냄새를 풍기고
김대리는 살구를 고른다
먼지 닦아가며 고르다가 떨어뜨린
살구 한 알 탱탱하게 굴러가는 것을 본다
짓무르지 않은 것들은 저렇게 꿋꿋이 굴러다니는데
쌓여 있어 한쪽으로 절뚝이는 것들아

살구를 주우러 가는 김대리의 발자국에 통증처럼   —
저녁이 배고 높은 허공으로 신음처럼 새가 난다
곧지도 않고 함부로 꺾이지도 않는 길을 가는 새의 둥근
비행
그 아래서 김대리는 둥글게 몸을 말아 살구를 줍는다

                                                —

부서진 반가사유상

긴 뱀이 아침부터 용산을 감싸고 있어요 쉼 없이 혀를 날름거리며 시계를 거꾸로 돌리고 있어요 초침의 박동에 맞춰한 칸씩 과거로 갈 때마다 시간은 한 뼘씩 흐른다지요 시간이 멈출 수 있다는 이론도 근거가 있네요 너무 이른 승천은 족적에 방해가 되나요 그렇게 발 없는 뱀은 그곳에서 시간을 멈추고 있기 시작했지요

총면적 구만 삼천 평에 이르는 과거가 들어찬 몸
개장과 동시에 사람들은 장사진을 이루어 내장을
질근질근 밟아댔고 그럴 때마다 살갗에 유리비늘을 달고
뱀은 점점 더 견고하게 빛났다

황남대총 북분 출토 금관과 금제 허리띠 일괄품에 연신 터지는 플래시, 플래시는 안 됩니다 북한산 꼭대기에 있던 신라진흥왕 순수비를 여기까지 가져왔는데 또 어디로 가져가시려고요 보세요 이미 과거는 여기에 멈춰 있습니다 역사를 조금씩 떼어내 당신과 함께 멈추어두는 것은 또다른 역사가 될 거라고요!

말라비틀어진 껍질로 똬리를 틀고
마른 살갗이 떨어져나온 곳에선 투명한 실리카겔이 빛나고
맥박이 남은 살점은 관습법에 따라 재배치되고
아무것도 물지 못하는 투쓰

시간의 구석을 갉고 있는 —

십자가

닻을 내린다
귀퉁이에 고요히 웅크리고 있던 나와
벽장 속 얌전히 개켜져 있던 내가
만나는 장소

먼 송신탑에서부터 걸어와 몸을 포개는,
포개어
짓이겨지는

창밖의 길들은 각자의 골방으로 들어가
고개를 들지 않는다 헤집을 때마다 못이 박힌다 살이 파
인다
길을 잃은 곳에 정박한 시간
지긋지긋한 파동들,
바닥에 나뒹구는
나의 살점 혹은 너의 살점들

해가 지면
선주를 잃은 폐선 같은 이곳
닻을 내린다
살비듬을 훔치는 동안

창에 새겨진 지문에서 처음 보는 습관이 걸어나온다

네가 디디고 있는 믿음은 지금
누군가의 궤도를 돌고 있다

흩날린

죽은 나무에게는 이름이 없다

할머니라 불리는 여자
한때는 무성한 잎을 달고
출렁이는 숲의 중심을
반듯하게 버텼을 여자

모든 이름은 목숨보다 짧다

몸속 깊숙이 불씨를 품고 있는
한 토막의 노파가 고기를 뒤집을 때마다
살점이 눌어붙는다

뜨거웠던 것들은 부서져
흩날릴지니

죄책감
— 천부에서

우리는 계단을 내려갔다
짐을 부리자마자 계단을 내려갔다
눈이 쌓인 만큼 계단은 보이지 않았다
보이지 않는 곳이 계단이라 믿으며 계단을 내려갔다
눈이 쌓인 곳으로 소리도 사라졌다
길이 길이었던 곳으로
계단이 계단이었던 곳으로
우리는 내려갔다
내려가도 내리막이었다
멀리서 벼랑을 때려대는 파도는
몇천 년이고 그래왔다는 듯이
파도였다

우리는 계속 계단을 내려갔다
내려가다가 우리는
우리가 길을 만들고 있을지도 모른다는 별 시답잖은 생
각을 다
해보기도 하였다

해설 —

무성한 여자들로부터 —

이광호(문학평론가)

시 쓰기는 어디서 시작되는 것일까? 이 질문은 익숙하고도 막막하다. 한 시인의 시 쓰기의 기원을 완전하게 분석해 낸다는 것은 불가능하거나 무의미하다. 시는 어딘가에서 발생한 것이지만 그 각각 발생의 자리는 흔적과 빈터처럼 남아 있을 뿐이다. 임경섭의 시집이 시작되는 자리를 찾아내는 일의 어려움도 그럴 것이다. 언어의 몸을 빌려 언어 너머로 건너가려는 시 쓰기의 근원적인 무모함은, 시적 언어의 기원을 더듬으려는 시 읽기의 무모함과 닮아 있다. 하지만 그 무모함의 자리에서 '시 쓰기-시 읽기'가 '동시에' 시작된다. 이 시집의 제목이 '죄책감'이라는 조금 무거운 단어이고 표제작은 이 시집의 마지막에 위치한다. 시인의 의도를 존중하는 의미에서 그 표제작을 아껴 읽을 때, 이 시집의 제목이 주는 무게를 이 시의 언어들이 어떻게 견디고 있는가를 탐색하는 일은 흥미롭지 않을까?

그러니까 등이 아주 작게 말린
가난한 아비 하나가 선로 위에 누워 있던 거다
잠이 오지 않을 때마다
외할머니는 그의 등을 긁어주었던 거다
좁게 파인 등골을 손바닥으로 쓰다듬으며
등이 작으면 저 긴 잠 일렁이는 물결에도
별자리들이 출렁이지
출렁이기 마련이지,

혀를 찼던 거다

외할머니 연곡 뒷산에 묻고 오던 날
어린 그에게 감을 따주었다는 셋째 외삼촌과
그날 따먹은 건 감이 아니라 밤이었다는 첫째 외삼촌,
그는 그 중간쯤에 서 있는 담이었던 거다
혹은 이듬해 연곡천에서 끓여먹던 개장국 안에
흰둥이의 눈깔이 들어 있었다는 사촌누이와
처음부터 대가리는 넣지도 않았었다는 막내의 실랑이,
그는 그 사이에 끼여 들리지 않는 발음이었던 거다

있거나 말거나 있었거나 없었거나

그러니까 선로 밖으로 휩쓸려나가
처음 보는 동네 정류장에서
노선도 모르는 버스를 기다리며 생각했다
나는 왜 달려오는 전동차 밑으로 몸을 눕히지 못할까
그리하여 수십 수백의 출근길을 몇십 분이라도
훼방 놓지 못할까
생각했다
                              —「우두커니」부분

"등이 아주 작게 말린/ 가난한 아비 하나가 선로 위에 누

워 있던" 장면이 있다. 이 남자가 왜 선로 위에 누워 있는가
를 밝히는 일은 시가 아닌 산문의 몫이다. 시의 몫은 이 이
미지가 생성해내는 또다른 이미지들의 공간이다. 그 남자의
생애에 관한 몇 가지 다른 이미지들을 상상하는 일 같은 것.
그 이미지들의 연쇄 속에는 '외할머니', '셋째 외삼촌', '첫째
외삼촌', '사촌누이', '막내'의 모습이 등장한다. 왜 '외가' 쪽
이미지들이 등장하는가 하는 의문도 완전히 해명될 수 없다.
다만 그 선로 위의 가난한 남자가 "등이 아주 작게 말린" 채
누워 있는 이미지 자체가 '모성적인 세계'로의 귀환을 암시한
다고 할 수 있다. 그렇다면 도입부에 등장하는 저 질문, "나
는 왜 저 사내가 되지 못할까"라는 자책은 어디에서 시작되
는가를 조심스럽게 짐작해볼 수 있다. "선로는 나가지도 들
어가지도 못하는 문"이기 때문에, 선로에 선다는 것은 선로
의 안과 밖 어디에도 몸을 던질 수 없는 경계에서 무언가를
기다리며 서 있다는 것이다. "수십 수백의 출근길을 몇십 분
이라도/ 훼방 놓지 못할까"라는 자책은 그 상투적인 출근길
들의 바깥으로 과감하게 벗어날 수 없는 자기 존재에 대한
자책이기도 하다. 문제는 선로 위에서의 이런 자책의 근원에
'모성적인 것' 혹은 '여성적인 것'에 대한 모종의 동경과 죄
의식이 자리잡고 있다는 것이다.

　　여자가 울었다
　　껌벅이는 세탁소 간판 뒤에서

해진 소매를 한 땀씩 옭아매는 목소리로 울었다
동네를 떠도는 증언들에 의하면
오래전 아이를 잃은 날처럼 푸른 달이 사라지는 밤마다
조용히 재봉질을 한다는 여자는
팽팽하게 다림질할 때마다
딸꾹질을 한다고 했다

어젯밤 애인은 내 목소리 위로
버들낫 같은 짧은 달을 박아놓고 갔다
목줄에 매인 주인과 개처럼
천천히 기다리자고 했다
긴긴 시간을 헐떡이면서
오래도록 헤어지자고 했다
서로에게 벗어나기 위해 잡아당기는 목줄 같은
질긴 것들만이 큰 소리를 뽑아낼 수 있다는 여자의 울
음, 볼록 솟은 여자의 울림통 같은

전깃줄 사이로 보이는 낡은 간판이
골목을 내려다보고 있었다
아무도 누설하지 못한 골목의 냄새를
오래도록 맡아왔다는 얼굴로
내내 좁은 계절을 기록하면서

여자가 울었다
소문처럼 오랫동안 사라지지 않고 울었다
내 입술은 아무런 질감을 가진 적 없어
나는 끝끝내 여자의 표정을 알지 못했다

—「무성한」 전문

이 시집에서 가장 아름다운 이미지의 하나를 만날 수 있는
이 시에서 울고 있는 여자는 소문 속의 여자이다. 소문은 골
목의 "세탁소 간판 뒤에서" 여자가 울고 있다는 것, 그리고
그 여자는 "오래전 아이를 잃은" 여자라는 것이다. 문제는
그 이미지에 대한 '나'의 태도일 것이다. '나'는 소문 속의 여
자의 이미지와 '애인'과의 개인적인 관계를 병치한다. "목줄
에 매인 주인과 개처럼/ 천천히 기다리자고" "긴긴 시간을
헐떡이면서/ 오래도록 헤어지자고" 말하는 애인과의 사이는
아주 긴 시간을 다해 기다리고 헤어져야 할 관계이다. "벗어
나기 위해 잡아당기는 목줄"은 잡아당길수록 더욱 조여지는
이번 생의 목숨 같은 것이다. 그 잡아당기는 목줄 때문에 신
음과 비명이 새어나오거나 혹은 그것조차 삼켜야 한다면, 소
문 속의 여자는 "질긴 것들만이 큰 소리를 뽑아낼 수 있다
는" '울림통'을 보유한 존재이다. 여자의 울음은 "아무도 누
설하지 못한 골목의 냄새를/ 오래도록 맡아"온 존재가 "좁
은 계절을 기록하면서" 내는 소리이다. 그 소리는 끈질기게
'내'가 내지 못하는 어떤 소리를 대신한다. "내 입술은 아무

런 질감을 가진 적 없"는 소리 없는 입술이라면, 그 여자는 내 입술을 대신하며 "여자의 표정을" 아는 것은 불가능하다. '무성한'이라는 이 시의 제목은 '소문이 무성하다'라는 익숙한 표현을 연상시키는 것이지만 '그 여자'와 '애인'이라는 '여성적인 존재들'을 둘러싼 이 시의 감각적 태도를 적확하게 표현한다. '무성하다'는 것은 '마구 뒤섞이거나 퍼져서 많다'는 의미를 갖는다. 이 표현은 '그 여자와 애인과 나'라는 관계 안에서 끝내 표정을 다 알 수 없는 여성적인 존재들의 '무성함'을 암시한다. 여자들의 울음은 끊어낼 수 없는 끈질긴 소문과 같은 것이지만, 끝내 익명적인 것으로 남는다. 소문의 여자는 마치 유령처럼 귀환하는 여성성의 존재이다. 여자의 울음은 누설하지 못하는 것을 누설하는 '(비)언어' 같은 것이다.

병원 앞 간이화장실이 새로 놓였을 때 나는 유독 방광이 약하던 여자를 생각했습니다 배설은 털어버린 기억, 그래도 지나간 유행들에게선 냄새가 나지 않았습니다 무색무취의 오후 거점병원의 옥상처럼 아무도 찾을 수 없는 모서리에다가 치장한 너를 풀어놓고 싶었습니다

나는 손등이 거칠던 다른 여자의 이름을 기억하지 못하는 대신 위험집단에 속해 있다는 할머니를 떠올렸습니다 코막힘 증세가 나타나면 고추전에 겨자를 잔뜩 찍어먹는

다는 할머니를 떠올렸습니다 그러곤 겨자는 입속에서만
향이 난다던 향정신성 할머니의 이야기를 중얼거렸습니
다 맛과 냄새의 간극처럼 내가 가진 유행이 곧 너를 결정
한다는 것을 알아차리지 못한 채,

　　새로 페인트칠을 한 병원 앞으로 해가 지고 있습니다 아
무도 상상하지 않는 건물 뒷면의 그림자처럼 앞으로 지는
해는 하늘에 자국을 남기지 않습니다 저곳을 냄새의 근원
지로 의심하는 사이 약삭빠르게 전자식 광고판 뒤로 와
숨는 역사, 여기 광고성 이벤트로 내걸린 항바이러스제의
약효가 지독합니다 기침과 발열이 지속되는 나는 모니터
속으로 빨갛게 걸어들어가겠습니다
　　　　　　　　　　　　　　　　　　—「건축학개론」 전문

　　새로 페인트칠을 한 병원을 기침과 발열 때문에 찾은 '나'
는 새로 놓인 "병원 앞 간이화장실"에서 '여자들'을 생각한
다. 여자들, 이를테면 "유독 방광이 약하던 여자", "치장한
너"와 "손등이 거칠던 다른 여자의 이름"과 "위험 집단에 속
해 있다는 할머니"를 생각한다. 그 여자들을 연결 짓는 감각
은 '배설'과 '냄새'의 문제이다. "유독 방광이 약했던 여자"
와 "코막힘 증세"가 있던 "향정신성 할머니"는 이런 육체적
인 문제를 갖고 있는 사람들이다. 이 문제는 지금 '나'의 기
침과 발열이라는 '증상'이 환기시키는 기억의 일부이다. 그

기억들을 통해 '나'는 그 냄새들의 근원을 탐색한다. 이를테면 "새로 페인트칠을 한 병원", "건물 뒷면의 그림자처럼 앞으로 지는 해" 같은 이미지들이다. 그 장소들이 환기시키는 것들이 "하늘에 자국을 남기지 않"는 "지는 해"와 같은 것이고, 이 이미지들은 "방광이 약하던 여자"와 "향정신성 할머니"라는 여성적인 존재들에 대한 상상적 기억의 자리이다. 그 여성적인 존재들에 대한 기억의 심층에 '누나-어머니-애인'들이 '무성하게' 자리한다.

휴지를 가지고 다닌다는 건
언제나 더럽다는 이야기
그러니까 나의 유년은
쌓여 있는 시간들 사이에
숨은,
뽑으면 더러워지고 뽑지 않아도
더러워지는,
한없이 순서를 기다리거나 한순간 구겨져
사라질,
얇은 고백들인 것

그날 밤 누나의 간증을 엿들으며 생각했다
엄마에게 한 번도 휴지를 사달라고 조른 적 없는 나는
깨끗한 사람일까

잠을 자지 않는 이상 이 천막 예배당엔 아침이 오지 않
을 테니
　꿈은 더럽고 미래는 깨끗한 사람이
　우리라는 걸까
—「휘날린」 부분

　누나는
　사랑니를 앓고 있어서 밤새 뒤척였고
　그사이 신축 아파트 단지 너머로
　앰뷸런스가 지나가는 소리를
　여러 번 들었다 했다

　누나는
　어금니에 힘을 꼭 주고 있었지만
　자기보다 아픈 사람들의 신음이
　희미하게 자꾸 들려오는 것 같아서
　응급실에 갈까 잠깐 고민한 게
　미안했다고도 했다
—「사이렌」 부분

　우선 '누나'의 이미지를 보자. 여름성경학교와 누나, 고백
과 간증, 그리고 휴지로 이어지는 이미지들은 어린 시절의
비밀과 죄와 부끄러움을 연상시키기에 충분하다. "누나의

죄는/ 돌기 돋은 송곳니 사이로 삐져나온/ 짐승의 끈적한 언어와도 같은 것"어서, 누나의 죄에 대한 '나'의 경험은 누나의 고요한 기도처럼 비밀스러운 소리를 엿들은 사건을 연상시킨다. 누나의 간증을 듣는 것은 그런 의미에서 누나의 죄를 듣게 되는 사건일 수 있다. 그것은 단지 누나의 죄가 아니라 '나'의 부끄러움에 연루되어 있다. "휴지가 필요한 밤이었다/ 난 늘 닦아내는 꿈을 꾸니까"라는 문장에서 휴지를 둘러싼 부끄러움은 복합적이다. 휴지가 필요하다는 것은 더러운 어떤 것이 묻었다는 것이며, "휴지를 가지고 다닌다는 건/ 언제나 더럽다는 이야기"이다. 휴지는 죄와 씻김 그리고 사라짐이라는 복합적인 기호적 맥락과 위치를 동시에 가지고 있다. 유년 시절의 죄의 시간은 곧 사라질 "얇은 고백"과 같다. 부끄러움과 죄는 더러움과 씻김과 사라짐이라는 모든 국면에 개입하는 것이겠지만, 문제는 그 장면들을 가능하게 하는 여성적인 존재로서의 '누나'라는 위치라고 할 수 있다. 「사이렌」이라는 시에서 누나는 "조금밖에 아프지 않아 사과하는 사람/ 잘못도 하지 않은 채 용서를 비는 사람" "법을 믿는 사람/ 아주 도덕적인 사람"이다. 누나의 도덕은 누나의 죄와 다른 자리에서 서로를 마주보고 있는 것이다. 이 시에서 누나의 이 도덕성에 대한 '나'의 감정은 명확하게 드러나지 않는다. 그럼에도 불구하고 누나가 들었다는 사이렌 소리는 단지 누나의 귀에 들리는 것이 아니라, 이 시의 화자의 귓가에 맴도는 어떤 윤리적 질문의 기호이다. 시의 화자의 집에서는 어떤 일이 벌어졌던 것일까?

　좋은 건 많은 거라고 형에게 배웠지
　엄마의 병이 깊어지자
　기타 연습할 시간이 많아져 형은 좋았네
　엄마의 부재가 깊어지자
　집 곳곳에 공의 검은 그림자처럼 굴러다니는 머리카락들

　이게 도대체 사람 사는 집구석이야? 이놈의 여편네는
왜 청소도 안 하고 누워 있는 거지?

　엄마가 죽을병에 걸린 걸 알면서도 형이 지껄이자
　아버지의 목소리가 걸어나오네

　아버지가 있지도 않은 집안에서
　　　　　　　　　　　　　　　　　—「클래식」부분

　엄마와 아버지가 부재하는 집안에는 "숨겨둔 음악이 빈
집을 채"운다. 엄마는 "습관처럼" 아프고 "앰뷸런스를 타
고 서울로 올라"간다. 이 부모가 없는 집을 채우는 것은 형
과 누나의 '숨겨둔' 음악이다. 그 음악이 숨겨둔 음악인 것
은 형의 기타에 대한 아버지의 금지 때문이다. 누나의 피아
노와는 달리 형의 기타는 금지의 대상이다. 엄마의 부재는

형으로 하여금 "기타 연습할 시간이 많아"지게 하고 그것
은 이 집안에 숨겨둔 음악이 울려퍼지는 조건이 된다. 그런
데 형의 목소리는 어느새 아버지의 목소리를 대신한다. 병
이 심각해진 엄마의 부재는 결국 아버지의 목소리를 대리하
는 형의 목소리를 두드러지게 한다. '아버지-형'의 목소리에
대한 이 시의 화자의 태도는 분명하지 않지만, "엄마가 죽
을병에 걸린 걸 알면서도 형이 지껄이자"와 같은 표현 속에
서 엄마의 병에 대한 일종의 죄의식이 스며들어 있음을 알
수 있다. 그 죄의식이 아버지-형의 목소리의 출현과 연관되
어 있는 지점을 다시 생각해볼 필요가 있다.

　　시간은 흐르는 것이 아니라
　　다시 돌아오는 것인지도 몰랐다
　　새벽 창의 중심에 붙은 산수유를 따라
　　다닥다닥 눌어붙는 생각들, 순간
　　한 노인이 창의 가장자리에서 가장자리로
　　빠르게 지나갔다
　　노인의 종적에 대해 질문하지만 대답해줄 이는 없다
　　그렇게 어머니를 만나야 했다
　　잠을 설치고 부스럭댈 때마다
　　말없이 깨어 있던 어머니는 없다 살아 있다면
　　백발이 성성했을 어머니는
　　젊은 그대로의 모습만 보여주었다

늙은 어머니를 슬퍼하지 않아서 다행이다 하지만
젊은 어머니는 드물게 다시 찾아와
골목 위의 배 한 척 띄울 수 없는 연못처럼
밤 속에 고였다, 간다
                    ─「그렇게 어머니를 만나야 했다」부분

  시적 화자의 어머니는 "허리 굽은 노인"의 모습으로 "깊
은 꿈"속으로 나타났다가 사라진다. 꿈속에 나타났던 노인
은 마치 돌아오는 시간처럼 "창의 가장자리에서 가장자리
로/ 빠르게 지나갔다" 노인의 확인할 수 없는 종적이 돌아
간 어머니의 자취와 연관되어 있다는 것은 당연할 것이다.
이 노인이 돌아간 어머니를 대리하는 일종의 유령이라면,
이 유령의 존재는 죽은 이와 관계 맺는 하나의 정신적 미학
의 형식이다. 유령이란 그 '상징적인 부채'로 인해 귀환하는
존재이기도 하며 사라진 것의 '있음'을 보여주는 존재이다.
유령은 사라진 존재이지만 사라짐에도 불구하고 회귀한 현
전이다. 가까운 사람의 죽음과 남아 있는 사람과의 관계를
다시 만들어내는 상상적인 존재가 '노인-어머니-유령'이라
고 할 수 있다. 임경섭의 시에서 여성적인 것은 때로 유령의
모습으로 출몰한다.

  물을 붓고 계시네 아버지
  잔물결에 젖어 떨고 있는 별들

옹기 깊숙이 빠져드네

니 엄마가 많이 춥구나

아버지 슬픔을 홀짝홀짝 들이붓고 계시네
난 흠집 하나 없는 옹기처럼 장독대에 서서
아버지 동공만치 뻥 뚫린 하늘 쳐다보며
그믐달은 왜 저 무성한 별들
벌초하지 않을까 생각하고,

—「밑 빠진 독에」 부분

아버지가 물을 붓는 행위는 죽음-사라짐에도 불구하고 회
귀한 존재인 어머니에 대한 상징적인 애도의 장면이다. 그
물 붓기가 "밑 빠진 독에" 물 붓기와 같은 것이 되는 것은
끊임없이 이어져야 할 어떤 의례이기 때문이다. 애도의 언
어는 결코 완결될 수 없는 슬픔을 새로운 미학적 사건으로
만들며 그것을 무한의 영역으로 옮겨놓는다. 애도의 언어는
부재에 매혹된, 부재를 노래하는, 부재로 하여금 말하게 하
는 언어이다. 그런 의미에서 애도의 시적 주체는 사라진 것
의 귀환 앞에서 무한한 애도를 지속하는 자일 것이다.

나는 팬티를 검사하지 않는 아저씨를 볼 때마다

할머니를 생각하고,

할머니는 죽어서도 내 고추를 좋아할 거라 믿는다

우리들은 절 앞 계곡에서 생가지를 꺾고

숨겨온 낚싯줄을 묶는다

묶으면서 생각한다

고기들은 왜 41번 버스만 타면 죽을까

우리들의 일요일은 왜 버스에서 죽어서

학교 뒤에 묻힐까

왜 우리들의 애도는 부모의 방식으로 돌아와

결국 그들만의

기도로 끝이 나는 걸까

—「무분별한 애도」 부분

김은 상조 회사 아주머니가 갖다준 육개장에 밥을 말
고 있다
　옆에 앉은 이들도 뒤에 앉은 이들도 밥을 말고 있다
　김은 생각한다 하나의 죽음과 마주하는 수많은 생에
관해
　수많은 존재가 하나의 비존재를 애도하는 자리에서
　없음의 남아 있음에게,
　결국 진정한 조문은 없다는 말인가? 주검에 대한 가장
숭고한 위로는 함께 사라진다는 말인가?
—「김은, 검은」 부분

　두 개의 애도가 있다. 앞의 애도가 "우리들의 일요일" "41
번 버스"의 시간에 대한 애도라면, 두번째의 애도는 애도의
불가능성에 대해 질문하는 애도이다. 첫번째 장면이 41번
버스와 할머니가 등장하는 한 시절의 기억에 대한 "무분별
한 애도"를 보여주는 것이고, 두번째 애도는 애도 그 자체
의 조건에 대해 질문하고 있다. 기억을 소환하고 있는 첫번
째의 애도에서도 결국 애도에 대한 성찰이 시작될 수밖에
없다. "왜 우리들의 애도는 부모의 방식으로 돌아와// 결국
그들만의// 기도로 끝이 나는 걸까"라는 질문은 "결국 진정
한 조문은 없다는 말인가? 주검에 대한 가장 숭고한 위로는
함께 사라진다는 말인가?"라는 두번째 시의 질문과 겹쳐진
다. 여기서 다시, 이 시집의 시적 화자의 죄의식과 부끄러

움이 '그 여자-누나-어머니'의 여성적인 것에 대한 내적 의
식과 연관되어 있다는 앞의 문제의식을 상기해보자. 애도의
'(불)가능성'이란 여성적인 것 자체의 '비존재성'에 연관되
어 있다는 것을 발견할 수 있을 것이다.

> 꼭 자정 넘어서야 애인은
> 잠도 안 자고
> 자라지도 않은 발톱을 깎았다
>
> 이만큼이 내 어제야
>
> 창밖으로
> 애인의 눈곱만한 시간들이 던져질 때마다
> 발톱 먹은 쥐가 둔갑해 나타날 거라는
> 해묵은 아버지의 이야기를 떠올렸지만
> 나는 한 번도 말하지 않았다
>
> 어둠 속에 이미 아버지가 많았다
>
> 발톱이 버려질 때마다
> 쥐보다 내가 더 싫다며
> 애인은 꼭 비명을 지르고
> 나는 사랑해야 할 것들이 너무 많다는 핀잔이

오늘을 잉태한다고도 믿었지만
한 번도 말하지는 않았다

                            —「척, 한」부분

  애인은 자정이 넘어서 잠도 자지 않고 자라지도 않은 발톱을 깎는다. 애인이 늦은 밤에 발톱을 깎는 행위는 여러 층위의 상상적 공간을 열어준다. 기본적으로 심야에 발톱을 깎는 존재가 '애인'이기 때문에 이 행위는 에로틱한 가치를 부여받는다. 동시에 이 행위는 일종의 '척한 것' '시늉'이며, 연기이거나 퍼포먼스이며 일종의 의례이기도 하다. 그 의례란 하루의 시간만큼 자라난 발톱을 깎아 내던지는 행위로 표현되는 나날의 시간에 대한 애도를 말한다. 애인의 이런 퍼포먼스는 이 시의 화자에게는 또다른 상상적 이미지를 도입하게 한다. 애인이 발톱을 던지는 어둠 속에 출몰하는 아버지가 등장한다. 애인은 손톱만한 시간의 흔적도 견디지 못하고 아버지가 출현하는 어둠 속으로 발톱을 던진다. 이 시들 속에서 여성적인 존재는 죄의식과 부끄러움의 계기이고 애도의 대상이자 숨겨진 주체이며, 모든 형언을 넘어서는 무한한 존재이다. 이제 그 형언의 불가능성에서 시 쓰기가 시작된다고 말해도 될까?

  우리는 계단을 내려갔다
  짐을 부리자마자 계단을 내려갔다

눈이 쌓인 만큼 계단은 보이지 않았다
보이지 않는 곳이 계단이라 믿으며 계단을 내려갔다
눈이 쌓인 곳으로 소리도 사라졌다
길이 길이었던 곳으로
계단이 계단이었던 곳으로
우리는 내려갔다
내려가도 내리막이었다
멀리서 벼랑을 때려대는 파도는
몇천 년이고 그래왔다는 듯이
파도였다

우리는 계속 계단을 내려갔다
내려가다가 우리는
우리가 길을 만들고 있을지도 모른다는 별 시답잖은 생
각을 다
해보기도 하였다

— 「죄책감—천부에서」 전문

'천부'는 하나의 고유한 장소이며 그 장소는 계단으로 이
루어진 곳이다. 계단이란 무엇인가? 계단은 낮은 곳에서 높
은 곳으로 상승하기 위해 만들어진 것이다. 이 상승하는 삶
의 도상학적 의미로서의 계단은 정신적인 의미를 넘어서 때
로 종교적인 의미를 가진다. 계단이 새로운 존재론적 수준

으로의 이행을 의미한다는 것은 계단을 둘러싼 보편적 상징
성에 해당한다. 계단의 목적이 상승하는 삶이라고 해도 계
단 위의 인간은 불안정한 위치에서 자기 존재의 모험을 감
수해야 한다. 이 계단의 불안정성은 계단을 다만 상승하는
공간으로만 의미화할 수 없게 만든다. 계단은 올라가는 공
간이면서 동시에 내려가는 공간이다. 계단을 통해 상승이
가능하다는 것은 역으로 계단을 통해 하강, 혹은 추락이 가
능하다는 것을 의미한다. 이런 이유로 계단이라는 공간만큼
인간의 존재론적 불안과 공포를 날카롭게 보여주는 공간도
드물다. 이 시에서 계단은 계속해서 끊임없이 내려가는 계
단이다. 그 계단에는 눈이 쌓여 잘 보이지조차 않는다. "내
려가도 내리막"인 길로서의 계단은 "길이 길이었던 곳", 다
시 말하면 길의 기억과 흔적으로서의 계단이다. 이 무한한
내려가기는 '다른 시간'을 향해 움직이는 것, 그것은 차라
리 "길을 만들고 있"는 것이다. 이 시가 '죄책감'이라는 제
목을 갖고 있다는 것은 그 '무한한 하강'에 대한 이미지와
연결될 것이다. 이것은 단지 죄책감이 정신의 무한한 하강
을 의미한다는 것으로 요약될 수 없다. 무한한 하강이란 끝
이 보이지 않는 곳을 향해 다른 시간, 다른 길을 만들어가
는 것이다. '끝없는 내려가기'는 미학적 서스펜스를 만들어
내는 시적 의례이다.

　프로이트의 문맥에서 죄의식은 자아와 초자아 사이의 긴
장의 표현이며 자아는 초자아의 요구에 부응하지 못했다는

생각에 불안을 가지고 반응한다. 임경섭의 시에서 죄의식은 '어머니-여성적인 것'의 존재와 연루되어 있다. 시의 차원에서 죄의식이 불러오는 것은 무한한 하강과도 같은 마조히즘적 뉘앙스를 포함하는 미학적 서스펜스이다. 임경섭의 시적 주체에게 '속죄'를 위한 재생의 형식이 시 쓰기의 한 기원을 이룬다는 가설을 세워본다면, 속죄의 대상은 자기 자신이 아니라 자기 내부에 남아 있는 아버지와의 유사성일 것이다. 들뢰즈식으로 말한다면 죄의식의 기원은 아버지에게 잘못을 저질렀다는 감정이 아니라, 자신의 내부에 숨어 있는 아버지와 닮은 모습이며 그것을 속죄받아야 할 죄로 경험하는 것이다. 이때 죄의식의 주체는 자신의 내부에 숨어 있는 아버지가 표출되는 것을 차단해야 하며, 상대방이 아버지의 모습으로 출현하는 것 또한 차단해야 한다.

하지만 시 쓰기는 다만 정신분석의 텍스트로만 환원될 수 없는 언어 너머의 언어, 최선을 다해 침묵에 다가가는 언어이다. '모성적인 것' 혹은 '여성적인 것'을 둘러싼 이 시집의 시적 주체들의 동경과 죄의식은 이런 문맥들과 무관하지 않다. '소문의 여자, 누나, 할머니, 엄마, 애인', 혹은 복수성과 유령으로서의 여성적인 것은 시 쓰기의 동기이자 동력이며, 시적 사건으로서의 내밀한 시간들이다. 저 '무성한 여자들'에 대한 깊고 끈질긴 애도로부터 임경섭의 시 쓰기가 '시작'되었다면, 무한한 애도로서의 시 쓰기는 최후의 침묵을 향해 다시 시작될 것이다. 애도의 무한함이

여성적인 것들의 무성함을 향할 때, 임경섭의 언어들은 다
시 무성해진다.

임경섭 1981년 강원도 원주에서 태어났다. 경희대학교 국어국문학과 및 동 대학원을 수료했다. 2008년 중앙신인 문학상을 통해 등단했다.

문학동네시인선 061
죄책감
ⓒ 임경섭 2014

1판 1쇄 2014년 9월 30일
1판 5쇄 2024년 9월 13일

지은이 | 임경섭
책임편집 | 김민정
편집 | 곽유경
디자인 | 수류산방(樹流山房) 본문 디자인 | 유현아
저작권 | 박지영 형소진 최은진 오서영
마케팅 | 정민호 서지화 한민아 이민경 왕지경 정경주 김수인 김혜원 김하연
　　　　김예진
브랜딩 | 함유지 함근아 박민재 김희숙 이송이 박다솔 조다현 정승민 배진성
제작 | 강신은 김동욱 이순호
제작처 | 영신사

펴낸곳 | (주)문학동네
펴낸이 | 김소영
출판등록 | 1993년 10월 22일 제2003-000045호
주소 | 10881 경기도 파주시 회동길 210
전자우편 | editor@munhak.com
대표전화 | 031) 955-8888　팩스 | 031) 955-8855
문의전화 | 031) 955-2696(마케팅), 031) 955-2678(편집)
문학동네카페 | http://cafe.naver.com/mhdn
인스타그램 | @munhakdongne　트위터 | @munhakdongne
북클럽문학동네 | http://bookclubmunhak.com

ISBN 978-89-546-2603-3 03810

* 이 책은 서울문화재단 '2014 문학창작집 발간지원사업'의 지원을 받아 발간되었습니다.
* 이 책의 판권은 지은이와 문학동네에 있습니다. 이 책 내용의 전부 또는 일부를 재사용
　하려면 반드시 양측의 서면 동의를 받아야 합니다.

잘못된 책은 구입하신 서점에서 교환해드립니다.
기타 교환 문의: 031) 955-2661, 3580

www.munhak.com

문학동네